Joyce Meyer

Du darfst du selbst sein

Die Originalausgabe ist erschienen unter dem Titel
„How To Succeed At Being Yourself"
bei Harrison House, Inc., P.O. Box 35035, Tulsa, Oklahoma 74153, USA.

© 1999 Joyce Meyer
© 2004 der deutschen Ausgabe ASAPH-Verlag
6. Auflage 2011

ISBN 978-3-935703-49-9
Best.-Nr. 147349

Übersetzung: Claudia Tischler
Covergestaltung: Sebastian Tobies, Joyce Meyer Ministries
Druck: Schönbach-Druck, D-Erzhausen

Printed in Germany

Für kostenlose Informationen über unser umfangreiches Lieferprogramm
an christlicher Literatur, Musik und vielem mehr wenden Sie sich bitte an:

ASAPH, D-58478 Lüdenscheid
eMail: asaph@asaph.net - Internet: www.asaph.net

INHALT

EINLEITUNG

… dass der Christus durch den Glauben in euren Herzen wohne und ihr in Liebe gewurzelt und gegründet seid.   Epheser 3,17

Dieses Buch handelt davon, wie du dich besser kennen lernen, akzeptieren und deine gottgegebene Bestimmung erfüllen kannst.

Seit vielen Jahren stehe ich im Dienst für Gott, und ich habe entdeckt, dass die meisten Menschen sich selbst nicht wirklich mögen. Das ist ein sehr großes Problem, ein größeres, als man annehmen sollte.

Wenn wir mit uns selbst nicht klarkommen, werden wir auch mit anderen Menschen nicht klarkommen. Wenn wir uns selbst ablehnen, kann es uns so vorkommen, als ob uns auch die anderen ablehnen. Beziehungen machen einen Großteil unseres Lebens aus. Unsere Einstellung zu uns selbst ist mitentscheidend dafür, ob unser Leben und unsere Beziehungen gelingen.

Wenn ich mit verunsicherten Menschen zusammen bin, hat das zur Folge, dass auch ich sie als unsicher einstufe und ihnen vielleicht nicht viel zutraue. Es ist ganz sicher nicht Gottes Wille für seine Kinder, dass sie sich unsicher fühlen sollen. Unsicherheit oder Minderwertigkeitsgefühle sind ein Werk des Teufels.

Jesus kam, um uns heil zu machen.[1] Eines der Dinge, die Jesus in uns wiederherstellen will, ist ein gesundes, ausgeglichenes Selbstbild.

Wie siehst du dich selbst?

Unser Selbstbild ist das innere Bild unseres Selbst, das wir mit uns herumtragen. Wenn das, was wir sehen, nicht gesund und schriftgemäß ist, werden wir unter Angstzuständen, Unsicherheit und falscher Selbsteinschätzung leiden. Ich betone noch einmal, dass wir darunter *leiden* werden.

Menschen, die unsicher sind, leiden auf emotionaler, geistiger und sozialer Ebene – und in ihrem geistlichen Leben. Ich weiß, dass sie leiden, weil ich mit Tausenden von ihnen geredet habe. Ich weiß das auch, weil ich selbst auf diesem Gebiet gelitten habe. Ich erinnere mich noch gut an die Qualen, die es mir bereitete, mit Leuten zusammen zu sein und das Gefühl nicht loszuwerden, dass diese mich nicht mochten. Manchmal wollte ich auch gerne etwas Bestimmtes tun, aber ich war nicht frei genug, einfach loszugehen und die Sache in Angriff zu nehmen. Das Wort Gottes zu studieren und Gottes bedingungslose Liebe und Akzeptanz anzunehmen, hat meinem Leben Heilung gebracht. Dasselbe wirst auch du erleben, wenn du dich darauf einlässt.

Rettung aus der Zerstörung

> Zachäus aber stand auf und sprach zu dem Herrn: Siehe, Herr, die Hälfte meiner Güter gebe ich den Armen, und wenn ich von jemand etwas durch falsche Anklage genommen habe, so erstatte ich es vierfach. Jesus aber sprach zu ihm: Heute ist diesem Haus Heil widerfahren, weil auch er ein Sohn Abrahams ist; denn der Sohn des Menschen ist gekommen zu suchen und zu retten, was verloren ist.   Lukas 19,8-10

Beachte bitte, dass es in Vers 10 heißt *„was* verloren ist", nicht *„wer"*. Im vorhergehenden Vers erfahren wir, dass der Oberzöllner Zachäus und sein ganzes Haus soeben gerettet wurden. Sie waren verloren gewesen und wurden nun gerettet, aber ihre Errettung endete hier noch nicht.

Die nachfolgende Aussage Jesu, dass er gekommen ist, um zu retten, was verloren ist, zeigt mir, dass er uns nicht nur von unseren Sünden erlösen möchte, sondern von allem, was Satan tut, um unser Leben zu zerstören.

Jeder von uns hat seine Bestimmung und sollte frei sein, diese zu erfüllen. Das kann aber nicht geschehen, solange wir unsicher sind und ein armseliges Bild von uns selbst haben.

Gott hält viel von dir!

Ehe ich dich im Mutterschoß bildete, habe ich dich erkannt ... [und] dich geheiligt.

Jeremia 1,5

Es war nie Gottes Absicht, dass wir uns schlecht oder minderwertig fühlen. Er möchte, dass wir uns gut kennen und trotzdem akzeptieren.

Niemand kennt uns so gut wie Gott. Und obwohl er uns durch und durch samt all unserer Schwächen kennt, nimmt er uns in Liebe an. Er heißt unser Fehlverhalten nicht gut, aber uns als Individuen akzeptiert er voll und ganz.

Auf den folgenden Seiten hast du die Chance, den Unterschied zwischen dem, der du bist, und dem, was du tust, zu entdecken. Du wirst erkennen, dass Gott hassen kann, was du tust, und dich dennoch liebt; er hat keine Schwierigkeiten damit, beides auseinander zu halten.

Gott ist ein Gott der Herzen. Er sieht unser Herz an, nicht nur die äußere Hülle (unser Fleisch), in der wir leben und die uns oft in solche Schwierigkeiten stürzt. Wenn Gott diese Dinge auseinander halten kann, glaube ich, dass er auch uns lehren kann, das zu tun.

Ich glaube, dass dieses Buch zu einem Wendepunkt in deinem Leben wird. Dieses Buch wird dich lehren, deine Schwächen zu erkennen und dich ihretwegen nicht zu hassen. Du wirst Heilung und Befreiung erleben, die dir die Freiheit geben werden, deine gottgegebene Persönlichkeit voll zu entfalten.

1. Selbstannahme

Magst du dich? Weißt du, die meisten Menschen mögen sich eigentlich nicht. Ich habe viele Jahre lang Erfahrungen im Umgang mit Menschen gesammelt und ihnen zu helfen versucht, zu einer emotional, mental, geistlich und sozial ganzheitlichen Persönlichkeit zu werden. Für mich war es ein echter Durchbruch zu entdecken, dass sich die meisten Menschen einfach nicht wirklich mögen. Einige wissen das, während andere keine Ahnung haben, dass das die Ursache vieler ihrer Probleme ist.

Selbstablehnung und sogar Selbsthass sind die Wurzel vieler Probleme in zwischenmenschlichen Beziehungen. Gott möchte, dass wir großartige Beziehungen zu anderen Menschen haben. Ich habe die Bibel als ein Buch der Beziehungen entdeckt. Die Schrift lehrt mich über meine Beziehung mit Gott, mit anderen Menschen und zu mir selbst.

Strebe nach friedvollen Beziehungen!

Er suche Frieden und jage ihm nach!   1. Petrus 3,11

Gottes Wort sagt uns, dass wir gute Beziehungen zu anderen Menschen haben sollen, und zeigt uns, wie wir solche Beziehungen entwickeln und aufrechterhalten können.

Diese Bibelstelle (1. Petrus 3,11) war für mich eine Offenbarung. Als ich über sie nachsann, erklärte mir der Heilige Geist, dass ich zuallererst Frieden mit Gott haben muss. Ich muss glauben, dass er mich liebt. Gott wartet nicht, bis ich perfekt bin, und liebt mich dann; er liebt mich bedingungslos und absolut – jederzeit. Als zweiten Schritt muss ich seine Liebe empfangen.

Das Empfangen oder Annehmen ist ein wichtiges Thema. Wenn wir etwas von Gott annehmen, verinnerlichen wir das, was er uns anbietet. Wenn wir seine Liebe empfangen, haben wir die Liebe in uns. Sind wir mit Gottes Liebe erfüllt, können wir beginnen, uns selbst zu lieben. Wir können auch anfangen, Gott zurückzulieben und anderen Menschen diese Liebe weiterzugeben.

Eines muss dir immer klar sein: Wir können nicht weitergeben, was wir nicht haben!

Die Liebe Gottes

> Die Liebe Gottes ist ausgegossen in unsere Herzen durch den
> Heiligen Geist, der uns gegeben worden ist.   Römer 5,5

Die Bibel lehrt uns, dass die Liebe Gottes in unsere Herzen ausgegossen worden ist durch den Heiligen Geist, der uns gegeben wurde. Das bedeutet einfach, dass der Herr, wenn er in der Form des Heiligen Geistes Wohnung in unserem Herzen nimmt, Liebe mitbringt, weil Gott Liebe ist. (1. Johannes 4,8) Wohnung in unserem Herzen nimmt Gott aber durch unseren Glauben an seinen Sohn Jesus Christus.

Jeder von uns muss sich fragen, was er mit der Liebe Gottes tut, die uns so im Übermaß angeboten wird. Weisen wir sie zurück, weil wir glauben, dass wir nicht wert sind, diese Liebe zu bekommen? Glauben wir insgeheim, dass Gott auch so ist wie die Menschen, die uns zurückgewiesen und verletzt haben? Oder aber nehmen wir seine Liebe im Glauben an und sind davon überzeugt, dass Gott größer ist als unsere Verfehlungen und Schwächen?

Was für eine Beziehung hast du zu Gott, zu dir selbst und letzten Endes zu deinem Nächsten?

Mir war nie bewusst, dass ich sogar zu mir selbst eine Beziehung habe. An so etwas hatte ich nie gedacht, bis Gott anfing, mir auf diesem Gebiet Dinge aufzuzeigen. Jetzt ist mir klar, dass ich mit mir selbst mehr Zeit verbringe als mit irgendjemandem sonst, und es ist lebensnotwendig, dass ich mit mir selbst gut klarkomme.

Du bist die einzige Person, der du nie entfliehen kannst. Wir alle wissen, wie nervenaufreibend es ist, Tag für Tag mit jemandem zusammenarbeiten zu müssen, mit dem wir einfach nicht auskommen, aber wenigstens müssen wir diesen Menschen nicht auch noch abends mit nach Hause nehmen. Aber mit uns selbst sind wir ständig zusammen, Tag und Nacht. Von uns selbst können wir nicht eine Minute lang abschalten, nicht einmal eine Sekunde lang – *deshalb ist es von höchster Wichtigkeit, dass wir Frieden mit uns selbst haben.*

Wir können nicht weitergeben, was wir nicht haben

Umsonst habt ihr empfangen, umsonst gebt!   Matthäus 10,8

Mit Gottes Hilfe lernte ich es, Gottes Liebe anzunehmen, mich selbst auf eine gesunde Art und Weise zu lieben, Gott zu lieben und andere Menschen zu lieben. Doch wegen meiner Vergangenheit war das weder einfach noch ging es schnell.

Mir schien, dass ich immer schon Schwierigkeiten mit zwischenmenschlichen Beziehungen gehabt hatte, aber ich wusste beim besten Willen nicht, warum das so war. Ich konnte keine Menschen finden, die ich mochte, mit denen ich gern zusammen war und die dasselbe mir gegenüber fühlten. Gott half mir, endlich zu sehen, was das Problem war: Ich versuchte etwas weiterzugeben, das ich gar nicht besaß.

Als junge Christin hatte ich Predigten darüber gehört, wie wichtig es ist, dass sich Christen untereinander lieben, und ich versuchte wirklich „in der Liebe zu wandeln", aber ich versagte ständig. Ich musste erst Gottes Antwort der Liebe mit meinem ganz persönlichen Problem in Zusammenhang bringen. Mit meinen Ohren hatte ich wohl gehört, dass Gott mich liebte, aber ich hatte es nicht wirklich geglaubt und für mich angenommen. Allgemein hatte ich diese Tatsache zwar als wahr akzeptiert, aber nicht auf einer persönlichen Ebene. Ich kannte mein Problem und ich kannte Gottes „Ja" der Liebe, aber ich stellte zwischen beidem nicht die richtige Verbindung her.

Oft wissen wir, was unser Problem ist, aber es scheint, dass wir die richtige Lösung dafür nicht finden können. Auf der anderen Seite entdecken wir oft eine Antwort in der Schrift, aber wir wissen nicht wirklich, was unser Problem eigentlich ist. Gott will uns das Wesen unserer Probleme aufzeigen und die Lösungen dafür, die in seinem Wort zu finden sind. Wenn wir die richtigen Zusammenhänge herstellen, wenn wir das richtige Problem mit der richtigen Lösung zusammenbringen, ist Satan auf dem Rückzug und die Freiheit hält Einzug in unser Leben.

Ein Beispiel: Ich lernte aus der Schrift, dass wir in der Liebe wandeln sollen. Ich wusste, dass ich ein Problem mit der Liebe hatte, aber ich wusste nicht, dass mein Problem Wurzeln hatte, zu denen ich vordringen musste.

Oft versuchen wir, der faulen Früchte in unserem Leben Herr zu werden, und dringen nie zum Kernproblem durch. Wenn die üble Wurzel nicht ausgerottet wird, werden auch die faulen Früchte immer wieder nachwachsen. Egal wie oft wir sie abschneiden, irgendwann sind sie wieder da. Dieser Kreislauf ist höchst frustrierend. Wir tun scheinbar alles, was in unserer Macht steht, und finden trotzdem keine dauerhafte Lösung für unser Problem.

Ich versuchte verzweifelt, liebevolles Verhalten an den Tag zu legen, aber ich hatte es versäumt, Gottes Liebe anzunehmen; deshalb konnte ich auch keine Liebe weitergeben. Ich *hatte* keine Liebe, die ich weitergeben konnte.

Liebe deinen Nächsten wie dich selbst

Denn das ganze Gesetz ist in *einem* Wort erfüllt, in dem: ‚Du sollst deinen Nächsten lieben wie dich selbst.'   Galater 5,14

Als ich auf meine Fragen Antworten suchte, offenbarte mir der Heilige Geist Galater 5,14 auf eine Art und Weise, wie ich diesen Vers noch nie zuvor gehört oder gelesen hatte. Ich steckte in einer Ehekrise. Mein Mann und ich kamen nur schlecht miteinander klar – es schien, dass wir in allem unterschiedlicher Meinung waren. Fast ständig gab es Zwietracht. Unsere Kinder wurden davon negativ beeinflusst. Der ganze Ärger und die Aufregung griffen meine Gesundheit an. *Ich musste Antworten finden!*

Die Antwort ist Liebe

> Furcht ist nicht in der Liebe, sondern die vollkommene Liebe
> treibt die Furcht aus … 1. Johannes 4,18

Als der Heilige Geist mir dieses Wort zeigte, fragte ich mich: „Kann das möglich sein?" Verstand ich Gott richtig – konnte es so einfach sein wie: „Jesus liebt mich, weil die Schrift es sagt"? In meinem Leben gab es viele Ängste und viel Furcht, und 1. Johannes 4,18 sagte mir, dass die vollkommene Liebe die Furcht vertreiben würde.

Ich hatte versucht, in der „vollkommenen Liebe" zu leben, und täglich versagt. Ich hatte geglaubt, dass „vollkommene Liebe" bedeutete, dass meine Liebe zu anderen vollkommen sein sollte. Jetzt verstand ich, dass die vollkommene Liebe Gottes Liebe zu mir war; er ist der Einzige, der wirklich vollkommene Liebe üben kann.

Gottes Liebe ist vollkommen, auch wenn wir das nicht sind!

Geliebt, um andere zu lieben

> … dass der Christus durch den Glauben in euren Herzen wohne
> und ihr in Liebe gewurzelt und gegründet seid, damit ihr imstande seid, mit allen Heiligen völlig zu erfassen, was die
> Breite und Höhe und Länge und Tiefe ist. Epheser 3,17-18

Als ich über diese und andere Bibelstellen nachsann, fühlte ich mich wie ein Blinder, der zum ersten Mal das Licht sieht. *Mein Problem war ein Mangel an Liebe.* Nie in meinem Leben hatte ich wahre Liebe erhalten und angenommen, deshalb hatte ich es auch nie gelernt, mich wirklich selbst zu lieben. Ich mochte mich ja nicht einmal besonders gern, geschweige denn liebte ich mich.

Wenn uns niemand sonst liebt, sehen wir keinen Grund, warum wir uns selbst lieben sollten. Wenn andere uns nicht lieben, denken wir, dass wir es nicht wert sind, geliebt zu werden.

Wir sollten uns lieben – nicht auf eine selbstsüchtige Art und Weise, die einen egozentrischen Lebensstil zur Folge hat, sondern auf eine gesunde, gottgefällige Art, die Gottes Schöpfung einfach als essentiell gut und richtig bejaht. Vielleicht sind wir durch die Jahre unseres Lebens und alle schlechten Erfahrungen gebrandmarkt, aber das bedeutet nicht, dass wir wertlos sind und nur noch für den Mülleimer taugen.

Wir brauchen die Art von Liebe, die sagt: „Ich kann lieben, was Gott lieben kann. Ich liebe nicht alles, was ich tue, aber ich nehme mich an, weil Gott mich annimmt." Wir müssen die reife Art von Liebe entwickeln, die sagt: „Ich weiß, dass ich mich ändern muss, und ich will mich ändern. Genau genommen glaube ich, dass Gott mich täglich ein Stück weit verändert, aber in der Zwischenzeit werde ich nicht verachten, was Gott akzeptiert. Ich werde mich so akzeptieren, wie ich jetzt bin, in dem Wissen, dass ich nicht immer so bleiben werde."

Unser Glaube gibt uns Hoffnung für die Zukunft. Wie Gott den Israeliten half, so wird er auch uns helfen, unsere Feinde (unsere „Komplexe") Stück für Stück zu überwinden (5. Mose 7,22). Er wird uns von Herrlichkeit zu Herrlichkeit verwandeln, wenn wir kontinuierlich sein Wort studieren (2. Korinther 3,18). Er ist der Anfänger und Vollender unseres Glaubens (Hebräer 12,2). Er hat das gute Werk in uns angefangen und er wird es auch in uns vollenden (Philipper 1,6).

Wenn wir Gottes Liebe annehmen und anfangen, uns selbst zu lieben und zu akzeptieren, verbessert das auch unsere Beziehung zu Gott immens. Der Kreis schließt sich erst, wenn wir seine Liebe annehmen. Wir können ihn nur lieben, weil er uns zuerst geliebt hat (1. Johannes 4,19).

Wir alle wissen, wie frustrierend es ist, jemandem ein Geschenk geben zu wollen, der es ständig ablehnt. Ich liebe es, Menschen zu überraschen und ihnen etwas zu geben, das sie brauchen oder gern hätten. Ich habe es erlebt, dass ich eine Überraschung geplant hatte, einkaufen gegangen war, mein Geld ausgegeben und alles vorbereitet hatte, und als ich mein Geschenk dann endlich überreichen konnte, war die betreffende Person so unsicher, dass sie nicht wusste, wie sie mein Geschenk einfach nur dankbar annehmen sollte.

Unsicherheit und Gefühle der Wertlosigkeit machen es uns schwer, Dinge anzunehmen. Vielleicht denken wir, uns alles erarbeiten oder verdienen zu müssen. Wir denken vielleicht: „Warum sollte mir jemand einfach so etwas *schenken* wollen?" Dann werden wir vielleicht misstrauisch: „Was sind ihre Motive? Was wollen die von mir? Wohinter sind sie her?"

Es gibt Gelegenheiten, wo ich versuche, jemandem etwas zu schenken, und so viel Zeit und Energie aufwenden muss, die Person davon zu überzeugen, es als Geschenk anzunehmen, dass das Ganze schon peinlich ist! Ich will nur, dass er oder sie es nimmt! Ich möchte, dass die betreffende Person ihre Wertschätzung gegenüber meinem Geschenk ausdrückt, indem sie es einfach nur dankbar annimmt und sich daran freut.

Wenn wir Menschen schon so fühlen, wie viel mehr Gott, wenn er versucht, uns seine Liebe, seine Güte und sein Erbarmen zu schenken, und wir das aus einem Gefühl falscher Demut oder Unwürdigkeit heraus ablehnen? Wenn Gott uns seine liebenden Hände entgegenstreckt, dann will er einen Kreislauf in Gang setzen, der nicht nur uns Segen bringt, sondern auch noch vielen anderen.

Dies ist Gottes Plan: Er möchte, dass wir seine Liebe annehmen, uns selbst auf gesunde und gottgefällige Art und Weise lieben, ihn überschwänglich zurücklieben und letztlich all die Menschen lieben, denen wir auf unserem Lebensweg begegnen.

Jahrelang haben wir es versäumt, diesem Plan nachzukommen. Wir lieben ja nicht einmal andere Menschen mit unserer eigenen Liebe, geschweige denn mit Gottes Liebe. Denk daran: Wir hatten keine Liebe, mit der wir andere lieben konnten, bevor Gott uns nicht geliebt hat!

Akzeptanz oder Ablehnung?

> Und Gott sah alles, was er gemacht hatte, und siehe, es war sehr gut. Und es wurde Abend und es wurde Morgen: der sechste Tag. 1. Mose 1,31

Uns selbst abzulehnen verändert uns nicht zum Positiven, tatsächlich vergrößert es unsere Probleme nur noch. Akzeptanz bringt uns dazu, der Realität ins Auge zu blicken und dann an ihr zu arbeiten. Wir können nicht an etwas arbeiten, solange wir uns weigern, es zu akzeptieren, oder es als unwahr ablehnen.

Das *Webster's II New College Dictionary* definiert „akzeptieren" unter anderem als: „1. etwas (Angebotenes) empfangen, besonders willentlich, 2. sich mit einer Gruppe oder einem Ort identifizieren, 3a. etwas als normal, richtig, angemessen betrachten, b. etwas für
wahr halten."[1]

Aus dieser Definition ersehe ich, dass Akzeptanz den Willen
einschließt. Wenn ich diese Definition auf Selbstakzeptanz anwende,
sehe ich, dass ich mich dafür oder dagegen entscheiden kann, mich
zu akzeptieren. Gott bietet mir die Chance, mich selbst so zu akzeptieren, wie ich bin, aber ich habe einen freien Willen und kann mich
dagegen entscheiden. Des Weiteren ersehe ich aus dieser Definition,
dass, wenn etwas akzeptiert ist, es als normal, richtig, angemessen
betrachtet wird.

Menschen, die sich selbst ablehnen, tun das, weil sie sich selbst
einfach nicht als akzeptabel oder richtig sehen können. Sie sehen nur
ihre Fehler und Schwächen, nicht ihre Schönheit und Stärke. Das ist
eine einseitige Sicht, die wahrscheinlich von Autoritätspersonen in
ihrer Vergangenheit geprägt wurde, die eher das, was schwach und
falsch war, herausstellten als das, was stark und richtig war.

Das Wort „Akzeptanz" wird im selben Wörterbuch unter anderem als „Gutheißen" und „Zustimmung" definiert.[2] Wenn wir Probleme damit haben, uns selbst so zu akzeptieren, wie wir sind, schlage
ich vor, dass wir Gott zustimmen, dass das, was er geschaffen hat, gut
ist – und das schließt uns ein.

In Amos 3,3 lesen wir: „Gehen etwa zwei Menschen miteinander denselben Weg, ohne sich vorher verabredet zu haben?" (Hoffnung für Alle) Um mit Gott zu gehen, müssen wir uns mit ihm eins
machen, mit ihm übereinstimmen. Er sagt, dass er uns liebt und
akzeptiert. Wenn wir mit ihm übereinstimmen, können wir uns deshalb nicht länger ablehnen und hassen.

Wir müssen mit Gott darin übereinstimmen, dass er, als er uns
schuf, etwas Gutes schuf.

Lass mich an dieser Stelle noch einmal betonen, dass nicht
alles, was wir tun, gut ist, aber im Moment betrachten wir uns als
Person, nicht unser Verhalten. Später werden wir noch im Detail
betrachten, wie Gott das sieht, was wir tun, aber in diesem Anfangs-
kapitel soll uns mehr beschäftigen, wer wir in Gottes Augen sind.

Vielleicht stehst du da, wo ich stand, als Gott anfing, mir diese Prinzipien zu offenbaren. Du siehst die Dinge in dir, die sich verändern müssen, und es fällt dir sehr schwer zu sagen: „Ich akzeptiere mich." Du denkst, dass du mit dieser Aussage all das akzeptieren würdest, was bei dir nicht in Ordnung ist, aber das ist keineswegs der Fall.

Persönlich bin ich davon überzeugt, dass der Veränderungsprozess in unserem Leben nicht in Gang kommen kann, bis diese Sache geklärt ist.

Veränderung erfordert Korrektur

> Denn wen der Herr liebt, den züchtigt er; er schlägt aber jeden Sohn, den er aufnimmt. Hebräer 12,6

Diese Wahrheit über Gottes Korrektur und Zurechtweisung derer, die er liebt, wird von Jesus in Offenbarung 3,19 bestätigt, wenn er sagt: „Ich überführe und züchtige alle, die ich liebe. Sei nun eifrig und tu Buße!"

Veränderung erfordert Korrektur – Menschen, die sich nicht geliebt fühlen, haben große Schwierigkeiten damit, Korrektur anzunehmen. Korrektur bewirkt absolut nichts, wenn sie nicht angenommen wird.

Über die Jahre hinweg habe ich im Umgang mit meinen Kindern und Angestellten festgestellt, dass Korrektur in Liebe ausgeübt werden muss. Anders ausgedrückt: Die Menschen, die ich zurechtweise, müssen wissen, dass ich sie liebe und wertschätze.

Ich kann viel Zeit damit zubringen, eine Person zurechtzuweisen, aber ich vergeude meine Zeit, wenn diese Person nicht annimmt, was ich sage. Auch Gott muss uns zurechtweisen, um uns zu verändern. Wenn wir aber keine Erkenntnis seiner Liebe zu uns haben, werden wir auch seine Zurechtweisung nicht richtig verstehen und annehmen können. Vielleicht hören wir, was er sagt, und stimmen dem sogar zu. Wenn wir aber nicht wissen, dass seine Zurechtweisung die Veränderung bringen wird, die wir so dringend in unserem Leben brauchen, wird dieses Reden Gottes in uns nur Gefühle des Zorns oder der Verdammnis wecken.

Dessen darfst du dir sicher sein:
Gottes Liebe gilt dir wirklich!

> Denn ich bin überzeugt, dass weder Tod noch Leben, weder
> Engel noch Gewalten, weder Gegenwärtiges noch Zukünftiges,
> noch Mächte, weder Höhe noch Tiefe, noch irgendein anderes
> Geschöpf uns wird scheiden können von der Liebe Gottes, die
> in Christus Jesus ist, unserem Herrn.   Römer 8,38-39

Wir können nicht vertrauen, wenn wir nicht glauben, dass wir geliebt
werden. Um als Kind Gottes zu wachsen und Veränderung zu erleben,
müssen wir ihm vertrauen. Er wird uns oft für uns unverständliche
Wege führen, und während dieser Zeiten müssen wir uns an ihm und
an seiner Liebe zu uns festhalten.

Der Apostel Paulus war fest davon überzeugt, dass nichts uns
jemals von der Liebe Gottes, die in Jesus Christus Mensch wurde,
trennen kann. Dieselbe absolute Gewissheit Gottes unsterblicher Liebe zu uns brauchen auch wir ganz persönlich.

Nimm Gottes Liebe für dich an und mach sie zur Basis deiner
Liebe und Akzeptanz dir selbst gegenüber. Nimm seine Bestätigung
deiner Person an, in dem Wissen, dass du dich veränderst und zu
einem Menschen nach seinem Herzen wirst. Dann fang an, dich an dir
selbst zu freuen – dort wo du jetzt stehst – und freu dich, dass du auf
dem Weg zur geistlichen Reife bist.

2. Dein Selbstbild beeinflusst deine Zukunft

> Da warf [der Verkrüppelte] sich nieder und sagte: Was ist dein Knecht, dass du dich einem toten Hund zugewandt hast, wie ich einer bin?
>
> 2. Samuel 9,8

Wir haben schon festgestellt, dass von einem negativen Selbstbild hervorgerufene Unsicherheit all unsere Beziehungen beeinflusst. Aber auch unsere Zukunft wird davon bestimmt.

Wenn du ein schlechtes Bild von dir selbst hast, hat das deine Vergangenheit negativ beeinflusst. Es ist aber möglich, Heilung zu erlangen und zu verhindern, dass sich die Vergangenheit wiederholt. Lass los, was hinter dir liegt, einschließlich aller negativen Gefühle dir selbst gegenüber, und strecke dich nach den guten Dingen aus, die Gott für dich bereithält.

Gott hat einen Plan für jeden von uns

> Denn wir sind sein Gebilde, in Christus Jesus geschaffen zu guten Werken, die Gott vorher bereitet hat, damit wir in ihnen wandeln sollen.
>
> Epheser 2,10

Gott hat für jeden von uns einen guten Plan, aber nicht jeder von uns erlebt, wie dieser Plan in seinem Leben Wirklichkeit wird. Oft geben wir uns mit viel weniger zufrieden, als Gott für uns im Sinn hat.

Lange Jahre nahm ich meine Rechte und Privilegien, die ich als Kind Gottes habe, nicht in Anspruch. Das hatte zwei Gründe. Der erste war, dass ich nicht einmal wusste, dass ich irgendwelche Rechte oder Privilegien hatte. Ich war zwar Christin und glaubte, dass ich nach meinem Tod in den Himmel kommen würde, aber ich wusste nicht, dass auch meine Vergangenheit, Gegenwart und Zukunft auf dieser Erde geformt und verändert werden konnten. Der zweite Grund, warum ich weit unter dem Niveau lebte, das Gott mir zugedacht hatte, war ganz einfach die falsche Art, wie ich mich selbst sah und über mich fühlte. Mein Selbstbild war armselig, und das beeinflusste meinen Alltag genauso wie meine Zukunftspläne.

Gott hat Pläne mit dir!

Denn ich kenne ja die Gedanken, die ich über euch denke, spricht der Herr, Gedanken des Friedens und nicht zum Unheil, um euch Zukunft und Hoffnung zu gewähren.   Jeremia 29,11

Wenn du ein schlechtes Selbstbild hast, so wie es bei mir der Fall war, empfehle ich dir, die Geschichte von Mefi-Boschet aus 2. Samuel, Kapitel 9 zu lesen. Dieser Bericht hat mein Leben verändert und ich glaube, dass er dasselbe auch für dich tun kann. Du wirst nicht nur erkennen, warum du im Moment weit unter dem Standard lebst, den Gott für dich gesetzt hat, sondern auch, warum du in der Gefahr stehst, das zu verpassen, was er für dich in der Zukunft bereithält.

„Gibt es jemanden, den ich segnen kann?"

Und David sagte: Gibt es vielleicht noch jemand, der vom Hause Sauls übriggeblieben ist, damit ich Gnade an ihm erweise um Jonatans willen?   2. Samuel 9,1

Mefi-Boschet war der Enkel Sauls und der Sohn Jonatans, mit dem David eine sehr enge Freundschaft verbunden hatte. Jonatan und sein Vater Saul wurden beide im Kampf getötet, und nun war David König.

David hatte das Bedürfnis, jemanden aus der Familie Sauls um Jonatans willen zu segnen. Er erkundigte sich, ob noch jemand aus dem Hause Sauls übriggeblieben war, dem er Gutes tun könnte. Einer von Davids Dienern berichtete ihm von Mefi-Boschet, der in einer Stadt namens Lo-Dabar wohnte.

Der Name Lo-Dabar bedeutet „ohne Weiden".[1] In einer Agrargesellschaft war ein Ort ohne Weideland vermutlich ein Ort der Armut. Warum sollte der Enkel eines Königs an einem solchen Ort leben? Warum war er nicht zum Palast gekommen und hatte seine Rechte und Privilegien als ein Erbe von König Saul eingefordert, ganz zu schweigen von den Privilegien, die ihm als Sohn Jonatans zustanden, der einen Bund mit dem regierenden König David geschlossen hatte? Ganz sicher war ihm die Bedeutung eines solchen Bundes bewusst; damals wusste darüber jeder Bescheid. Er wusste, dass sich der Bund zwischen David und Jonatan auf deren Kinder und Kindeskinder übertragen würde.

Wenn zwei Menschen im damaligen Israel einen Bund schlossen, hatte jeder automatisch Anspruch auf den Besitz des anderen. Ein solcher Bund bedeutete auch, dass man einander helfen, füreinander kämpfen und alles tun würde, um die Bedürfnisse des anderen zu erfüllen. Und doch lebte Mefi-Boschet, der rechtmäßige Erbe des Bundes zwischen seinem Vater und König David, in Armut. Warum? Die Ursache liegt in den letzten Tagen der Regierung von König Saul, Mefi-Boschets Großvater, begründet.

Als die Nachricht kam, dass Saul und Jonatan im Kampf gefallen waren, war Mefi-Boschet noch ein Kind. Als seine Amme die schrecklichen Neuigkeiten hörte, rannte sie mit dem Jungen in den Armen vom Palast weg, weil sie befürchtete, dass sich David wegen der schlechten Behandlung, die ihm von König Saul zuteil geworden war, vielleicht an dem Kind rächen würde. Auf dieser Flucht stürzte Mefi-Boschet so schwer, dass beide Beine gelähmt blieben (2. Samuel 4,4).

Als David nun nach Mefi-Boschet sandte, fiel dieser vor dem König nieder und hatte offensichtlich große Angst. David sagte ihm, dass er sich nicht fürchten solle und dass er, David, ihm Gutes tun würde. Mefi-Boschets Reaktion darauf ist ein gutes Beispiel für die Art von negativem Selbstbild, die wir alle überwinden müssen.

Das Toter-Hund-Bild

> Da kam Mefi-Boschet, der Sohn Jonatans, des Sohnes Sauls, zu
> David und fiel auf sein Angesicht und warf sich nieder. Und
> David sagte: Mefi-Boschet! Er sagte: Siehe, dein Knecht. Und
> David sagte zu ihm: Fürchte dich nicht! Denn ich will nur
> Gnade an dir erweisen um deines Vaters Jonatan willen, und ich
> will dir alle Felder deines Vaters Saul zurückgeben; du aber
> sollst ständig an meinem Tisch das Brot essen. Da warf er sich
> nieder und sagte: Was ist dein Knecht, dass du dich einem toten
> Hund zugewandt hast, wie ich einer bin?   2. Samuel 9,6-8

Mefi-Boschet hatte ein negatives Selbstbild, ein Toter-Hund-Selbstbild. Er dachte nicht viel Gutes über sich. Anstatt sich als rechtmäßi-
gen Erben des Vermächtnisses seines Großvaters und Vaters zu betrachten, sah er sich als jemand, der vor allem eines erleben würde:
Ablehnung. Wenn dem nicht so gewesen wäre, hätte er schon längst
selbst den Weg zum Palast gefunden gehabt, um das einzufordern,
was ihm zustand.

Ein schlechtes Bild unseres Selbst hat zur Folge, dass wir statt
im Glauben in Angst leben. Wir schauen auf das, was bei uns schlecht
ist, anstatt auf das, was bei Jesus gut ist. Er hat doch unsere Unge-
rechtigkeit auf sich genommen und uns seine Gerechtigkeit gegeben.
(2. Korinther 5,21) In der Gewissheit dieser Realität müssen wir unser
Leben gestalten.

Als ich die Geschichte Mefi-Boschets las, wurde mir klar, dass
auch ich ein Toter-Hund-Selbstbild hatte, und dass es mich daran
hinderte, mein Potenzial voll auszuschöpfen und das zu bekommen,
was ich haben konnte. Ich begann, meine Einstellung mir selbst
gegenüber zu ändern. Ich brauchte dafür viel Zeit und noch mehr
Hilfe vom Heiligen Geist, aber ich war entschlossen, mir den Segen
nicht entgehen zu lassen, den Jesus für mich bereithielt.

Gottes Wort sagt, dass wir aufgrund seines Bundes mit uns das
Haupt sein können und nicht der Schwanz, dass wir aufwärts steigen
und nicht hinuntersinken werden (5. Mose 28,13). Ich bin mir sicher,
dass du, genau wie ich, lange genug der Schwanz warst. Es ist an der
Zeit aufzustehen und dein rechtmäßiges Erbe anzutreten.

David segnete Mefi-Boschet. Er gab ihm Diener und Land und sorgte dafür, dass er alles bekam, was er brauchte. Die Geschichte endet mit den Worten: „So wohnte Mefi-Boschet in Jerusalem, denn er aß beständig am Tisch des Königs. Er war aber lahm an beiden Füßen." (2. Samuel 9,13)

Ich liebe das Ende dieser Geschichte. Mefi-Boschets Lahmheit ist mir ein Symbol unserer Schwächen. Auch wir können mit Jesus Gemeinschaft haben und mit ihm essen – obwohl wir Fehler und Schwächen haben. Trotz alledem gilt unser Bund mit Gott, besiegelt und beglaubigt durch das Blut Jesu Christi. Ein Bund im Blute war und ist eines der stärksten Abkommen, das zwischen zwei Parteien geschlossen werden kann.

Wir geben Gott das, was wir haben, und er bietet uns das an, was er hat. Er nimmt all unsere Sünden, Fehler, Schwächen und unser Versagen und gibt uns seine Gerechtigkeit und Stärke. Er nimmt unsere Armut und schenkt uns seinen Reichtum. Er nimmt unsere Krankheit und schenkt uns seine Heilung. Er nimmt unsere dunkle, von Versagen belastete Vergangenheit und gibt uns die Hoffnung einer strahlenden Zukunft.

Aus uns selbst heraus sind wir nichts; unsere eigene Gerechtigkeit ist wie ein beflecktes Kleid. (Jesaja 64,5) Aber in Christus haben wir eine Zukunft, auf die wir uns freuen können. „In Christus" bedeutet einfach, dass wir unser Vertrauen in jedem unserer Lebensbereiche auf ihn gesetzt haben. Wir sind die Bundesgenossen eines Allmächtigen Gottes. Was für ein überwältigender Gedanke!

Bist du eine Heuschrecke?

Auch haben wir dort die Riesen gesehen, die Söhne Enaks von den Riesen; und wir waren in unseren Augen wie Heuschrecken und so waren wir auch in ihren Augen.   4. Mose 13,33

Eine andere Geschichte, die mich stark berührt hat, ist in 4. Mose, Kapitel 13 zu finden. Mose hatte zwölf Männer ausgesandt, um das Gelobte Land auszukundschaften und zu sehen, ob es wohl gut oder schlecht wäre. Zehn der Männer kamen mit schlechten Neuigkeiten zurück und verbreiteten unter dem Volk Israel ein – wie die Bibel sagt – „böses Gerücht" über das Gelobte Land. (4. Mose 13,32) Nur zwei der Kundschafter, Kaleb und Josua, hatten eine Einstellung, die Gott gefiel.

Als die zwölf Kundschafter von ihrer Reise zurückkamen, erzählten sie Mose: „Wir sind in das Land gekommen, wohin du uns gesandt hast; und wirklich, es fließt von Milch und Honig über …" (4. Mose 13,27) Dann fuhren sie fort: „Allerdings ist das Volk stark, das in dem Land wohnt, und die Städte sind befestigt und sehr groß; und auch die Söhne Enaks haben wir dort gesehen." (4. Mose 13,28)

Anders ausgedrückt: „Das Land ist gut, aber darin wohnen Riesen!" Die Angst vor den Riesen hielt Gottes Volk davon ab, das Land in Besitz zu nehmen, das Gott ihnen versprochen hatte. Sie sahen nur auf die Riesen; auf Gott sahen sie nicht.

Nicht die Riesen besiegten das Volk, sondern sein negatives Selbstbild. Israel wurde von seiner falschen Einstellung sich selbst gegenüber besiegt. Andere sahen sie als übermächtige Riesen und sich selbst als Heuschrecken.

Nur Josua und Kaleb hatten die richtige Einstellung dem Gelobten Land gegenüber. Sie sagten zu Mose und dem Volk: „Lasst uns nur hinaufziehen und es in Besitz nehmen, denn wir werden es gewiss bezwingen!" (4. Mose 13,30) Letzten Endes waren die beiden die Einzigen, denen Gott es gestattete, in das Gelobte Land zu ziehen.

Gott hatte eine herrliche Zukunft für alle Israeliten geplant, aber nicht alle erlebten diese Zukunft auch – nur die, deren Einstellung zu Gott und zu sich selbst stimmte.

„Lasst uns nur hinaufziehen und es in Besitz nehmen, denn wir werden es gewiss bezwingen!" Was für eine Siegesgewissheit! Was für eine großartige Einstellung!

All das geschah vor Tausenden von Jahren und es inspiriert mich noch heute. Wir können uns als toten Hund oder als Heuschrecke sehen und diese Selbstbilder werden unweigerlich unsere Zukunft bestimmen. Der Beweis dafür liegt in den Geschichten über die zwölf Kundschafter und Mefi-Boschet. Egal, was Gott für uns geplant hat, wir werden es nie erleben, wenn wir uns nicht seinem Bild von uns anschließen.

Gott hat keine schlechte Einstellung dir gegenüber – und du solltest sie auch nicht haben! Schüttle die Vergangenheit ab und nimm die Zukunft ins Visier. Paulus wollte auch alle Dinge richtig machen, und doch erkannte er, dass er im Wachstum und im Lernen begriffen war und nicht immer 100 Prozent Perfektion demonstrieren würde.

Jage ihm nach!

Nicht, dass ich es schon ergriffen habe oder schon vollendet bin; ich jage ihm aber nach, ob ich es auch ergreifen möge, weil ich auch von Christus Jesus ergriffen bin.

Philipper 3,12

Im Vers, der sich an diesen anschließt, sagt Paulus, dass er vergisst, was dahinten ist und sich ausstreckt nach dem, was vorn ist.

Dieses Prinzip treffen wir noch öfter im Wort Gottes an. Der Prophet Jesaja hatte die gleiche Erkenntnis, als er das Wort des Herrn verkündigte: „Denkt nicht an das Frühere und auf das Vergangene achtet nicht! Siehe, ich wirke Neues!" (Jesaja 43,18-19)

Ich glaube, dass Gott dich dazu gebracht hat, dieses Buch zu lesen, weil er in deinem Leben Neues wirken will.

Fast jeder von uns könnte eine Verbesserung seines Selbstbildes gebrauchen. Es dauert seine Zeit, bis wir die Hoffnung, die Gott für uns hat, verinnerlicht haben.

Um zu erkennen, wie viel Hoffnung Gott für mich hat, muss ich mich nur zurückerinnern an die Person, die ich war, als Gott mich in den vollzeitlichen Dienst berief. Ganz sicher war ich kein Mensch, den die Welt ausgewählt hätte, das zu tun, was ich heute tue. Genau genommen bin ich davon überzeugt, dass die meisten Leute mich früher oder später aufgegeben hätten.

Es ist so wunderbar und tröstlich zu wissen, dass, wenn alle anderen nur unsere Fehler sehen, Gott unsere Möglichkeiten und unser Potenzial sieht.

Als Gott begann, mich für den Dienst an anderen zu gebrauchen, hatte ich noch viele schlechte Angewohnheiten. Ich brauchte noch eine Menge Korrektur. Ich liebte Gott von Herzen und wollte tun, was richtig war, aber ich hatte nur sehr wenig Erkenntnis seiner göttlichen Prinzipien. Ich kannte die Zehn Gebote, gehörte zu einer Gemeinde und versuchte „gut" zu sein. Ich fügte dem Ganzen noch hier und da eine gute Tat hinzu und hoffte, dass das reichen würde, um Einlass in die „goldenen Tore" zu finden. In meinem Alltag jedoch war ich nicht wirklich ein „Überwinder"; echte Siege fehlten mir.

Ich meinte es ernst, aber ich war arm an Erkenntnis göttlicher Wahrheit. Ich hatte vielfältige Probleme. Als Kind war ich viele Jahre lang sexuell missbraucht worden und die Spätfolgen des Missbrauchs hatten immer noch einen zerstörerischen Einfluss auf mein Leben. Ich war auch in einigen zwischenmenschlichen Beziehungen verletzt worden und hatte eigentlich keine Ahnung davon, was Liebe wirklich war.

Scham und Schuldgefühle, die vom Missbrauch herrührten, bestimmten meine Persönlichkeit, und das beeinflusste buchstäblich jeden Bereich meines Lebens. Ich mochte nicht, wer ich war. Ich hatte ein überaus negatives Selbstbild. Ich war unsicher bis zum „Geht-nicht-mehr" und übertrieben ängstlich. Nach außen gab ich mich als die Unabhängige und Selbständige, die, die niemanden brauchte und die es nicht kümmerte, was andere über sie dachten. Denjenigen, die mich nicht kannten, muss ich sehr kühn und forsch erschienen sein. Doch mein äußeres und mein inneres Ich stimmten nicht überein. Innerlich regierte das Chaos. Und dennoch füllte mich Gott mit seinem Heiligen Geist und ließ mich wissen, dass er mich für den Dienst an anderen gebrauchen wollte.

Der Herr wartete nicht, bis ich heil und ganz war, ehe er sich mit mir einließ. Er nahm mich so, wie ich damals war, und er ist dafür verantwortlich, dass ich heute bin, wo ich bin. Es ist meine feste Überzeugung, dass er dasselbe auch für dich tun wird.

Gott wird dich da abholen, wo du bist

Gott aber hörte die Stimme des Jungen. Da rief der Engel Gottes der Hagar vom Himmel zu und sprach zu ihr: Was ist dir, Hagar? Fürchte dich nicht! Denn Gott hat auf die Stimme des Jungen gehört, dort wo er ist.   1. Mose 21,17

In der Schrift entdecken wir, dass Gott Menschen in Not dort abgeholt und ihnen geholfen hat, wo sie gerade waren. Gott sei Dank, dass er nicht wartet, bis wir es schaffen, zu ihm zu kommen, sondern dass er zu uns kommt!

Saras Magd Hagar und deren Sohn Ismael wurden von Abraham und Sara vertrieben und sahen sich einem qualvollen Tod in der Wüste ausgesetzt. Gott hatte Abraham gesagt, er solle in dieser Sache dem Vorschlag Saras folgen und Ismael (den Sohn ihrer eigenen Anstrengungen) von Isaak (dem von Gott versprochenen Sohn) trennen.

Doch Gott war noch nicht fertig mit Ismael. Er gab ihn nicht auf, wie es für den Moment vielleicht aussah, sondern begann ein neues Kapitel im Buch seines Lebens.

Ismael hätte man getrost als Fehltritt deklarieren können. Gott hatte nämlich Abram und Sarai (später gab Gott ihnen die Namen Abraham und Sara) versprochen, ihnen einen Sohn zu schenken. Doch sie, wie so viele unter uns, wurden des Wartens auf Gottes Verheißung müde und schmiedeten ihren eigenen Plan. Sie machten einen Fehler, doch deshalb hörte Gott noch lange nicht auf, mit ihnen zu arbeiten.

Sarai gab Abram ihre Magd Hagar als Zweitfrau. Abram sollte mit Hagar schlafen, weil Sarai unfruchtbar war. Sarai rechnete sich aus, dass Gott ihnen auf diese Weise zu dem versprochenen Kind verhelfen würde. Doch das war absolut nicht Gottes Plan und die ganze Aktion führte zu erheblichen Schwierigkeiten, wie wir in 1. Mose 16 bis 18 lesen können. Es scheint, dass jeder der Beteiligten Fehler machte. Doch Gott kannte offensichtlich ihre Herzen, denn er war zur Stelle, um zurechtzuweisen und das Chaos, das sie anrichteten, zu beseitigen.

Gott verwandelt oft Fehler in Wunder. Der Missbrauch, den ich als Kind erleiden musste, war definitiv etwas Furchtbares und hätte nie passieren dürfen. Es war nicht nur eine schlimme Sache für mich, sondern auch für alle Beteiligten. Doch Gott ist so groß, dass er selbst diese Untat nehmen und in einen Dienst verwandeln konnte, der anderen hilft. Gott hat mich da abgeholt, wo ich stand, und selbst wenn andere Menschen mich als untauglich für den Dienst abgelehnt hätten – Gott akzeptierte mich.

Gottes Wahl fällt auf das Unwahrscheinliche – wie dich und mich!

> Das Törichte der Welt hat Gott auserwählt, damit er die Weisen zuschanden mache; und das Schwache der Welt hat Gott auserwählt, damit er das Starke zuschanden mache. Und das Unedle der Welt und das Verachtete hat Gott auserwählt, das, was nicht ist, damit er das, was ist, zunichte mache, dass sich vor Gott kein Fleisch rühme. 1. Korinther 1,27-29

Gott wählt oft mit Absicht die Kandidaten aus, die für eine Aufgabe am wenigsten geeignet erscheinen. Indem er das tut, kann er seine Güte und Gnade zeigen und seine Macht demonstrieren, die Menschenleben verändert. Wenn Gott jemanden wie mich oder viele andere in ähnlichen Lebenssituationen gebraucht, begreifen wir, dass unsere Kraftquelle nicht in uns, sondern allein in Gott liegt: „Denn das Törichte Gottes ist weiser als die Menschen, und das Schwache Gottes ist stärker als die Menschen." (1. Korinther 1,25)

Jeder von uns hat eine Bestimmung und es gibt absolut keine Entschuldigung, diese Bestimmung nicht zu erfüllen. Wir können unsere Schwächen nicht als Entschuldigung heranziehen, weil Gott sagt, dass seine Kraft in Schwachheit zur Vollendung kommt (2. Korinther 12,9). Auch unsere Vergangenheit kann uns nicht als Entschuldigung dienen, weil der Apostel Paulus sagt, dass jeder, der in Christus ist, eine neue Schöpfung ist; das Alte ist vergangen und Neues ist geworden (2. Korinther 5,17).

Nicht wie Gott uns sieht, hindert uns am Erfolg, sondern wie wir selbst uns sehen. Jeder von uns kann es schaffen, all das zu sein, was Gott sich für uns gedacht hat.

Verbringe einige Zeit allein und ziehe Bilanz darüber, wie du über dich fühlst und denkst. Welches Selbstbild trägst du mit dir herum? Wenn du es herausholst und anschaust: Siehst du einem toten Hund oder einer Heuschrecke ähnlich? Siehst du ein hoffnungsloses Geschöpf, das keiner liebt? Oder siehst du dich als nach Gottes Bild erneuerte Kreatur, auferweckt zu einem neuen Leben, das nur darauf wartet, von dir in Angriff genommen zu werden?

3. „Ich bin okay und unterwegs zum Ziel!"

Ich bin ebenso in guter Zuversicht, dass der, der ein gutes Werk in euch angefangen hat, es vollenden wird bis auf den Tag Christi Jesu. Philipper 1,6

Ich bin noch nicht am Ziel, genauso wenig wie irgend jemand sonst. Wir alle sind im Werden begriffen. Lange Jahre meines Lebens dachte ich – zumindest unterschwellig –, dass ich nicht akzeptabel wäre, bis ich am Ziel angekommen sein würde, aber ich habe gelernt, dass das nicht stimmt. Es ist mein Herzenswunsch, all das zu sein, was Gott möchte, das ich bin. Ich will so sein wie Jesus. Meine menschliche Seite steht mir dabei manchmal im Weg.

In Römer 7 sagt Paulus, dass er das Gute, das er will, nicht tun kann, sondern oft das Böse tut, das er doch gar nicht tun will! Er sagt, dass er sich elend fühlt. Ich kann mich damit identifizieren – wie steht es mit dir? In Vers 24 ruft er aus: „Wer wird mich retten von diesem Leibe des Todes?" Im folgenden Vers, als hätte er eine Antwort erhalten, die eine Offenbarung für ihn war, sagt er: „Ich danke Gott durch Jesus Christus, unseren Herrn!"

Es stimmt, wir alle haben noch ein gutes Stück Wegs vor uns. Ich war verzweifelt darüber, wie weit ich noch zu gehen hatte, und es schien, dass mich Satan täglich, manchmal sogar stündlich, daran erinnerte. Ich trug ständig ein Gefühl des Versagens mit mir herum, das Gefühl, dass ich nicht war, wer ich sein sollte, dass ich nicht genug Gutes tat, dass ich mich mehr anstrengen müsste – und wenn ich mich dann mehr anstrengte, versagte ich nur um so mehr.

Jetzt habe ich eine andere Einstellung: „Ich bin nicht, wo ich hingehöre, aber Gott sei Dank bin ich nicht mehr, wo ich einst war; ich bin okay und unterwegs zum Ziel!"

Lauf weiter!

Aber der Pfad der Gerechten ist wie das glänzende Morgenlicht, heller und heller erstrahlt es bis zur Tageshöhe.

Sprüche 4,18

Ich weiß jetzt von ganzem Herzen, dass Gott mir nicht böse ist, weil ich noch nicht am Ziel bin. Er freut sich, dass ich mich nach dem Ziel ausstrecke und weiterlaufe, dass ich auf dem Weg bleibe. Selbst wenn du und ich nur „am Festhalten festhalten", wird Gott sich über unsere Fortschritte freuen.

Lauf den guten Lauf. Einen Lauf läuft man Schritt für Schritt – und das sollte uns auch bei unserem „geistlichen Lebenslauf" klar sein! Angenommen, ich würde dich zu einem Spaziergang einladen. Wahrscheinlich dächtest du, ich sei verrückt, wenn ich nach den ersten Schritten zornig würde, weil wir noch nicht an unserem Ziel sind. Ganz selbstverständliche Dinge wie dieses verstehen wir, haben aber dennoch Schwierigkeiten zu begreifen, dass Gott damit rechnet, dass geistliches Wachstum Zeit braucht.

Wir denken auch nicht, dass etwas mit einjährigen Kindern nicht stimmt, weil sie noch nicht perfekt laufen können. Sie fallen ständig hin, aber wir heben sie auf, trösten sie, versorgen sie wenn nötig mit Pflaster und üben weiter mit ihnen. Ganz sicher kann unser wunderbarer Gott viel mehr für uns tun als wir für unsere Kinder.

Das Gleichgewicht halten

Seid nüchtern, wacht! Euer Widersacher, der Teufel, geht umher wie ein brüllender Löwe und sucht, wen er verschlingen kann.

1. Petrus 5,8

Es ist sehr wichtig, in allen Dingen ein gesundes Maß zu wahren, denn wenn wir das nicht tun, öffnen wir dem Satan eine Tür.

Wir haben betrachtet, wie man ein positives Selbstbild erlangt. Ein Weg dorthin ist, dass wir erkennen, dass wir die Perfektion noch nicht erreicht haben, dass wir noch wachsen müssen, aber dass wir in der Zwischenzeit akzeptabel und von Gott akzeptiert sind. Es stimmt, dass wir weiter dem Ziel nachjagen müssen, aber Gott sei Dank müssen wir uns nicht hassen und ablehnen, während wir auf dem Weg dahin sind.

Was ist nun eine normale, gesunde christliche Haltung sich selbst gegenüber? Hier sind einige Gedanken, die diese Art von ganzheitlichem, auf Gott ausgerichtetem Selbstbild widerspiegeln:

1. Ich weiß, dass Gott mich geschaffen hat und dass er mich liebt.

2. Ich habe Fehler und Schwächen und ich möchte mich ändern. Ich glaube daran, dass Gott an meinem Leben arbeitet. Er verändert mich Stück für Stück, jeden Tag ein bisschen. Während er das tut, kann ich mich trotzdem an mir und meinem Leben freuen.

3. Jeder hat und macht Fehler. Ich bin kein kompletter Versager, nur weil ich nicht perfekt bin.

4. Ich werde mit Gott daran arbeiten, meine Schwächen zu überwinden, aber ich habe begriffen, dass es immer etwas geben wird, woran ich noch arbeiten muss. Deshalb werde ich nicht entmutigt sein, wenn Gott mir Bereiche in meinem Leben aufzeigt, die Korrektur brauchen.

5. Ich möchte Menschen glücklich machen und hätte gern, dass sie mich mögen, aber mein Selbstwertgefühl hängt nicht davon ab, was andere über mich denken. Jesus hat mir meinen Wert schon deutlich gemacht, indem er bereit war, für mich zu sterben.

6. Ich werde mich nicht von dem bestimmen lassen, was Menschen denken, sagen oder tun. Auch wenn sie mich total ablehnen, werde ich das überleben. Gott hat versprochen, mich niemals abzulehnen oder zu verdammen, solange ich am Glauben festhalte (Johannes 6,29).

7. Egal, wie oft ich versage – ich werde nicht aufgeben, weil Gott mit mir ist, mich zu erhalten und zu stärken. Er hat zugesagt, mich niemals aufzugeben oder zu verlassen (Hebräer 13,5).

8. Ich mag mich. Nicht alles, was ich tue, gefällt mir, und ich will mich ändern, aber ich weigere mich, mich als Person abzulehnen.

9. Durch Jesus Christus bin ich vor Gott gerecht.

10. Gott hat einen guten Plan für mein Leben. Ich werde meine Bestimmung erfüllen und ihm zur Ehre alles sein, was ich sein kann. Ich habe gottgegebene Talente und Fähigkeiten, die ich zum Nutzen anderer einsetzen möchte.

11. Ich bin nichts und bin doch alles! Aus mir heraus bin ich nichts, aber in Jesus bin ich alles, was ich sein muss.

12. Ich kann alles tun, was ich tun muss, alles, was Gott mir aufträgt, durch Jesus Christus, seinen Sohn (Philipper 4,13).

Hier sind noch einige Anregungen, die dir helfen können, eine ausgeglichene Einstellung und ein gesundes Selbstbild zu entwickeln und aufrechtzuerhalten:

1. Hasse immer deine Sünden, aber hasse dich nicht selbst.

2. Sei schnell zur Umkehr bereit.

3. Sei ehrlich vor Gott und dir selbst darüber, wie es mit dir steht.

4. Wenn Gott dir Erkenntnis schenkt, habe keine Angst davor.

5. Hör auf damit, negative, abwertende Dinge über dich selbst zu sagen, aber spiel dich auch nicht auf.

6. Habe keine übertrieben hohe Meinung von dir selbst, aber denke auch nicht, dass du unwichtig bist.

7. Wenn etwas schief geht, nimm nicht immer gleich an, dass das deine Schuld ist. Wenn du aber einen Fehler gemacht hast, hab keine Angst davor, ihn zuzugeben.

8. Hüte dich davor, dich zu sehr mit dir selbst zu beschäftigen. Grübele nicht ewig darüber nach, was du wohl richtig oder was du eventuell falsch gemacht haben könntest. Beides führt dazu, dass du dich nur um dich selbst drehst! Lass deine Gedanken um Christus und seine Grundsätze drehen: „Herr, du gibst Frieden dem, der sich fest an dich hält und dir allein vertraut." (Jesaja 26,3; Hoffnung für Alle)

9. Achte auf deinen Körper. Mach das Beste aus dem, was Gott dir mitgegeben hat, aber übertreibe es nicht mit der Fürsorge und sei nicht eitel.

10. Lerne, so viel du kannst, aber lass es nicht zu, dass deine Bildung dir Grund zum Stolz wird. Gott gebraucht uns nicht, weil wir so schlau sind, sondern weil wir unser Herz auf ihn ausgerichtet haben.

11. Sei dir bewusst, dass deine Gaben und Talente ein Geschenk sind. Du hast sie dir nicht selbst gegeben. Schau nicht auf Menschen herab, die nicht das tun können, was du tun kannst.

12. Verachte deine Schwächen nicht – sie halten dich in der Abhängigkeit von Gott.

„Wie kann ich mich verändern?"

Und seid nicht gleichförmig dieser Welt, sondern werdet verwandelt durch die Erneuerung des Sinnes …   Römer 12,2

Veränderung wird nicht bewirkt durch Kämpfe, Anstrengung ohne Gott, Selbsthass, Selbstablehnung, Scham oder Taten aus menschlichen Motiven heraus.

Veränderung geschieht in unserem Leben, wenn unser Geist durch Gottes Wort erneuert wird. Wenn wir Gott Recht geben und wirklich glauben, dass er die Wahrheit sagt, wird das langsam aber sicher in uns Wurzeln schlagen. Wir beginnen, anders zu denken, anders zu reden und letztendlich anders zu handeln. Das ist ein Prozess und wir müssen daran denken, dass wir während dieses Prozesses die Einstellung haben dürfen, dass wir „okay und unterwegs zum Ziel" sind.

Freu dich an dir, während du dich veränderst. Freu dich daran, wo du bist, während du unterwegs zu deiner Bestimmung bist. Hab Spaß an der Reise! Vergeude nicht all die Zeit, die dir jetzt geschenkt ist, indem du versuchst, der Zukunft entgegenzurennen. Denk daran: Der morgige Tag wird für sich selbst sorgen. (Matthäus 6,34)

Heute kämpfst du vielleicht mit deiner aufbrausenden Art und denkst, dass alles gut wäre, wenn du nur dieses Problem endlich in den Griff bekämst. Das Problem ist, dass du vielleicht vergessen hast, dass Gott dir dann etwas anderes zeigen könnte, an dem du arbeiten musst. Dann bist du wieder im selben Denkschema gefangen: „Wenn ich bloß dieses Problem nicht hätte, wäre ich glücklich."

Wir müssen es lernen, diese Dinge in einem neuen Licht zu sehen.

Ein neuer und lebendiger Weg

… den er uns eröffnet hat als einen neuen und lebendigen Weg durch den Vorhang – das ist durch sein Fleisch …

Hebräer 10,20

Im alten Bund standen die Menschen unter dem Gesetz; wenn sie einen Fehler gemacht hatten, mussten sie als Sühne ein Opfer darbringen. Vorschriften gab es viele – zu viele, als dass irgendjemand sie alle hätte halten können. Das Ergebnis waren Werke, Werke und nochmals Werke – Menschen, die sich anstrengten und versagten, sich schuldig fühlten und sich noch mehr anstrengten, wieder versagten und Opfer darbrachten. Dies war ein endloser Kreislauf, der die Menschen auslaugte.

Das Gesetz war auf zwei Steintafeln, die Gott Mose gegeben hatte, zu den Menschen gekommen. Auch die Herzen der Menschen wurden hart wie Stein, während sie verzweifelt versuchten, das Gesetz zu halten.

Das Gesetz, der „Dienst des Todes", wurde vom „Dienst des Heiligen Geistes", einem neuen und lebendigen Weg, abgelöst.

Gesetz oder Geist?

Wenn aber schon der Dienst des Todes, mit Buchstaben in Steine eingegraben, in Herrlichkeit geschah, so dass die Söhne Israels nicht fest in das Angesicht Moses schauen konnten wegen der Herrlichkeit seines Angesichts, die doch verging, wie wird nicht vielmehr der Dienst des Geistes in Herrlichkeit bestehen?   2. Korinther 3,7-8

Das Leben unter dem Gesetz bringt tatsächlich mehr den Tod als das Leben. Für mich bedeutet „Leben unter dem Gesetz", dass ich mög-

lichst alles perfekt machen muss – sonst bekomme ich Ärger mit
Gott. Es bedeutet Regeln und Zwänge, aber nicht Freiheit. Jahrelang
lebte ich unter dem Gesetz, und das nahm mir all meinen Frieden und
all meine Freude. Ich lebte und war doch vom Tod erfüllt.

Tod in diesem Sinne bedeutet jede Art von Not. Gesetzlichkeit
macht Menschen starr und verbohrt. Diese Menschen wissen praktisch nichts über Erbarmen – weder empfangen sie es von Gott noch
geben sie es an andere weiter.

Während ich versuchte zu lernen, wie man in der Liebe wandelt, erkannte ich, dass ich kein sehr gnädiger Mensch war. Wieder
lehrte mich Gott, dass ich nichts weitergeben konnte, was ich nicht
besaß. Ich nahm sein Erbarmen für meine Verfehlungen nicht in
Anspruch und hatte deshalb auch kein Erbarmen mit anderen Menschen. Ich versuchte, alle Regeln zu befolgen: die mir vermittelten,
die von der Kirche aufgestellten und die Tausenden von Regeln, die
ich dem Satan erlaubt hatte, mir einzutrichten. Diese Regeln waren
nicht einmal schriftgemäß; es waren lediglich Dinge, wegen derer ich
mich schuldig fühlte oder ein schlechtes Gewissen hatte.

Gott gab Mose zehn Gebote. Ich las einmal, dass die religiösen
Führer daraus etwa 2 200 verschiedene Regeln und Vorschriften für
das Volk gemacht hatten, als Jesus geboren wurde. Ich weiß nicht
genau, ob es wirklich 2 200 Vorschriften waren, aber ich weiß, dass es
mehr waren, als irgendjemand halten konnte.

Einige Menschen tendieren mehr zur Gesetzlichkeit als andere.
Sogar unsere Persönlichkeit und unser Temperament kann uns in
Richtung Perfektionismus und Gesetzlichkeit treiben. Wir dürfen je-
doch nicht vergessen, dass da, wo Gesetzlichkeit ist, auch Tod ist.

Jesus sagte, dass er kam, um Leben zu bringen (Johannes
10,10). Der neue Dienst bestand darin, dass die Menschen nicht mehr
vom Gesetz, sondern vom Geist Gottes regiert wurden. *Das war eine
ganz neue Art zu leben!* Sie beinhaltete Erbarmen, wo man versagte,
Vergebung für Sünden und das Ersetzen der Opferpraxis durch den
Glauben an Jesus Christus.

Es war fast zu schön, um wahr zu sein. Es war einfach, und
vielen Menschen war es zu einfach. Sie konnten es einfach nicht
glauben. Sie versuchten weiterhin, Gott durch ihren guten Lebenswandel zu beeindrucken. Die Schrift sagt jedoch, dass wir durch
Glauben, nicht durch Werke, errettet werden (Epheser 2,8-9). Jeder

Versuch, Rettung und Gerechtigkeit auf irgendeine andere Art zu erlangen, frustriert uns nur und laugt uns aus.

Wir haben mit der Gesetzlichkeit abgeschlossen und sind bereit für ein neues Leben!

> Jetzt aber sind wir von dem Gesetz losgemacht, da wir dem gestorben sind, worin wir festgehalten wurden, so dass wir in dem Neuen des Geistes dienen und nicht in dem Alten des Buchstabens.   Römer 7,6

Wieder sehen wir, dass uns der Dienst für Gott im neuen Bund ein neues Leben schenkt. Dieses Leben ist wirklich ein völlig neues und wir brauchen dafür einen erneuerten Geist. Wir werden lernen müssen anders zu denken – über uns und darüber, was Gott von uns erwartet.

Freude am Fortschritt

> ... damit ich meinen Lauf vollende ...   Apg. 20,24

Der Apostel Paulus sehnte sich danach, ein Mensch nach Gottes Herzen zu sein, und wollte alles tun, was Gott ihm auftrug – und er wollte das mit Freude tun.

Wir sollten es lernen, uns an unseren Fortschritten zu freuen, anstatt deprimiert darüber zu sein, wie weit der vor uns liegende Weg noch ist. Wir müssen es lernen, das Positive zu sehen und nicht das Negative.

Eine der Nebenwirkungen von Gesetzlichkeit ist, dass man nie zufrieden ist, bis man wirklich das ganze Gesetz hält. Versagt man in einem Punkt, hat man das ganze Gesetz gebrochen (Jakobus 2,10). Einer der Vorteile des Neuen Bundes ist, dass man während der ganzen Reise in Richtung Ziel inneren Frieden erleben kann. Der Grund für unsere Zufriedenheit ist nämlich nicht unsere eigene Leistung, sondern allein Jesus.

In Johannes 10,10 sagt Jesus, dass er gekommen ist, damit wir Leben im Überfluss hätten. Im selben Vers sagt er, dass der Dieb nur kommt, „um zu stehlen und zu schlachten und zu verderben." Der Dieb, den Jesus hier meint, ist Gesetzlichkeit oder eine gesetzliche Einstellung Gott gegenüber. Diese nimmt uns nämlich alles und bringt uns nichts ein außer Schuld und Elend. Nach dem Gesetz können wir weder gerecht werden noch Frieden und Freude erleben. Durch Jesus sind uns all diese Dinge geschenkt, gegeben allein aus Gottes Gnade, nicht verdient durch unsere Taten. All das wird uns einzig und allein durch Glauben zuteil.

Leben in Frieden, Freude, Hoffnung

Der Gott der Hoffnung aber erfülle euch mit aller Freude und allem Frieden im Glauben, damit ihr überreich seid in der Hoffnung durch die Kraft des Heiligen Geistes!   Römer 15,13

Ich erinnere mich an einen Abend, an dem ich mich sehr schlecht fühlte und äußerst unzufrieden war. Ich ging zu der „Zusagen-Schachtel", die mir jemand geschenkt hatte. Diese Schachtel ist ein kleines Behältnis voll mit Bibelversen. Der Sinn dieser Schachtel ist, dass man einen Zettel ziehen kann, wenn man Ermutigung braucht. Der Vers auf dem Zettel beinhaltet ein Versprechen, das Gott uns gibt. An jenem Abend spürte ich, dass ich dringend etwas brauchte, war mir aber nicht sicher, was genau das war. Ich hatte keinen Frieden und auch keine Freude; ich fühlte mich absolut elend.

Ich zog ein Kärtchen, auf das Römer 15,13 gedruckt war. Das war tatsächlich ein Wort zur rechten Zeit für mich! (Jesaja 50,4) Mein Problem war, dass ich zweifelte anstatt zu vertrauen. Ich zweifelte an Gottes bedingungsloser Liebe, zweifelte daran, dass ich seine Stimme hören konnte, zweifelte an meiner Berufung, zweifelte daran, dass er sich an mir freute. Ich war erfüllt von Zweifeln über Zweifeln. Als ich das Problem erkannte, ließ ich meine Zweifel los und entschied mich, Gott zu vertrauen. Innerer Friede und tiefe Freude stellten sich augenblicklich wieder ein.

Das habe ich in meinem Leben wieder und wieder beobachtet. Wenn mir Friede und Freude fehlen, mache ich eine Inventur meines

Vertrauens – und meist fehlt das dann auch. Man kann also schlussfolgern, dass Selbstzweifel und Zweifel an Gott unseren Frieden und unsere Freude stehlen.

Ich kann mich an Jahre meines Lebens erinnern, als meine Beziehung zu mir selbst hauptsächlich darin bestand, an mir zu zweifeln. Ich zweifelte an meinen Entscheidungen, an meinem Erscheinungsbild, daran, ob ich wirklich vom Heiligen Geist geleitet würde, daran, ob ich das Richtige sagte oder tat. Ich zweifelte daran, dass ich Gott oder anderen Menschen überhaupt auf irgendeine Weise Freude bereitete. Ich wusste, dass ich mit mir selbst nicht zufrieden war – wie also konnte irgendjemand sonst das sein?

Ich bin so unsagbar froh, dass diese elenden Jahre hinter mir liegen. Jetzt lebe ich getreu Galater 5,1: „Für die Freiheit hat Christus uns freigemacht. Steht nun fest und lasst euch nicht wieder durch ein Joch der Sklaverei belasten!" Ich war so durch Gesetzlichkeit gebunden, dass ich mich dagegen wahrscheinlich immer standhaft werde zur Wehr setzen müssen. Doch jetzt bin ich in der Lage, Gesetzlichkeit und ihre Symptome zu erkennen – und dieses Wissen lässt mich dem Satan widerstehen und meine Freiheit in Christus genießen.

Wir sind dazu befreit, wirklich zu glauben, dass wir okay und unterwegs zum Ziel sind – noch nicht perfekt, aber dem Vollkommenen nachjagend. Wir haben die Freiheit, das Leben, die Gemeinschaft mit Gott und uns selbst zu genießen.

4. Hast du dich selbst verloren?

> Da wir aber verschiedene Gnadengaben haben nach der uns
> gegebenen Gnade, so lasst sie uns gebrauchen: es sei Weissa-
> gung, in der Entsprechung zum Glauben; es sei Dienst, im
> Dienen; es sei, der lehrt, in der Lehre: es sei, der ermahnt, in der
> Ermahnung; der mitteilt, in Einfalt; der vorsteht, mit Fleiß; der
> Barmherzigkeit übt, mit Freudigkeit.   Römer 12,6-8

Wie können wir zur vollen Entfaltung kommen, wenn wir uns nicht
kennen? Das Leben ähnelt manchmal einem Labyrinth, und es ist
leicht sich zu verlaufen. Es scheint, dass jeder etwas anderes von uns
erwartet. Von allen Seiten fühlen wir uns dem Druck ausgesetzt,
andere glücklich zu machen und ihre Bedürfnisse zu erfüllen.

Wir investieren viel emotionale und geistige Energie dahinein,
die wichtigen Menschen in unserem Leben wirklich kennen zu lernen und herauszufinden, was sie von uns wollen. Dann versuchen wir
so zu sein, wie es von uns erwartet wird. Bei diesem Prozess laufen
wir Gefahr, uns selbst zu verlieren. Vielleicht entdecken wir nie, was
Gott von uns und für uns möchte. Vielleicht versuchen wir, allen
anderen zu gefallen, und gefallen uns dabei selbst nicht.

Ich selbst habe jahrelang versucht, so viele Dinge zu sein, die
ich nicht war, dass bei mir am Ende totale Verwirrung herrschte.
Endlich erkannte ich, dass ich gar nicht wusste, wie ich eigentlich
sein sollte. Während ich versuchte, allen Anforderungen gerecht zu
werden, die von anderen und von mir selbst an mich gestellt wurden,
hatte ich die Person Joyce Meyer verloren. Ich musste sozusagen
vom Karussell meines Lebens abspringen und mir einige ernsthafte
Fragen stellen: „Für wen lebe ich eigentlich? Warum tue ich all diese

Dinge? Bin ich jemand geworden, der den Menschen gefallen will? Lebe ich wirklich den Willen Gottes für mein Leben? Was möchte ich erreichen im Leben? Wofür glaube ich wirklich begabt und gesalbt zu sein?"

Ich spürte den Druck, versuchen zu müssen, so wie mein Mann zu sein. Dave ist schon immer sehr ausgeglichen und charakterfest gewesen. Er nimmt die Dinge leicht und lebt sein Leben ohne Sorgen oder Nöte. Ich wusste, dass das auch genau so sein sollte, also versuchte ich mit aller Kraft so wie er zu sein. Ich dagegen war eher stürmisch als besonnen. Ich fällte Entscheidungen schnell. Ich war viel launischer als Dave und machte mir Sorgen, wenn wir Probleme hatten.

Ich spürte den Druck, so wie meine Freunde und Bekannten sein zu müssen. Die Frau meines Pastors hat ein sehr sanftes Naturell. War ich mit ihr zusammen, fühlte ich, dass ich sanfter sein müsste.

Ich fühlte mich unter Druck gesetzt, wie meine Freundin sein zu müssen. Sie war sehr kreativ – sie kochte, nähte, strich, tapezierte und hielt den Garten in Schuss. Sie schien all das zu sein, was ich nicht war, also versuchte ich wie sie zu sein.

Ich versuchte gleichzeitig so wie viele meiner Mitmenschen zu werden, dass ich mich verlor.

Hast du dich auch verloren? Bist du frustriert, weil du versuchst, allen Ansprüchen anderer an dich gerecht zu werden, du selbst aber unerfüllt bleibst? Wenn dem so ist, wirst du dich dazu entschließen müssen herauszufinden, wer du wirklich bist. Erst dann kannst du ein erfülltes Leben führen. Wenn du dich dieser Welt geschlagen gibst, wird von allen Seiten jemand oder etwas auf dich einstürzen.

Beispielsweise möchte vielleicht deine Mutter, dass du sanft, nett und liebevoll bist. Dein Vater möchte dich stark, selbstsicher und forsch erleben. Deine Mutter möchte, dass du sie öfter besuchen kommst. Dein Vater möchte, dass du mehr Zeit mit ihm auf dem Golfplatz verbringst. Deine Freunde würden dich gerne wieder an der Uni sehen, weil Ausbildung wichtig ist. Dein Arzt oder Fitnesstrainer möchte dich drei Mal die Woche im Fitnessstudio sehen. Dein Ehepartner hätte gern mehr von dir, und die Kinder wollen, dass du bei ihren schulischen Aktivitäten größeres Engagement zeigst. Dein Chef möchte vielleicht, dass du Überstunden machst, deine Gemeinde braucht dich als Platzanweiser und Helfer beim Ostergottesdienst, der Chorleiter besteht darauf, dass du im Chor mitsingst, und die Nachbarn wollen, dass du deinen Rasen öfter mähst!

Ist dir je bewusst geworden, dass du nicht alles sein und erfüllen kannst, was man von dir erwartet? Hast du je tief drinnen gewusst, dass du vielen Leuten ein „Nein" als Antwort geben solltest, aber aus Angst sie zu verärgern hat dein Mund gesagt: „Ich versuch's", während dein Herz schrie: „Ich kann's nicht!"?

Unsichere Menschen sagen „Ja", wenn sie eigentlich „Nein" meinen. Die, die mit Erfolg sie selbst sind, erlauben anderen nicht, die Kontrolle über sie zu haben. Diese Menschen werden von ihrem Herzen geleitet, nicht von der Angst, andere zu verärgern oder von anderen abgelehnt zu werden.

Wir können nicht auf Menschen böse werden, nur weil sie Forderungen an uns stellen. Es ist unsere eigene Verantwortung, unser Leben zu ordnen. Wir müssen unsere Identität kennen, unser Ziel und unsere Berufung – Gottes Willen für uns. Wir müssen die Entscheidungen treffen, die uns unserem Ziel näher bringen. Wir müssen zielstrebige Menschen mit einem Fokus sein.

Ich kann mich erinnern, dass ich einen unglaublichen Druck verspürte, wenn mich Leute baten, etwas zu tun, was ich eigentlich nicht tun wollte. Ich dachte, dass es diese Menschen waren, die mich unter Druck setzten, aber in Wirklichkeit waren es meine eigenen Ängste und Unsicherheiten.

Dave ist sehr selbstsicher; er verspürt diese Art von Druck nie. Er glaubt, dass er vom Geist Gottes geleitet wird. Wenn er sich geführt fühlt etwas zu tun, tut er es. Wenn er glaubt, dass etwas nicht dran oder nicht richtig ist, tut er es nicht. So einfach ist das für ihn.

Viele Male habe ich ihn gefragt: „Kümmert es dich nicht, was die anderen denken?" Seine Antwort ist simpel: „Was sie denken, ist nicht mein Problem." Er weiß, dass es seine Verantwortung ist, der zu sein, als den Gott ihn erschaffen hat. Er hat Erfolg dabei, er selbst zu sein!

Natürlich gibt es Zeiten in unserem Leben, wenn wir alle Dinge tun, die wir lieber nicht tun würden. Wir tun Dinge für andere, weil wir sie lieben, und das ist auch richtig so. Wenn wir das tun, sind wir immer noch von Gottes Geist geführt, weil wir in der Liebe wandeln und ein Opfer für jemand anderen bringen. Das ist etwas völlig

anderes, als von anderer Leute Erwartungen und Forderungen bestimmt und manipuliert zu werden.

Anders zu sein ist nicht schlimm

> Ein anderer [ist] der Glanz der Sonne und ein anderer der Glanz
> des Mondes und ein anderer der Glanz der Sterne; denn es
> unterscheidet sich Stern von Stern an Glanz.
>
> 1. Korinther 15,41

Wir sind alle verschieden. Wie die Sonne, den Mond und die Sterne
hat Gott uns alle unterschiedlich geschaffen, und das hat er mit
Absicht getan. Jeder von uns erfüllt einen Zweck; wir sind alle Teil
von Gottes großem Plan. Wenn wir uns bemühen, so wie andere zu
sein, verlieren wir nicht nur uns selbst, sondern wir betrüben auch
den Heiligen Geist. Gott möchte, dass wir in seinen Plan passen und
nicht versuchen, in die Pläne aller anderen zu passen. Verschiedenar-
tigkeit ist in Ordnung; es ist in Ordnung, anders zu sein.

Wir sind alle mit verschiedenen Temperamenten, unterschied-
lichem Aussehen, einzigartigen Fingerabdrücken, verschiedenen
Gaben und Fähigkeiten geboren. Unser Ziel sollte es sein herauszufinden, wer und wie wir wirklich sein sollen, und diese Erkenntnis
umzusetzen.

Römer 12 lehrt uns, dass wir uns an unsere Begabung hingeben
sollen. Das bedeutet, dass wir herausfinden sollen, worin wir wirklich
gut sind, um uns dann mit aller Kraft in diese Sache stürzen zu können.

Ich habe entdeckt, dass ich das gern tue, was ich gut kann.
Manche Menschen denken, dass sie nichts wirklich gut können, aber
das ist nicht wahr. Wenn wir uns bemühen, das zu tun, worin andere
gut sind, versagen wir oft, weil wir für diese Dinge nicht begabt sind
– aber das heißt noch lange nicht, dass wir zu nichts taugen.

Ich versuchte, die Kleidung für meine Familie selbst zu nähen,
weil meine Freundin nähte, aber ich war nicht gut darin. Ich versuchte, Gitarre spielen und singen zu lernen, weil ich Musik mag und den
Lobpreis in unserem Hauskreis leiten wollte. Ich konnte nicht Gitarre
spielen, weil meine Finger zu kurz waren. Es schien, dass ich in einer

Tonart sang, in der niemand sonst sang, und ich wusste absolut nichts über Musiktheorie. Also versagte ich auch hier.

Um ehrlich zu sein versagte ich in fast allem, solange ich damit beschäftigt war zu versuchen, alle anderen zu sein. Als ich akzeptierte, was Gott für mich bereitet hatte, und anfing, genau das zu tun, stellten sich auch Erfolge ein.

Mein Pastor sagte mir einmal, dass ich ein „Mund" im Leibe Christi sei. Wir alle sind Teil eines Leibes und ich bin ein Mund. Ich rede! Ich bin eine Lehrerin, eine, die etwas vermittelt; ich benutze meine Stimme, um Menschen Wegweisung zu geben. Ich erlebe große Freude, seit ich mich entschloss, mit der zufrieden zu sein, die ich bin. Ich habe aufgehört damit zu versuchen, jemand oder etwas zu sein, das ich nicht bin. Es gibt viele Dinge, die ich nicht tun kann, aber das, was ich kann, das tue ich.

Ich ermutige dich dazu, dich auf dein Potenzial anstatt auf deine Beschränkungen zu konzentrieren.

Wir alle haben unsere Grenzen und die müssen wir akzeptieren. Das ist nicht schlimm; das ist lediglich eine Tatsache. Es ist wunderbar, die Freiheit zum Anderssein zu haben und nicht zu denken, dass etwas mit uns nicht stimmt, weil wir anders sind.

Wir sollten frei sein, uns und andere zu lieben und zu akzeptieren – ohne den Druck, uns zu vergleichen oder messen zu müssen. Menschen, die wissen, dass Gott sie liebt und einen Plan für sie hat, sind durch die Fähigkeiten anderer nicht eingeschüchtert. Sie freuen sich daran, was andere tun können, und sie freuen sich daran, was sie selbst tun können.

In Galater 5,26 weist der Apostel Paulus uns an: „Lasst uns nicht nach eitler Ehre trachten, indem wir einander herausfordern, einander beneiden!" Dann, im nächsten Kapitel, fährt er fort: „Ein jeder aber prüfe sein eigenes Werk, und dann wird er nur im Blick auf sich selbst Ruhm haben und nicht im Blick auf den anderen." (Galater 6,4)

Vergleich und Konkurrenzkampf sind weltlich, nicht göttlich. Die Welt fordert sie, aber Gott verurteilt sie.

Wenn ich vor Gott stehe, wird er mich nicht fragen, warum ich nicht wie Dave war oder wie der Apostel Paulus oder die Frau meines Pastors oder meine Freundin. Ich möchte ihn nicht fragen hören:

„Warum warst du nicht Joyce Meyer?" Ich möchte ihn sagen hören:
„Recht so, du guter und treuer Knecht!" (Matthäus 25, 23)

Ich möchte zum Vater sagen können, was Jesus zu ihm in
Johannes 17, 4 sagt: „Ich habe dich verherrlicht auf der Erde; das
Werk habe ich vollbracht, das du mir gegeben hast, dass ich es tun
sollte."

Wer sind „die Leute"?

… wo aber der Geist des Herrn ist, ist Freiheit.

2. Korinther 3,17

Es ist mir aufgefallen, dass „die Leute" unser Leben zu bestimmen
scheinen. Es ist erstaunlich, wie viele Entscheidungen wir auf der
Basis dessen treffen, was „die Leute" denken. Wenn wir genau hinhö-
ren, werden wir feststellen, wie oft wir sagen: „Weißt du, die sagen
immer, dass …"

Zum Beispiel bestimmen „die Leute" darüber, welche Farben
zusammenpassen, welcher Kleidungsstil angemessen ist, wie wir unsere Haare tragen sollen und was wir essen und trinken können. „Die
Leute" sind oft eine Person oder Gruppe von Menschen, die nicht
viel anders sind als wir. Indem sie etwas auf eine bestimmte Art und
Weise tun, haben sie einen Standard geschaffen, dem wir alle folgen,
nur weil „sie" es sagen.

Mir wurde bewusst, dass „die Leute" mein Leben bestimmten,
und ich wollte das nicht länger hinnehmen. Ich wusste ja nicht
einmal, wer „die" waren. Ich beschloss, dass ich lange genug unter
dem Zwang dessen gestanden hatte, was „die Leute" von mir erwarte-
ten, und dass ich unabhängig von der öffentlichen Meinung leben
würde. Wir alle können das tun, weil Jesus uns schon dazu befreit hat.

Wir sind frei!

Wenn nun der Sohn euch frei machen wird, so werdet ihr
wirklich frei sein.   Johannes 8,36

Ganz sicher hat Jesus uns davon befreit, von einer nebulösen Gruppe namens „die Leute" bestimmt und manipuliert zu werden. Ganz sicher müssen wir uns nicht mit „denen" vergleichen oder mit „denen" wetteifern.

Wenn wir wirklich frei gemacht wurden, dann sind wir frei zu sein, wer wir sind – nicht wer irgendjemand anders ist! Das heißt, dass wir frei sind das zu tun, was Gott von uns möchte, nicht, was wir andere für ihn tun sehen.

Ich sehe viele Diener Gottes Kämpfe ausstehen, weil sie versuchen, in ihrem Dienst das zu tun, was sie andere tun sehen. Vielleicht entdeckt ein Pastor eine große Gemeinde und möchte wissen, was der dortige Pastor getan hat, dass die Gemeinde so wuchs. Vielleicht tut er dann genau das, was andere mit exzellenten Ergebnissen vor ihm taten, aber bei ihm funktioniert es nicht. Warum? Weil in erster Linie das, was Gott für ihn bereithält, bei ihm funktioniert und nicht zwingend das, was Gott für andere bestimmt hat.

Gott möchte, dass wir zu ihm kommen, um uns Antworten und Wegweisung zu holen, nicht, dass wir anderen Menschen nachlaufen und von ihnen abhängig sind. Das bedeutet nicht, dass wir nicht voneinander lernen können, doch wir müssen hier einen guten Mittelweg finden.

Ich habe gelernt, dass ich nicht tun kann, was jemand anders tut – egal wie sehr ich das auch möchte –, wenn nicht Gott es für mich will und bestimmt hat. Es kann sein, dass er einen anderen Plan für mich hat. Das muss ich akzeptieren oder ich werde mein Leben in Frustration verbringen.

„Ich kann tun, was immer Gott sagt!"

Alles vermag ich in dem, der mich kräftigt.   Philipper 4,13

Wir haben diesen Vers oft gehört, doch ich glaube, dass er manchmal aus dem Zusammenhang gerissen wird. Er bedeutet nicht, dass ich alles tun kann, was ich will, oder dass ich all das tun kann, was jemand anders tut. Er bedeutet, dass ich tun kann, was Gottes Wille für mich ist.

Aus dem Kontext heraus bezieht sich Paulus in diesem Vers eigentlich auf die Fähigkeit, zufrieden zu sein – ob man nun Erniedrigung ertragen muss oder Reichtum erleben darf. Er wusste, dass seine jeweilige Situation Gottes Willen entsprang. Er wusste auch, dass Gott ihm Kraft für die ihm zugedachten Aufgaben geben würde.

Diese Einsicht in Philipper 4,13 war mir für mein Leben und meinen Dienst eine große Hilfe. Ich habe gelernt, mich in den Grenzen zu bewegen, die der Herr mir zugedacht hat, und nicht zu versuchen, Dinge in Angriff zu nehmen, die nicht in Reichweite meiner gottgegebenen Talente und Fähigkeiten liegen. Das ist kein Negativismus, das ist göttliche Weisheit.

Zufrieden, das Geschenk zu empfangen

> Johannes antwortete und sprach: Ein Mensch kann nichts empfangen, auch nicht eins, es sei ihm denn aus dem Himmel gegeben.
>
> Johannes 3,27

Das ist eine andere Aussage der Schrift, die mir wirklich geholfen hat, Frieden, Freude und Zufriedenheit in meinem Lebenswerk zu finden.

Wenn du die vorhergehenden Verse in Johannes 3 liest, wirst du entdecken, dass einige der Jünger Johannes' darüber besorgt waren, dass Jesus nun auch taufte und dass alle ihren Meister verließen, um Jesus nachzufolgen. Sie berichteten Johannes davon. Wäre sich Johannes seiner und seiner Berufung nicht sicher gewesen, hätte er vielleicht neidisch und ängstlich reagiert. Er hätte sich vielleicht herausgefordert gefühlt mit Jesus wettzueifern, um seinen eigenen Dienst aufrechtzuerhalten. Doch Johannes' Antwort war Vers 27. Seine Haltung war: „Ich kann nur tun, wozu ich von Gott berufen und ausgerüstet wurde, also muss ich mit diesem Geschenk und dieser Berufung zufrieden sein."

Bibelstellen wie diese haben mein Leben verändert. Aufgrund meiner Vorgeschichte hatte ich viele Schwächen, wenn es um Wettstreit und Konkurrenzkampf ging. Immerzu verglich ich mich mit anderen, war neidisch auf das, was sie hatten und konnten. Ich war nicht ich selbst; ich versuchte, mit allen anderen Schritt zu halten. Oft fühlte ich mich unter Druck gesetzt und war frustriert, weil ich

außerhalb meiner Gaben und Berufung agierte. Als ich endlich erkannte, dass ich nichts tun konnte, es sei denn, Gott hatte es angeord-
net und gesegnet, begann ich mich zu entspannen und konnte sagen:
„Ich bin, was ich bin. Ich kann nichts sein, es sei denn, Gott hilft mir
dazu. Ich werde mich einfach darauf konzentrieren, das Beste aus
dem zu machen, was ich bin."

Lass Gott die Art deines Dienstes aussuchen

> Ich ermahne euch nun, Brüder, durch die Erbarmungen Gottes,
> eure Leiber darzustellen als ein lebendiges, heiliges, Gott
> wohlgefälliges Opfer, was euer vernünftiger Gottesdienst ist.
>
> Römer 12,1

„Die Leute" scheinen auch darüber zu entscheiden, was ein wichtiger
und was ein unwichtiger Beruf ist. Wir werden angehalten zu glauben, dass ein Arzt wichtiger sei als ein Fabrikarbeiter, ein Pastor
wichtiger als ein Hausmeister, eine Frau, die Bibelstunden leitet,
wichtiger als eine Hausfrau und Mutter.

Wenn wir diese Philosophie in uns Wurzeln schlagen lassen,
werden wir unser Leben damit verbringen, das zu werden, was „die
Leute" wertschätzen. Es kann sehr gut sein, dass wir dann unsere
wahre Berufung verpassen.

Eine meiner Töchter, Sandra, wird immer besser darin, öffentlich aufzutreten und zu den Menschen zu sprechen. Meine andere
Tochter, Laura, hat dagegen nur ein Herzensanliegen: Ehefrau und
Mutter zu sein. Beide lieben sich von Herzen und kommen großartig
miteinander zurecht. Zwischen ihnen gibt es keinen Konkurrenzkampf. Laura denkt nicht, dass sie etwas verpasst, weil sie nicht im
vollzeitlichen Dienst steht – und es auch gar nicht möchte. Sie weiß,
was sie tun soll, und sie tut es. Sandra ist keineswegs „geistlicher" als
Laura; sie sind lediglich verschieden und gehen mit ihrem geistlichen Leben auf unterschiedliche Art und Weise um.

Laura hat zwei Söhne, und vielleicht zieht sie ja einen großartigen Verkünder des Evangeliums heran. Manchmal sind es die kleinen, scheinbar unwichtigen Dinge im Leben, die am Ende die größte
Bedeutung haben. „Die Leute" sagen uns, dass nur große Dinge

wichtig sind, aber Gott hat da andere Vorstellungen. Das, was ihm wichtig ist, ist Gehorsam. Laura gehorcht ihrer Berufung, und ich bin auf sie genau so stolz wie auf meine andere Tochter.

Ich habe Pastorenfrauen kennen gelernt, die vollzeitlich in der Gemeinde mitarbeiten und am Dienst ihrer Männer wirklich teilhaben wollen. Ich habe viele andere Pastorenfrauen kennen gelernt, die Vollzeit-Ehefrauen für ihre Männer und die Mutter seiner Kinder sein wollen und die nichts mit dem Gemeindedienst zu tun haben – außer dass sie ihre Männer dort unterstützten, wo sie es brauchen. Oft leiden Pastorenfrauen unter Unsicherheit und fühlen sich dem Druck ausgesetzt, die Frauen-Bibelstunde zu leiten oder andere Aufgaben in der Gemeinde zu übernehmen, weil „die Gemeindeglieder" es schließlich erwarten.

Es scheint, dass mit jeder Rolle, die wir im Leben übernehmen, gewisse Erwartungen verknüpft sind, aber wir müssen uns darüber klar werden, wessen Erwartungen das eigentlich sind.

Ich erinnere mich an eine Frau, die nach einem Gottesdienst weinend zu mir nach vorn kam. Sie sagte, dass alle ihre Freundinnen zum Morgengebet in ihrer Gemeinde gingen, und dass sie sie drängten mitzukommen. Sie fühlte sich aber nicht geführt auch hinzugehen und fragte sich jetzt, was wohl ihr Problem wäre.

„Was stimmt mit mir nicht, Joyce?", fragte sie, während ihr die Tränen übers Gesicht liefen.

Ich unterhielt mich eine Weile mit ihr und entdeckte, dass es ihr eigentliches Herzensanliegen war, auf die Kinder der Frauen aufzupassen, die zum Morgengebet gingen. Diese Frau hatte die Gabe, gut mit Kindern umgehen zu können, und es war ihr Anliegen, auf diesem Gebiet zu helfen.

Wenn wir Menschen unter Druck setzen, das zu tun, was wir tun oder von dem wir glauben, dass sie es tun sollten, bringen wir uns oft um das, was sie uns geben könnten, wenn wir Gott ihren Dienst aussuchen ließen. Menschen werden sich natürlicherweise immer zu dem Dienst hingezogen fühlen, für den Gott sie begabt hat. Wir werden keine Erfüllung finden, wenn wir unsere Gaben unterdrükken und tun, was andere tun, nur um von ihnen bewundert oder akzeptiert zu werden.

Die junge Frau war sehr erleichtert, als ich ihr sagte, dass mit ihr absolut alles in Ordnung war. Sie hatte ein erfülltes Gebetsleben;

es würde nur nicht drei Mal pro Woche im Morgengebet in der Gemeinde praktiziert werden. Ich empfahl ihr, ihren Freundinnen gegenüber standhaft zu bleiben und ihnen zu sagen, was sie auf dem Herzen hatte. Wenn ihre Freundinnen von ihrem Talent profitieren wollten – schön, wenn nicht – schade für sie.

Ich habe gelernt, dass es Kühnheit braucht, sich vom Heiligen Geist leiten zu lassen, weil er uns nicht immer leiten wird das zu tun, was alle tun. Einige unsichere Menschen fühlen sich „sicherer", wenn sie das tun, was alle tun. Sie haben Angst davor, „mit der Tradition zu brechen" oder allein dazustehen. Immer wenn wir die Grenzen dessen verlassen, was „die Leute" als erlaubt ansehen, laufen wir Gefahr, kritisiert oder verurteilt zu werden. Unsichere Menschen werden sich gewöhnlich lieber den Forderungen und Erwartungen anderer beugen als Missbilligung oder Ablehnung zu riskieren. Wir dürfen nicht zulassen, dass uns solche Dinge davon abhalten, unsere gottgegebene Bestimmung zu erfüllen.

Mit Kritik und Verurteilung umgehen

> Also wird nun jeder von uns für sich selbst Gott Rechenschaft geben.
> Römer 14,12

Es wird leichter, sich mit der Kritik und den Urteilen anderer Menschen auseinander zu setzen, wenn wir uns daran erinnern, dass wir letztendlich nur unserem eigenen Herrn stehen oder fallen (Römer 14,4). Am Ende werden wir allein Gott Rechenschaft geben. Es ist Sünde, kritisch und verurteilend zu sein, aber es ist genauso eine Sünde, uns in unseren Entscheidungen von den negativen Meinungen anderer über uns leiten zu lassen. Römer 14,23 sagt, dass alles, was nicht aus Glauben kommt, Sünde ist.

Wir sehnen uns nach Akzeptanz; deshalb sind Kritik und Verurteilung für uns eine mentale und emotionale Belastung. Tatsache ist, dass es schmerzt, kritisiert oder verurteilt zu werden! Wenn wir jedoch unser Potenzial voll und ganz ausschöpfen wollen, brauchen wir die Einstellung, die Paulus an den Tag legte, als er schrieb:

> Mir aber ist es das Geringste, dass ich von euch oder von einem
> menschlichen [Gerichts-] Tag beurteilt werde; ich beurteile
> mich aber auch selbst nicht. Denn ich bin mir selbst nichts
> bewusst, aber dadurch bin ich nicht gerechtfertigt. Der mich
> aber beurteilt, ist der Herr.   1. Korinther 4,3-4

Kritik und Verurteilung sind Werkzeuge des Teufels. Er benutzt sie,
um Menschen davon abzuhalten, ihre Bestimmung zu erfüllen, und
um ihre Freiheit und Kreativität zu stehlen.

Einige Menschen kritisieren alles, was von ihren eigenen Entscheidungen und Ansichten abweicht. Es ist interessant, dass die
meisten dieser Leute auch sehr unsicher sind, und das ist genau der
Grund, warum ihnen der Umgang mit Menschen unangenehm ist, die
nicht in ihr Denk- und Verhaltensschema hineinpassen.

Als ich noch in Unsicherheit lebte, war ich überaus kritisch –
und das natürlich immer denen gegenüber, die nicht so dachten oder
handelten wie ich. Ich fühlte mich nicht wohl in ihrer Gesellschaft.
Endlich erkannte ich, dass ihre Entscheidung anders zu sein meine
Entscheidung mich anzupassen in Frage stellte.

Sichere, emotional stabile Menschen können damit umgehen,
die Einzigen zu sein, die eine bestimmte Sache tun. Sie können auch
Freunden und Familienmitgliedern problemlos die Freiheit zugeste-
hen, ihre eigenen Entscheidungen zu treffen.

Wie ich schon bemerkte, ist mein Mann Dave ein sehr sicherer,
ausgeglichener Mensch, und er hat mir erlaubt, mein Potenzial voll
auszuschöpfen. Er fühlt sich von meinem Erfolg nicht bedroht, weil
er mit sich selbst im Einklang ist. Er mag, wer er ist. Zwischen uns
gibt es keinen Konkurrenzkampf. Keiner von uns ist wichtiger als der
andere. Wir sind einfach frei, alles zu sein, was wir nur sein können.
Dennoch sind wir sehr verschieden.

Wir verurteilen oder kritisieren uns nicht wegen unserer Ver-
schiedenheit, wir akzeptieren sie einfach. Das war beileibe nicht
immer so, aber mit den Jahren haben wir gelernt, dass wir berufen
sind einander zu lieben, nicht einander zu verändern.

Paulus ließ es nicht zu, dass die Meinungen anderer seine
Bestimmung veränderten. In Galater 1,10 sagt er, dass er kein Diener
Christi wäre, wenn er den Menschen gefallen wolle. Diese Aussage

sollte uns einiges lehren. Wie können wir wir selbst sein, wenn wir uns zu viel damit beschäftigen, was andere von uns denken?

In Philipper 2,7 sagt Paulus uns, dass Jesus sich selbst „zu nichts machte". Jesus war es ganz offensichtlich nicht wichtig, was andere über ihn dachten. Er hatte ein Ziel vor Augen – den Willen des Vaters zu tun – nicht mehr und nicht weniger. Er wusste, dass er sich seine Freiheit bewahren musste, um seine Bestimmung zu erfüllen.

Kritik und Verurteilung mögen für uns schmerzhaft sein, aber sie sind nicht so schmerzhaft wie ein Leben, das von ihnen bestimmt wird. Für mich wäre die größte Tragödie meines Lebens, wenn ich alt würde und spürte, dass ich mich irgendwo, irgendwann selbst verloren und meine Bestimmung nicht erfüllt hätte.

Hast du dich selbst verloren oder hast du dich gefunden?

5. Wir brauchen Zuversicht und Vertrauen!

> Gesegnet ist der Mann, der auf den Herrn vertraut und dessen Vertrauen der Herr ist!
>
> Jeremia 17,7

Um erfolgreich wir selbst zu sein, brauchen wir Zuversicht. Nicht Vertrauen in uns selbst ist hierfür der Schlüssel, sondern Vertrauen in Christus.

Tatsächlich ist es sogar Sünde, wenn wir unser Vertrauen in uns selbst setzen – Christus zu vertrauen sollte das Ziel eines jeden Christen sein.

Jesus sagte: „… getrennt von mir könnt ihr nichts tun." (Johannes 15,5) Es scheint, dass es uns schwer fällt, diese Wahrheit auch wirklich zu verinnerlichen. Wir halten daran fest, Dinge aus unserer eigenen Kraft tun zu wollen, anstatt all unser Vertrauen auf ihn zu setzen.

Der Großteil unserer inneren Not, unserer Mühsal und Frustration ist das Resultat falsch gesetzten Vertrauens. In Philipper 3,3 sagt Paulus, dass wir nicht „auf Fleisch vertrauen" sollen. Das schließt uns selbst wie auch unsere Freunde und Familie ein. Ich sage nicht, dass wir niemandem trauen sollen, aber wenn wir das Vertrauen, das allein Gott gebührt, in andere Menschen oder in uns selbst investieren, werden wir scheitern. Gott wird uns den Erfolg nicht schenken, bis unser Vertrauen am richtigen Ort oder, korrekter, in die richtige Person investiert ist. Gott will uns den Erfolg ja schenken, aber die Ehre dafür gebührt ihm allein.

Vertrau dem Herrn allein!

> So spricht der Herr: Verflucht ist der Mann, der auf Menschen
> vertraut und Fleisch zu seinem Arm macht und dessen Herz
> vom Herrn weicht!   Jeremia 17,5

Um bei irgendetwas Erfolg zu haben, müssen wir zuversichtlich sein,
doch unsere Zuversicht muss in erster Linie in Gott begründet liegen,
nicht in etwas oder jemand anderem. Wir müssen Vertrauen in Gottes
Liebe, Güte und Gnade entwickeln. Wir müssen glauben, dass er uns
den Sieg schenken will.

Gott schuf uns nicht, um zu versagen. Vielleicht versagen wir
bei einigen Dingen auf unserem Weg zum Erfolg, aber wenn wir ihm
vertrauen, wird er sogar unsere Fehler nehmen und sie uns zum Guten
dienen lassen (Römer 8,28).

Hebräer 3,6 sagt uns, dass wir „die Freimütigkeit und den
Ruhm der Hoffnung bis zum Ende standhaft festhalten" müssen. Es
ist wichtig zu erkennen, dass ein Fehler nicht das Ende aller Dinge
ist, wenn wir an unserem Vertrauen zu Gott festhalten.

Ich habe entdeckt, dass Gott meine Fehler nimmt und sie in
Wunder verwandelt, wenn ich an meinem Vertrauen zu ihm festhalte.

Wir alle haben eine Bestimmung, und meine Bestimmung war
es, eine Bibellehrerin im vollzeitlichen Dienst zu werden. Es war
Gottes Wille von vor Anbeginn der Schöpfung für mich, dass ich
einen Dienst namens „Life in the Word" (Leben im Wort) ins Leben
rufen und leiten sollte. Hätte ich dies nicht getan, wäre ich nicht in
der Lage gewesen, mein Potenzial voll auszuschöpfen und erfolgreich ich selbst zu sein. Mein Leben lang wäre ich frustriert gewesen
und hätte mich unausgefüllt gefühlt.

Nur weil wir dazu bestimmt sind, etwas ganz Spezielles zu tun,
heißt das nicht, dass das auch automatisch passieren wird. Ich ging
durch viele Phasen, während Gott an mir und meinem Dienst arbeitete. Oft wollte ich aufgeben. Oft zweifelte ich an meiner Berufung für
diesen Dienst. Jedes Mal musste ich mein Vertrauen wiedererlangen,
bevor ich auf meinem Weg weitergehen konnte. Vertrauen ist ganz
sicher die Basis für jeden von uns, damit wir unser Potenzial voll
ausschöpfen und unsere Berufung erfüllen können.

Sei standhaft im Vertrauen!

Der Gerechte aber wird aus Glauben leben.   Römer 1,17

Zuversicht heißt, Gott zu vertrauen. Wir müssen es lernen, in unserer Zuversicht beständig zu sein – und nicht nur gelegentlich zuversichtlich.

Ich musste es beispielsweise lernen, meine Zuversicht nicht zu verlieren, wenn während meiner Predigten jemand aufstand und hinausging. Am Anfang meines Dienstes förderte das all meine Unsicherheiten zu Tage und zerstörte somit praktisch all meine Zuversicht.

Meine Freunde und meine Familie hatten mir gesagt, dass eine Frau nicht das Wort Gottes predigen soll. Ich wusste auch, dass manche Leute, insbesondere Männer, Schwierigkeiten damit hatten, Lehre von einer Frau anzunehmen. Das verwirrte mich, denn ich wusste, dass Gott mich berufen und dazu gesalbt hatte, sein Wort zu verkündigen. Ohne Gottes Zusage hätte ich das sowieso nicht tun können, aber die Ablehnung mancher Menschen traf mich immer noch tief, weil mir Vertrauen und Zuversicht fehlten. Ich musste an dieser Stelle wachsen, bis dahin, wo menschliche Meinungen und ihre Akzeptanz oder Ablehnung meine Zuversicht nicht mehr beeinflussten. Meine Zuversicht musste der Herrn sein, nicht Menschen.

Als mein Dienst nur schmerzhaft langsam zu wachsen und Fortschritte zu machen schien, musste ich es lernen, im Vertrauen standhaft zu sein. Es ist leichter, zuversichtlich zu sein, wenn wir Erfolge sehen, doch während einer Phase des Wartens attackiert der Teufel unser Vertrauen und versucht es zu zerstören.

Im Grunde genommen sagt uns Römer 1,17, dass wir im Glauben beständig vorwärtsgehen können. Ich ging vom Glauben zum Zweifeln, zum Unglauben und dann zurück zum Glauben. Ich verlor viel kostbare Zeit, bis ich beständig im Glauben weiterkam. Seit damals habe ich mich darin geübt, in allen Dingen zuversichtlich zu sein. Ich habe gelernt, dass ich eine Tür für den Teufel offen lasse, wenn ich mein Vertrauen und meine Zuversicht verliere.

Als Satan wiederholt meine Zuversicht angriff, während ich predigte, lernte ich, dass ich mich schnell gegen diese Attacken wehren musste, oder die Situation würde sich rapide verschlimmern. Ich begriff, dass Satan meinen ganzen Arm nahm, wenn ich ihm auch

nur den kleinen Finger reichte. Wenn ich ihm erlaubte, an dieser
Stelle meine Zuversicht zu stehlen, hatte ich plötzlich kein Vertrauen
mehr in irgendetwas, das ich in meinem Dienst tat.

Ich machte mir dann Sorgen wegen der Kollekte. Ich dachte:
„Was, wenn die Leute sich auf den Schlips getreten fühlen, weil ich
über Geld rede?" Ich hatte Angst davor, von meinen Kassetten zu
sprechen. Ich dachte: „Die Leute mögen es nicht, wenn ich über
diese Kassetten rede!" Während ich das Wort predigte, hatte ich all
diese negativen Gedanken, die Ängste in mir auslösten, Dinge wie:
„Diese Botschaft macht keinen Sinn. Ich langweile alle. Das ist
nicht das Richtige für heute Abend; ich hätte über was anderes
predigen sollen."

Stand während dieser teuflischen Attacken, die durch meinen
Mangel an Vertrauen Einlass fanden, jemand auf und verließ den
Saal, war ich mir sicher, dass das wegen mir sei.

Ich erinnere mich an eine Begebenheit in Oklahoma City. Eine
Frau in der zweiten Reihe verließ den Saal etwa fünf Minuten nach-
dem meine Predigt begonnen hatte. Sofort fühlte ich mich unsicher
und Satan begann, an meinem Vertrauen zu rütteln. Den ganzen
Gottesdienst hindurch beschäftigte mich das. Am Abend erzählte ich
Dave davon und er sagte: „Oh, ich hab vergessen, dir das zu sagen.
Die Frau sagte, sie müsse arbeiten gehen, aber sie mag dich so sehr
und nimmt so viel aus deinen Predigten mit, dass es sich für sie
lohnte, nur für den Lobpreis und die ersten fünf Minuten deiner
Predigt herzukommen."

Aus diesem Erlebnis können wir leicht erkennen, wie Satan
sich bemüht, uns zu hintergehen. Wäre mein Vertrauen und meine
Zuversicht standhaft und stark gewesen, hätte ich in dieser Situation
positiv statt negativ gedacht.

Gott hat mir gesagt, dass ich vor allem anderen standhaft im
Vertrauen sein muss. Verliere ich mein Vertrauen, gebe ich dem
Teufel Raum.

Dasselbe gilt auch für dich.

Hab Vertrauen in deine Gaben und deine Berufung, deine Möglichkeiten in Christus. Glaube, dass du von Gott hörst und vom
Heiligen Geist geleitet wirst. Sei zuversichtlich, dass die Leute dich
mögen, und du wirst entdecken, dass mehr es tun. Sei mutig im Herrn.
Sieh dich als einen Sieger in Christus!

Mehr als Überwinder

> Aber in diesem allen sind wir mehr als Überwinder durch den, der uns geliebt hat.
>
> Römer 8,37

Wir brauchen eine Einstellung des Triumphes. In Römer 8,37 versichert uns Paulus, dass wir mehr als Überwinder sind. Diese Wahrheit zu glauben gibt uns Zuversicht.

Ich hörte einmal, eine Frau sei mehr als ein Überwinder, wenn ihr Mann die ganze Woche arbeiten geht und ihr dann den Lohn nach Hause bringt. Aber Gott sprach zu mir und sagte: „Du bist dann mehr als ein Überwinder, wenn du weißt, dass du den Sieg schon in Händen hältst, bevor du überhaupt das Problem erkannt hast."

Manchmal wankt unser Vertrauen, wenn Prüfungen kommen, besonders, wenn diese lange dauern. Wir sollten so viel Vertrauen in Gottes Liebe haben, dass wir tief drinnen wissen, dass wir mehr als Überwinder sind – egal, was kommt. Wenn wir wirklich vertrauen, müssen wir Schwierigkeiten, Herausforderungen oder Prüfungen nicht fürchten, weil wir wissen, dass sie vorübergehen.

Wann immer dir eine Widrigkeit begegnet, erinnere dich daran, dass auch das vorübergehen wird. Sei zuversichtlich, dass du während dieser Zeit etwas lernst, was dir in der Zukunft helfen wird.

Ohne Zuversicht wird jede unserer Bemühungen im Keim erstickt. Satan wirft eine Bombe ab und unsere Träume sind zerstört. Irgendwann fangen wir von vorn an, aber wir machen nie groß Fortschritte. Wir brechen auf und werden geschlagen, brechen auf und werden geschlagen, brechen auf und werden geschlagen, wieder und wieder.

Doch jene, die standhaft im Vertrauen sind, die wissen, dass sie durch Christus mehr als Überwinder sind, machen rasch Fortschritte.

Wir müssen uns im Glauben vorwärts wagen und uns dafür entscheiden, in allem zuversichtlich zu sein. Vielleicht muss Gott uns hier und da korrigieren, aber das ist besser, als auf Nummer sicher zu gehen und nie etwas zu tun. Sichere Menschen erledigen ihre Aufgaben; sie haben die Ämter inne, die heute die Welt verändern. Sie führen ein erfülltes Leben, weil sie ihr Potenzial voll ausschöpfen.

Gott hat mit mir über Vertrauen gesprochen. Er sagte einmal zu mir: „Joyce, hab Vertrauen, was dein Gebetsleben angeht; sei zuversichtlich, dass du von mir hörst. Vertrau darauf, dass du in meinem Willen wandelst. Vertrau darauf, dass du die richtige Botschaft predigst. Hab Vertrauen, wenn du jemandem, der das gerade braucht, etwas zusprichst." Gott hört nicht auf, mir deutlich zu machen, wie wichtig es ist, ihm zu vertrauen.

Jetzt versuche ich dir deutlich zu machen, wie wichtig Vertrauen und Zuversicht sind. Triff die Entscheidung, dass Selbstzweifel der Vergangenheit angehören.

Die Folter des Selbstzweifels

> Und David war in großer Bedrängnis, denn das Volk sprach davon, ihn zu steinigen. Denn die Seele des ganzen Volkes war erbittert, jeder [war erbittert] wegen seiner Söhne und wegen seiner Töchter. Aber David stärkte sich in dem Herrn, seinem Gott.
>
> 1. Samuel 30,6

Wer wird an uns glauben, wenn wir es nicht selbst auch tun? Gott glaubt an uns und das ist gut so, denn sonst würden wir vielleicht nie Fortschritte machen. Wir können in unserem Leben nicht darauf warten, dass jemand anders daherkommt und uns dazu ermutigt, all das zu sein, was wir sein können. Vielleicht sind wir gesegnet genug, eine solche Unterstützung zu haben, vielleicht aber auch nicht.

Als sich David und seine Männer in einer scheinbar ausweglosen Situation befanden, für welche die Männer David die Schuld gaben, ermutigte und stärkte sich David im Herrn. Später wendete sich alles zum Guten (1. Samuel 30,1-20).

An anderer Stelle, als David noch jung war, glaubte keiner in seinem Umfeld daran, dass er gegen Goliat kämpfen könnte. Sie sagten ihm, er sei zu jung und unerfahren, er hätte nicht die richtigen Waffen und Rüstung, der Riese sei zu stark und so weiter und so fort. Doch Davids Zuversicht war der Herr.

Tatsächlich hatten die Leute in allem Recht, was sie sagten. David war jung, unerfahren, ohne Rüstung oder Waffen, und Goliat war eindeutig größer und stärker als er. Aber David kannte seinen Gott und vertraute ihm. Er glaubte, dass Gott in seiner Stärke mächtig sein und ihm den Sieg schenken würde. Im Namen Gottes ging er los, mit einem Herzen voller Zuversicht, und er wurde der Bezwinger eines Riesen, der letztendlich zum König gekrönt wurde (1.Samuel 17).

David hatte keinen, der an ihn glaubte, also glaubte er selbst an sich. Er glaubte an Gottes Fähigkeiten in ihm.

Der Herr sagte mir einmal, dass, wenn ich nicht an mich selbst glaube, ich auch nicht richtig an ihn glaube. Er sagte: „Ich bin in dir, aber ich kann durch dich nur tun, was du auch glaubst."

Selbstzweifel sind eine wahre Folter. Ich lebte jahrelang in ihnen und bevorzuge eindeutig Zuversicht.

Vielleicht denkst du: „Joyce, ich wünschte, ich hätte Zuversicht."

Zuversicht ist etwas, wozu wir uns entscheiden. Wir lernen Dinge über Gott – über seine Liebe, seine Wege und sein Wort – und ultimativ müssen wir uns entscheiden, ob wir glauben oder nicht. Wenn wir glauben, haben wir Zuversicht. Wenn wir nicht glauben, leben wir über alles im Zweifel.

Selbstzweifel machen uns wankelmütig und Jakobus 1,8 lehrt uns, dass ein wankelmütiger Mensch „unbeständig in allen seinen Wegen" ist. Er kommt nicht wirklich vorwärts, bis er sich entschließt, an Gott und sich selbst zu glauben.

Hör auf, dich unter Wert zu verkaufen!

> Gott aber sei Dank, der uns allezeit im Triumphzug umherführt in Christus …   2.Korinther 2,14

Ich ermutige dich dazu, einen großen Schritt im Glauben zu wagen und aufzuhören, an dir selbst zu zweifeln. Wie das alte Sprichwort sagt: Verkauf dich nicht unter Wert. Du hast mehr Möglichkeiten, als du glaubst. Du bist fähig viel mehr zu tun, als du in der Vergangenheit jemals getan hast. Gott wird dir helfen, wenn du dein Vertrauen in ihn setzt und aufhörst, an dir zu zweifeln.

Wie jeder andere auch wirst du Fehler machen, aber Gott wird dich aus ihnen lernen lassen und sie zu deinem Besten verwenden, wenn du nicht zulässt, dass sie dich kleinkriegen. Wenn Zweifel dich quälen, fang an, das Wort Gottes zu reden, und du wirst den Kampf gewinnen.

6. Frei, um dein Potenzial zu entwickeln

> Wisst ihr nicht, dass die, welche in der Rennbahn laufen, zwar alle laufen, aber *einer* den Preis empfängt? Lauft so, dass ihr ihn erlangt!
>
> 1. Korinther 9,24

Wenn wir zuversichtlich und frei von quälenden Ängsten sind, sind wir in der Lage, unser Potenzial zu entwickeln und erfolgreich all das zu sein, wozu Gott uns berufen hat. Wir können unser Potenzial jedoch nicht entwickeln, wenn wir fürchten zu versagen. Wir werden so viel Angst davor haben zu versagen oder Fehler zu machen, dass wir keine mutigen Schritte wagen.

Erst kürzlich sprach ich mit einem jungen Mann aus unserem Mitarbeiterstab, der großes Potenzial hat, aber dennoch zwei Beförderungen ablehnte, die wir ihm anboten. Ich fühlte, dass er unsicher war und gar nicht wusste, wie viel er im Reich Gottes bewegen könnte, wenn er nur im Glauben und im Vertrauen auf Gott mutig losginge. Seine Unsicherheiten hielten ihn gefangen. Seine jetzigen Aufgaben erfüllte er hervorragend und erhielt dafür von allen Seiten Lob, aber er hatte Angst, eine Beförderung anzunehmen. Es war leichter und bequemer, einfach in derselben Position zu verharren.

Wenn wir unsicher sind, werden wir oft lieber bei dem bleiben, was sicher und uns vertraut ist, als es zu wagen loszugehen und vielleicht zu versagen.

Ich spürte, dass dieser junge Mann eine Persönlichkeit hatte, die es ihm schwer machte, mit Veränderungen umzugehen. Seine Zögerlichkeit, größere Verantwortung auf sich zu nehmen, war der

Grund, warum er Möglichkeiten der Weiterentwicklung ausschlug. Er sagte, dass er sich dafür nicht bereit fühle, und die Wahrheit ist doch, dass sich keiner von uns jemals wirklich bereit fühlt. Aber wenn Gott bereit ist, etwas in unserem Leben zu bewegen, müssen wir glauben, dass er uns zur rechten Zeit mit allem ausrüstet, was wir brauchen.

Unser Problem ist nicht, dass wir ehrlich fühlen, für den nächsten Schritt nicht bereit zu sein, es ist, dass wir voll Stolz denken bereit zu sein, wenn wir es in Wirklichkeit gar nicht sind. Stolz führt immer zu Problemen und ultimativ zum Versagen. Sich demütig an Gott zu halten führt zum Erfolg. Ich glaube, dass Gott uns ruft, wenn wir uns *nicht* bereit fühlen, damit wir uns voll und ganz auf ihn verlassen.

Ich redete mit dem jungen Mann und ermutigte ihn. Er sagte, er wüsste, dass ich Recht hatte, und dass er im Glauben losgehen wollte. Er sagte, dass er Gott gebeten hätte, ihn etwas anderes tun zu lassen, und doch lehnte er jede ihm gebotene Möglichkeit zu dienen und zu wachsen ab.

Unsicherheit, Selbstzweifel und Angst können uns davon abhalten, jemals unser Potenzial auszuschöpfen. Wenn aber unsere Zuversicht in Christus und nicht in uns selbst begründet ist, sind wir frei, unser Potenzial zu entwickeln, weil wir von der Angst zu versagen befreit sind.

Als Christen ist unsere wichtigste Aufgabe die Entwicklung unseres persönlichen Potenzials. Noah Websters *American Dictionary of the English Language* von 1828 definiert „Potenzial" teilweise als „in der Möglichkeit existierend, nicht in der Tat".[1] „Möglichkeit" wird als „nicht realisiert" definiert.[2]

Mit anderen Worten: Wo es Potenzial gibt, sind alle Voraussetzungen für den Erfolg da, aber sie sind noch nicht in die Tat umgesetzt. Sie brauchen noch etwas, das sie anschiebt, das ihnen Kraft gibt und sie motiviert. Sie sind oft im embryonalen Stadium – sie müssen entwickelt werden.

Potenzial kann sich nicht ohne Rahmen manifestieren. Es muss etwas geben, in das es ausgegossen wird, etwas, das dem Potenzial Form gibt und es nutzbar macht. Als wir dem jungen Mann eine Beförderung anboten, boten wir ihm die Form, in die er sein Potenzial ausgießen konnte. Er würde nie sehen, wie sein Potenzial

Gestalt gewinnt, wenn er es nicht zum Einsatz brächte. Er hatte Potenzial, aber es musste entwickelt werden.

Der Entwicklungsplaner eines Wohngebietes hat Pläne in seinem Büro, aber sie bleiben nur Zeichnungen auf Papier, bis sie als Häuser verwirklicht sind. Was steht zwischen Potenzial und Verwirklichung? Ich glaube, dass es drei Dinge sind: Zeit, Entschlossenheit und harte Arbeit!

Die Menge an unterentwickeltem, verschwendetem Potenzial in der Welt ist zum Heulen. Gott legt einen Teil von sich in jeden von uns. Wir sind nach seinem Bild geschaffen und er ist erfüllt von Potenzial – *mit Gott ist nichts unmöglich* (Matthäus 19,26, Umschreibung der Autorin).

Wir alle haben Potenzial und viele wollen sehen, wie es Gestalt annimmt, aber zu oft wollen wir nicht warten, zeigen keine Entschlossenheit und arbeiten nicht hart an der Entwicklung unseres Potenzials. Wir wissen, was wir wollen, aber wir wollen wenig dafür tun.

Die Entwicklung und Manifestierung von Potenzial setzt einen starken Glauben, nicht Wunschdenken, voraus.

Träume und Visionen entwickeln sich ähnlich wie ein Kind im Leib seiner Mutter. Gewisse Dinge müssen auf eine gewisse Art und Weise getan werden, sonst wird die Mutter kein gesundes Baby zur Welt bringen. Sie muss neun Monate der Schwangerschaft abwarten; eine zu frühe Geburt wird ein kränkliches Kind zur Folge haben. Sie muss auch fest entschlossen und zu harter Arbeit bereit sein, um das, was in ihr ist, zur Welt zu bringen. Jede Frau, die schon einmal ein Kind geboren hat, kann zu dieser Tatsache ja und amen sagen.

Mach keine kleinen Pläne!

> Durch Weisheit wird ein Haus gebaut und durch Verstand wird es befestigt; und durch Erkenntnis füllen sich die Kammern mit allerlei kostbaren und angenehmen Gütern.   Sprüche 24,3-4

Ich hoffe, dass du in deinem Herzen einen Traum oder eine Vision von etwas Größerem hast, als du jetzt erlebst. Epheser 3,20 sagt uns, dass Gott über all das hinaus zu tun vermag, was wir erbitten oder auch nur erdenken können. Wenn wir nichts erhoffen, erdenken oder erbitten, bringen wir uns selbst um ein großes Geschenk. Wir müssen große Gedanken denken, große Dinge erhoffen und um große Dinge bitten.

Ich sage immer, dass ich Gott lieber um viel bitte und die Hälfte davon bekomme, als ihn nur um wenig zu bitten und davon alles zu bekommen. Doch der Mensch, der große Dinge nur erdenkt, erträumt und erbittet und nicht erkennt, dass ein Haus durch Weisheit gebaut wird, ist nicht klug.

Zukunftsträume sind Möglichkeiten, aber keine Notwendigkeiten. Anders gesagt: Es ist möglich, dass sie wahr werden, aber wir müssen unseren Teil dazu beitragen.

Wenn wir einen zwanzigjährigen Goldmedaillengewinner bei den Olympischen Spielen sehen, wissen wir, dass er viele Jahre lang trainiert hat, wenn andere sich vergnügten. Er hat vielleicht nicht so viel „Spaß" gehabt wie seine Freunde, aber er hat sein Potenzial entwickelt. Jetzt hat er etwas, woran er sich ein Leben lang freuen wird.

Viel zu viele Menschen wollen alles jetzt und sofort. Sie wollen nur, was sie genau jetzt gut fühlen lässt. Sie sind nicht bereit, in die Zukunft zu investieren.

Lauf nicht nur mit, um Spaß zu haben – lauf, um zu gewinnen! (1. Korinther 9,24-25)

In jedem Leben ist eine Goldader versteckt, aber wir müssen graben, um sie zu finden. Wir müssen bereit sein, tief zu graben und über das hinaus zu investieren, was sich gut anfühlt oder bequem ist. Wenn wir uns tief in den Heiligen Geist hinein versenken, werden wir Kraft finden, von der wir nie wussten, dass sie existiert.

Als Gott mich in seinen Dienst berief, wollte ich vor allem nur seinem Ruf folgen. Ich wusste nicht einmal, wo ich anfangen, geschweige denn, wie ich die Aufgabe zu einem guten Ende bringen sollte. Als Gott mir von ihm gesegnete Ideen gab und Türen öffnete, ihm zu dienen, ging ich im Glauben los. Jedes Mal rüstete er mich mit der Kraft, der Weisheit und den Fähigkeiten aus, die ich brauchte, um erfolgreich zu sein. Ich hatte ungeahnte Reserven – Gott wusste ja, was er vor langer Zeit in mich hineingelegt hatte.

Oft stehen wir vor einer Aufgabe und denken, dass wir sie auf keinen Fall bewältigen können. Das passiert, weil wir auf uns selbst schauen, wenn wir auf Gott schauen sollten.

Als Gott Josua berief, Moses Platz einzunehmen und die Israeliten ins Gelobte Land zu führen, sagte er zu ihm: „Wie ich mit Mose
gewesen bin, werde ich mit dir sein; ich werde dich nicht aufgeben
und dich nicht verlassen." (Josua 1,5)

Wenn Gott uns verspricht, mit uns zu sein – und das tut er –, ist
das in der Tat alles, was wir brauchen. Seine Kraft kommt in
Schwachheit zur Vollendung (2. Korinther 12,9). Was uns als körperli-
chem Menschen fehlt, fügt Gott dem geistlichen Menschen hinzu.
Was wir brauchen, können wir vom Heiligen Geist empfangen.

Lass den Herrn deine Kraftquelle sein!

Werdet stark im Herrn und in der Macht seiner Stärke!

Epheser 6,10

Hier bekräftigt Paulus, dass der Heilige Geist Kraft in unseren
menschlichen Geist ausgießen wird, wenn wir mit ihm Gemeinschaft haben.

In Epheser 3,16 betet Paulus für uns: „... er gebe euch nach
dem Reichtum seiner Herrlichkeit, mit Kraft gestärkt zu werden durch
seinen Geist an dem inneren Menschen."

In Jesaja 40,31 sagt uns der Prophet: „Die auf den Herrn hoffen,
gewinnen neue Kraft: Sie heben die Schwingen empor wie die Adler,
sie laufen und ermatten nicht, sie gehen und ermüden nicht."

Aus diesen und anderen Bibelstellen wird es sehr deutlich, dass
wir gestärkt werden, wenn wir mit unserem Mangel zu Gott gehen.

Als ich anfing, im vollzeitlichen Dienst zu arbeiten, schlum-
merte in mir viel Potenzial, aber ich musste eine lange Zeit mit dem
auskommen, was ich hatte. Gott half mir, und Stück für Stück kam ich
dem näher, wo ich heute stehe. Das war beileibe nicht immer einfach.
Es gab viele, viele Zeiten, wo ich dachte, dass ich nicht weiterkönn-
te. Die Last der Verantwortung erdrückte mich oft. Ich bin schließlich
auch Ehefrau und Mutter von vier wundervollen Kindern. Doch die
Sehnsucht, alles, was in mich hineingelegt war, zur Entfaltung zu
bringen, motivierte mich.

In meinem Leben hatte es viele Menschen gegeben, die mir
gesagt hatten, dass aus mir nie etwas werden würde. Ich war ent-

schlossen, mich ihren negativen Prophezeiungen nicht zu beugen. Gott hatte mir gesagt, dass ich Potenzial und eine Zukunft hatte und dass, wenn ich ihm vertraute, hart arbeitete und nicht aufgab, er mich über die Ziellinie bringen würde.

Viele der Dinge, die sich wirklich lohnen, sind nicht einfach zu tun – wir sind nicht mit Heiligem Geist gefüllt, um leichte Dinge zu tun. Gott füllt uns mit Heiligem Geist, damit wir unmögliche Dinge tun!

Wenn du dein Potenzial entwickeln willst und alles sein willst, was du sein kannst, *nimm den Siegeskranz ins Visier und geh vorwärts!* Es wird nicht immer einfach sein, aber es wird sich immer lohnen.

Ich kann dir gar nicht sagen, wie froh ich bin, nicht irgendwo unterwegs aufgegeben zu haben. Es wäre nicht schwer gewesen, Ausreden zu finden und auszusteigen, aber ich säße jetzt irgendwo total unerfüllt und unglücklich und wunderte mich wahrscheinlich, warum mich das Leben so ungerecht behandelt.

Die meisten derer, die alle und alles für ihr Versagen verantwortlich machen, hatten Potenzial, aber sie wussten entweder nicht, wie man es entwickelt, oder sie waren nicht willens, an sich zu arbeiten.

Wenn Sachen in unserem Leben nicht klappen, ist das nicht Gottes Schuld. Für jeden von uns hat er einen großartigen Plan. Den negativen Umständen können wir auch nicht die Schuld in die Schuhe schieben, weil sie mit Glauben und Entschlossenheit überwunden werden können. Andere Menschen sind auch nicht das Problem, weil Römer 8,31 sagt: „Wenn Gott für uns ist, wer gegen uns?" Auch wenn Menschen gegen uns sind und der Satan sie benutzt, um uns zu behindern und zu quälen, können sie sich doch nicht durchsetzen. Wenn Gott auf unserer Seite ist, spielt es einfach keine Rolle, wer gegen uns ist; keiner ist mächtiger als er.

Wenn Dinge in unserem Leben schief gehen und wir uns fühlen, als wenn das Leben an uns vorbeiläuft und nur die anderen Erfolg haben, ist das eine Folge davon, dass wir Gott nicht gehorcht haben, nicht vorwärts gegangen sind und nicht willens waren, Schritte im Glauben zu wagen. Wir waren nicht bereit, verlacht zu werden, kritisiert und verurteilt zu werden, Ablehnung zu erfahren und als „Fanatiker" abgestempelt zu werden, die „auf den Boden der Tatsachen" zurückkommen und mit dem Strom mitschwimmen sollten.

Die Welt will, dass wir uns *anpassen*, aber der Herr will uns *verändern*, wenn wir die Dinge auf seine Weise tun. Er wird uns nehmen und uns in viel mehr verwandeln, als wir je zu träumen wagten – wenn wir nicht aufgeben und den Lauf laufen, der vor uns liegt.

Den Lauf laufen

> Deshalb lasst nun auch uns, da wir eine so große Wolke von Zeugen um uns haben, jede Bürde und die [uns so] leicht umstrickende Sünde ablegen und mit Ausdauer laufen den vor uns liegenden Wettlauf.
>
> Hebräer 12,1

Als der Schreiber des Hebräerbriefes davon sprach, jede Bürde abzulegen, hatte er die Wettläufer seiner Zeit vor Augen. Sie zogen sich buchstäblich all ihre Kleidung bis auf einen Lendenschurz aus. Sie stellten sicher, dass es nichts gab, was sie behindern und davon abhalten würde, so schnell wie irgend möglich zu laufen. Sie liefen, um zu gewinnen! Einige Menschen laufen dagegen nicht, um zu gewinnen, sondern nur, um am Wettlauf Spaß zu haben.

Um unser Potenzial zu entwickeln und das zu werden, wozu Gott uns bestimmt hat, wird es nötig sein, dass wir andere Dinge beiseite legen. Um ein Sieger des Lebens zu sein, müssen wir die Dinge tun, die uns dem Ziel näher bringen und uns helfen, unsere Bestimmung zu erfüllen. Wir müssen es lernen, „nein" zu Leuten zu sagen, die uns mit guter Absicht in endlose Dinge einbinden wollen, die nur unsere Zeit stehlen und keine Frucht bringen.

Der Apostel Paulus war entschlossen, sein Potenzial zu entwickeln. Er sah sich selbst als Wettläufer, der jeden Nerv und jeden Muskel anspannt und die letzte Kraft aus sich herausholt, um das Ziel zu erreichen.

Wir müssen eine Entscheidung treffen und mit Gott dahingehend übereinstimmen, dass wir hervorragend und nicht nur mittelmäßig sein werden. Wir müssen eine Inventur unseres Lebens vornehmen und alles entfernen, was uns behindert oder einfach nur unsere Zeit stiehlt. Wir müssen entschlossen sein, hart arbeiten und uns weigern aufzugeben. Wir müssen unsere Kraft aus Gott ziehen und uns nicht auf uns selbst verlassen. Wenn wir in diesen Dingen beständig sind, werden wir den Sieg erringen. Wenn wir nur mitlaufen um mitzulaufen, werden wir den Preis nicht gewinnen.

Hebräer 12,1 sagt uns, dass wir jede Bürde und jede *Sünde* ablegen sollen. Es ist praktisch unmöglich, geistlich erfolgreich zu sein, wenn wir in unserem Leben uns bekannte Sünde willentlich dulden. Ich sage hier nicht, dass wir hundertprozentig perfekt sein müssen, damit Gott uns gebrauchen kann. Wir müssen jedoch eine entschiedene Haltung zeigen, was das Fernhalten von Sünde aus unserem Leben betrifft. Wenn Gott sagt, dass etwas falsch ist, dann ist es falsch. Wir brauchen darüber nicht zu diskutieren, zu theoretisieren, anzuklagen, Entschuldigungen zu suchen oder uns zu bemitleiden – wir müssen uns mit Gott eins machen, um Vergebung bitten und mit dem Heiligen Geist zusammenarbeiten, um diese Sache für immer aus unserem Leben zu entfernen.

Ich bin besorgt darum, dass sich die Kirchen und Gemeinden heute anscheinend bei weitem nicht genug damit beschäftigen, was es bedeutet, „heilig" zu sein. Die Menschen sind für gewöhnlich von Predigten über das Thema nicht besonders angetan und sie kaufen sich nicht viele Kassetten darüber. Eine neue Kassettenreihe über Erfolg verkauft sich gut, aber das Thema Heiligkeit und Kreuzigung des Fleisches ist nicht so beliebt, zumindest nicht bei einigen Leuten. Doch Gott sei Dank gibt es auch die anderen, die, die nicht nur „zum Spaß" dabei sind, sondern die Gott mit ihrem Leben verherrlichen wollen, indem sie zu all dem werden, wozu er sie bestimmt hat.

Sei enthaltsam in allen Dingen

Wisst ihr nicht, dass die, welche in der Rennbahn laufen, zwar alle laufen, aber *einer* den Preis empfängt? Lauft so, dass ihr ihn erlangt! Jeder aber, der kämpft, ist enthaltsam in allem; jene freilich, damit sie einen vergänglichen Siegeskranz empfangen, wir aber einen unvergänglichen. Ich laufe nun so, nicht wie ins Ungewisse; ich kämpfe so, nicht wie einer, der in die Luft schlägt; sondern ich zerschlage meinen Leib und knechte ihn, damit ich nicht, nachdem ich anderen gepredigt, selbst verwerflich werde.   1. Korinther 9,24-27

Diejenigen von uns, die laufen um zu gewinnen, müssen sich in einem gemäßigten Lebenswandel üben. Wir können nicht von anderen erwarten, dass sie uns dazu bringen, das Richtige zu tun. Wir müssen auf den Heiligen Geist hören und selbst die Initiative ergreifen.

Paulus sagt, dass er seinen Körper geknechtet hat. Er meint, dass er sich in Selbstdisziplin übte, weil er anderen nicht predigen wollte, was sie zu tun hätten, und es dann selbst vielleicht nicht tat. Paulus lief um zu gewinnen! Er wusste, dass er sein Potenzial nicht entfalten konnte, ohne seinen Körper, seinen Verstand und seine Emotionen unter die Kontrolle seines Geistes zu bringen.

Selbstdisziplin ist der wichtigste Bestandteil eines jeden Lebens und besonders des Lebens eines Christen. Wenn wir es nicht lernen, unseren Verstand, unseren Mund und unsere Emotionen zu kontrollieren, werden wir im Ruin enden. Wenn wir es nicht lernen, unser Temperament zu beherrschen, werden wir den Erfolg, der uns zusteht, nicht sehen.

Lies dazu die folgenden Bibelstellen:

Der Jähzornige begeht Narrheit ...   Sprüche 14,17
Besser ein Langmütiger als ein Held, und besser, wer seinen Geist beherrscht, als wer eine Stadt erobert.   Sprüche 16,32
Sei nicht vorschnell in deinem Geist zum Zorn, denn der Zorn ruht im Busen der Toren.   Prediger 7,9
Jeder Mensch sei ... langsam zum Zorn. Denn eines Mannes Zorn wirkt nicht Gottes Gerechtigkeit.   Jakobus 1, 19-20

Die Aussage, dass eines Mannes Zorn nicht Gottes Gerechtigkeit wirkt, besagt, dass zornig zu sein nicht das richtige Verhalten für uns ist. Zorn wird in unserem Leben nichts Gutes bewirken.

Gott will, dass wir gerecht sind, und Teil dieser Gerechtigkeit ist die Entwicklung unseres persönlichen Potenzials. Zornige Menschen sind zu sehr damit beschäftigt, zornig zu sein als dass sie jemals ihr Potenzial voll ausschöpfen könnten.

Wenn wir wirklich laufen wollen, um zu gewinnen, müssen wir negativen Gefühlen widerstehen. Außer Zorn gibt es noch viele andere negative Gefühle, und wir sollten sie kennen und bereit sein, sie zu bekämpfen, sobald sie in uns hochsteigen. Hier ist eine unvollständige Liste negativer Gefühle, vor denen wir auf der Hut sein müssen:

Zorn
Bitterkeit
Depression
Verzweiflung
Entmutigung
Neid
Habgier
Hass
Ungeduld
Eifersucht
Faulheit
Wollust
beleidigt sein
Stolz
Groll
Traurigkeit
Selbstmitleid
nicht vergeben wollen

„Lasst uns mit Ausdauer laufen"

… lasst … uns … mit Ausdauer laufen den vor uns liegenden
Wettlauf!   Hebräer 12,1

Hebräer 12, 1 ermutigt uns nicht nur dazu, den Lauf zu laufen, sondern ihn mit Ausdauer zu laufen. Erfüllung wird uns nicht ohne
Geduld zuteil. Um das zu illustrieren, habe ich hier eine Geschichte
eingefügt, die auf Zeitungsartikeln basiert, die 1997 in der „Houston
Chronicle" erschienen:

Jell-O (Instant-Götterspeise; Anm. d. Üb.) feiert dieses Jahr 100-
jähriges Jubiläum, und die Geschichte um seinen Erfinder ist
wahrlich eine Ironie des Schicksals. 1897 war Pearl Wait ein
Hans-Dampf-in-allen-Gassen. Er war Bauarbeiter, der nebenbei
auch spezielle Medikamente herstellte, die er von Tür zu Tür
verkaufte. Beim Herumtüfteln an seinen Heilmitteln kam ihm
die Idee, Fruchtaromen mit Gelatinekörnchen zu vermischen.

Seine Frau nannte das Ganze ‚Jell-O', und Wait hatte ein Produkt mehr auf seiner Verkaufsliste. Doch leider verkaufte sich Jell-O nicht so gut wie erhofft, so dass Wait 1899 die Rechte daran für 450 Dollar an Orator Woodward verkaufte. Woodward begann, das Produkt professionell zu vermarkten, und nach acht kurzen Jahren hatte Waits Nachbar die 450-Dollar-Investition in ein Millionengeschäft verwandelt. Heute erhält nicht einer der Verwandten von Waits Tantiemen an den täglich verkauften 1,1 Millionen Päckchen Jell-O. Warum? Weil Wait (Name zu deutsch: ‚warten') nicht warten konnte![3]

Ungeduld ist einer der Hauptgründe, warum viele Menschen ihr Potenzial nicht ausschöpfen. Vielleicht erinnerst du dich, dass ich an früherer Stelle sagte, dass es Zeit braucht, um Potenzial zu verwirklichen. Pearl Wait wollte mit seiner Erfindung Geld verdienen, aber seine Ungeduld verhinderte, dass das Produkt sein volles Potenzial entfalten konnte – zumindest bei ihm.

Ausharren bewirkt Vollkommenheit

Haltet es für lauter Freude, meine Brüder, wenn ihr in mancherlei Versuchungen geratet, indem ihr erkennt, dass die Bewährung eures Glaubens Ausharren bewirkt. Das Ausharren aber soll ein vollkommenes Werk haben, damit ihr vollkommen und vollendet seid und in nichts Mangel habt.   Jakobus 1,2-4

Diese Bibelstelle sagt uns, dass wir durch Ausharren zur vollen geistlichen Reife gelangen. Sie spricht auch von Versuchungen und davon, dass wir darin standhaft und geduldig bleiben sollen.

Wie ich in meinem Buch „Battlefield of the Mind" schrieb:

Geduld ist nicht die Fähigkeit warten zu können, sondern die Fähigkeit, während des Wartens eine positive Haltung zu bewahren.[4]

Geduld ist eine Frucht des Geistes, die sich in einer gelassenen, positiven Haltung ausdrückt. Ungeduld ist voll negativer Emotionen und eines der Werkzeuge Satans, um uns von der Entwicklung unseres Potenzials und dem Erreichen von Vollkommenheit abzuhalten.

Hebräer 10,36 sagt uns: „Denn Ausharren habt ihr nötig, damit ihr, nachdem ihr den Willen Gottes getan habt, die Verheißung davontragt."

Ich fragte den Herrn tausendmal: „Wann, Gott, wann?", bevor ich begriff, dass laut Psalm 31,16 meine Zeit in seinen Händen steht. Gott weiß den richtigen Zeitpunkt für alles, und unsere Ungeduld wird ihn nicht zur Eile antreiben.

Warte auf Gottes perfektes Timing!

> Lasst uns aber im Gutestun nicht müde werden! Denn zur bestimmten Zeit werden wir ernten, wenn wir nicht ermatten.
>
> Galater 6,9

Die „bestimmte Zeit" ist Gottes Zeitpunkt, nicht unserer. Wir haben es eilig, Gott nicht. Er nimmt sich die Zeit, um Dinge richtig anzugehen – er legt ein starkes Fundament, bevor er ein Haus baut. Wir sind Gottes Haus im Bau. Er ist der Baumeister und er weiß, was er tut. Vielleicht wissen wir nicht, was er tut, aber er weiß es, und das muss uns reichen. Vielleicht wissen wir nicht immer über alles Bescheid, aber wir können damit zufrieden sein, den zu kennen, der alles weiß.

Gottes Zeitplan scheint sein kleines Geheimnis zu sein. Die Bibel verspricht uns, dass Gott niemals zu spät handeln wird, aber ich habe ebenso entdeckt, dass er für gewöhnlich auch nicht zu früh handelt. Es scheint, dass er jede sich bietende Möglichkeit ergreift, um die Frucht der Geduld in uns wachsen zu lassen.

Vines Wörterbuch der griechischen Wörter beginnt die Definition von „Ausharren" in Jakobus 1,3 mit: „Geduld, die nur in der Versuchung wächst …"[5] Geduld ist eine Frucht des Geistes, die sich in Anfechtungen entwickelt.

Ich persönlich bin ein sehr ungeduldiger Mensch. Mit den Jahren bin ich viel geduldiger geworden, aber all das Warten, was es brauchte, um mich Geduld zu lehren, war hart für mich. Ich wollte alles *sofort!*

Letztendlich erkannte ich, dass wir auf den Stein (Jesus) fallen können und zerschmettert werden, oder der Stein fällt auf uns und zermalmt uns (Matthäus 21,44). Anders ausgedrückt: Wir können mit dem Heiligen Geist kooperieren und dem, was Gott in uns tut, nicht widerstehen, oder wir verweigern die Kooperation und Gott wird mit uns härter umspringen müssen, als er es vielleicht möchte. Es wird uns immer noch alles zum Besten dienen, aber es ist immer besser, etwas freiwillig aufzugeben, als es weggenommen zu bekommen.

Ich musste meinen Willen dem Willen Gottes beugen. Ich musste mich in seine Hände fallen lassen und seinem Timing vertrauen. Das hört sich einfach an, war es aber nicht, zumindest nicht für mich.

Ich bin dankbar, dass unser natürliches Temperament ein „geist-gesteuertes Temperament" werden kann. Die Frucht des Geistes ist in uns und entwickelt sich so wie alles andere auch. Wenn sich unser Potenzial entwickelt, entwickelt sich auch unser Charakter, zusammen mit einer Einstellung, die der Jesu immer ähnlicher wird. All das geht Hand in Hand. Es gibt einige Dinge, die zusammen an der Ziellinie ankommen müssen, damit wir den Wettlauf gewinnen.

Entwickeltes Potenzial ohne Charakter verherrlicht Gott nicht. Wenn wir sehr erfolgreich werden, aber nicht nett mit Menschen umgehen, gefällt das dem Herrn nicht. Deshalb hält er uns manchmal auf einem Gebiet zurück, bis wir auf den anderen Gebieten wieder aufgeschlossen haben.

Als mein Dienst schneller wuchs als mein geistliches Leben, blockierte Gott das Wachstum meines Dienstes. Natürlich verstand ich das nicht und war ziemlich deprimiert. Ich verbrachte viel Zeit damit, Dämonen zu bekämpfen, und war mir sicher, dass sich Satan mir in den Weg stellte. Ich entdeckte, dass es Gott war. Ich war mir selbst und ihm voraus, und er zog die Handbremse an, ob mir das gefiel oder nicht.

Wenn so etwas passiert, sind wir nur wenig begeistert, aber später begreifen wir, was für ein Chaos es gegeben hätte, wenn die Dinge nach unserem anstatt nach Gottes Zeitplan gelaufen wären.

Geduld ist lebenswichtig für die Entwicklung unseres Potenzials. Tatsächlich wird sich unser Potenzial nur so entwickeln, wie sich unsere Geduld entwickelt. Das ist Gottes Weg – es gibt keinen anderen, also warum nicht die Reise genießen!

Wenn wir selbst nicht unser Potenzial entwickeln, wird es unentwickelt bleiben, weil es kein anderer für uns tun wird. Gelegentlich findet sich so ein rares Exemplar der Gattung Mensch, das alles daran setzt, andere zur vollen Entfaltung zu bringen, aber sie sind selten! Mein Mann Dave hat das für mich getan, und dafür bin ich ihm von ganzem Herzen dankbar. Ich bin dabei, mein volles Potenzial auszuschöpfen, und ich wünsche mir dasselbe für dich.

Finde heraus, was du tun möchtest, und fang an, dich dafür zu trainieren. Sei unermüdlich in deinem Verlangen, dein volles Potenzial zu entwickeln.

Wenn du weißt, dass du großartige Lieder schreiben kannst, entwickle diese Gabe. Richte dein Leben so ein, dass du Lieder schreiben kannst. Wenn du weißt, dass du Lobpreis leiten kannst, übe, lerne Noten, sing mit ganzer Seele und von ganzem Herzen und glaube. Fang an, Lobpreis zu leiten, auch wenn es anfangs nur du und die Katze sind, die du leitest, oder du und die Kinder. Wenn du weißt, dass du kaufmännisch begabt bist, ein Talent zum Geldverdienen hast, studiere, bete und geh los für Gott.

Was deine Gaben und deine Berufung auch sind, vertrau sie dem Herrn an und fang an, dein volles Potenzial zu entfalten.

Irgendwo sollten wir uns jeden Tag ein Stück verbessern. Wir sollten vorwärts gehen und die Vergangenheit hinter uns lassen. Das schließt sowohl Fehler als auch Siege der Vergangenheit ein. Auch wenn wir vergangenen Erfolgen nachhängen, kann uns das daran hindern, all das zu sein, was Gott für uns in der Zukunft bereitet hat.

Triff jetzt die Entscheidung, dich nicht mit weniger als allem, was du nur sein kannst, zufriedenzugeben.

7. Kenne den Unterschied zwischen dem, wer du bist, und dem, was du tust

> Denn wir urteilen, dass [der] Mensch durch Glauben gerechtfertigt wird, ohne Gesetzeswerke.
>
> Römer 3,28

Wenn wir uns wirklich danach sehnen, *unsere Bestimmung zu erfüllen*, müssen wir unbedingt ein tiefes Verständnis dessen haben, was uns vor Gott rechtfertigt. Wie wir in Epheser 2,8-9 gesehen haben, werden wir allein durch den Glauben an Christus und nicht durch Werke gerechtfertigt.

Wenn wir *wahren Glauben* haben, werden wir gute Werke tun, aber wir werden nicht von ihnen abhängig sein. Unsere guten Taten werden wir aus Liebe zu Gott tun – im Gehorsam ihm gegenüber – und nicht als „Werke des Fleisches", durch die wir uns erhoffen, in Gottes Augen gut dazustehen und von ihm akzeptiert zu werden.

Die meisten Menschen unserer Gesellschaft verbringen einen Großteil ihres Lebens oder sogar ihr ganzes Leben mit einem schlechten Gewissen und negativen Gefühlen sich selbst gegenüber. Es scheint, dass die Welt uns unablässig signalisiert, dass unser Wert von unseren Taten abhängt. Wir sagen Dinge zueinander wie: „Mach's gut!" Wir fragen: „Was machst du?", wenn wir jemanden neu kennen lernen, und meinen seinen Beruf. Satan will, dass wir mehr daran interessiert sind, was wir tun, als daran, wer wir sind. Diese Denkmuster haben sich tief in uns eingegraben und lassen sich nicht leicht abschütteln.

Als wir heranwuchsen, verglichen unsere Familienangehörigen unsere Leistungen mit denen anderer, und wir wurden gefragt, warum wir nicht so gut waren wie beispielsweise unser Cousin, das Nachbarskind oder unsere Geschwister. Wir strengten uns an so gut wir konnten und hatten auf diese Fragen keine Antwort, aber wir beschlossen, dass wir uns *noch mehr* anstrengen würden. Und das taten wir. Wir strengten uns an, noch und nöcher, aber es schien nicht viel zu nutzen. Egal, wie sehr wir uns auch anstrengten, immer schien es noch jemand zu geben, der nicht zufrieden mit uns war. Immer noch bekamen wir signalisiert, dass etwas mit uns nicht stimmte. Wir dachten, wenn wir etwas wirklich Tolles machen oder erreichen könnten, würden wir von Gott und anderen akzeptiert.

Dieses Denken laugt Menschen aus; sie fühlen sich ausgebrannt, sind verwirrt und manchmal treibt es sie sogar in den Wahnsinn. Ich bin der festen Überzeugung, dass es ihre fehlende Identität ist, die Millionen Menschen in die Arme von Therapeuten, Psychiatern, Psychologen und Beratern treibt. Sie brauchen jemand, mit dem sie reden können, jemand, der keine Schuldgefühle in ihnen auslöst. Bestätigung haben sie durch Eltern oder Freunde nicht erfahren, und das Ergebnis ist, dass sie sich zutiefst minderwertig fühlen. Sie denken, dass sie irgendein mentales, soziales oder psychologisches Problem haben, aber in Wahrheit ist alles, was sie brauchen, bedingungslose Liebe und Akzeptanz.

Du und ich mögen uns oft falsch verhalten, aber das wird sich nicht ändern, bis wir unabhängig von unseren Taten akzeptiert und geliebt werden.

Jesus bietet der Welt das, was sie sucht, aber Satan versteckt dieses Geheimnis gut. Viel zu oft hat die Kirche Gebote und Regeln in den Vordergrund gerückt, anstatt Menschen eine persönliche Beziehung mit dem Vater durch seinen Sohn Jesus Christus ans Herz zu legen.

Jemand, der versteht

Denn wir haben nicht einen Hohenpriester, der nicht Mitleid haben könnte mit unseren Schwachheiten, sondern der in allem in gleicher Weise [wie wir] versucht worden ist, [doch] ohne

Sünde. Lasst uns nun mit Freimütigkeit hinzutreten zum Thron
der Gnade, damit wir Barmherzigkeit empfangen und Gnade
finden zur rechtzeitigen Hilfe!   Hebräer 4,15-16

In diesen Versen gibt es einige Schlüsselwörter, die man nicht überle-
sen sollte: Mitleid, Barmherzigkeit, Gnade, empfangen. Das alles
sind Wörter, die ausdrücken, was Gott uns gibt, nicht, weil wir es
verdient hätten, sondern allein, weil er gut ist. Eines der wichtigsten
Wörter hier ist „Mitleid".
    Aus diesen Versen ersehen wir, dass Jesus uns versteht.
    Ich kann dir gar nicht sagen, wie tröstlich es für mich war zu
erkennen, *dass Jesus mich versteht!*
    Jesus versteht uns, wenn niemand sonst es tut. Er versteht uns
sogar, wenn wir selbst uns nicht verstehen. Er kennt das „Warum"
hinter dem „Was". Lass mich erklären, was ich hiermit meine.
    Menschen sehen nur das, was wir tun, und sie wollen wissen,
warum wir das nicht besser machen oder warum wir das überhaupt
tun. Jesus weiß, warum wir uns so verhalten, wie wir uns verhalten.
Er sieht und kennt alle emotionalen Wunden unserer Vergangenheit. Er weiß, wozu wir geschaffen wurden. Er kennt das Temperament, das uns im Mutterleib gegeben wurde. Er kennt und versteht
unsere Schwächen (die wir alle haben). Er weiß um all unsere
Ängste, jede Unsicherheit, jeden Zweifel, um all unser falsches
Denken über uns selbst.
    Wenn wir eine persönliche Beziehung mit ihm eingehen, in-
dem wir ihn als unseren persönlichen Herrn und Retter annehmen
und somit wiedergeboren werden, setzt er einen Heilungsprozess in
unserem Leben in Gang, der nicht abgeschlossen sein wird, bis wir
die Erde verlassen. Stück für Stück gibt er uns alles zurück, was Satan
gestohlen oder zerstört hat.
    Wir müssen die gesetzliche Einstellung, die in unserer Gesell-
schaft vorherrscht, kompromisslos ablehnen. Gesetzlichkeit stellt das
„Tun" in den Mittelpunkt, nicht das „Sein".
    *Wir müssen den Unterschied zwischen dem, wer wir sind, und
dem, was wir tun, begreifen.*
    Jesus versteht uns, er liebt uns bedingungslos und er ist ent-
schlossen, durch den Heiligen Geist mit uns und an uns zu arbeiten –
und während er das tut, verurteilt er uns nicht.

Die Welt verlangt, dass wir uns ändern. Sie signalisiert uns
unablässig, dass etwas mit uns nicht stimmt, wenn wir das nicht
leisten können, was von uns erwartet wird. Allein werden wir nie all
das tun können, was von uns erwartet wird. Unsere einzige Hoffnung
besteht darin, wer wir in Christus sind.

„In Christus"

Denn in ihm leben und weben und sind wir.
                                                    Apostelgeschichte 17,28

Die Ausdrücke „in Christus", „in ihm" oder „in dem, der", welche
sich in vielen Büchern des Neuen Testaments finden, sind von
überaus großer Bedeutung. Wenn wir sie nicht verstehen, werden
wir nie wahre Erkenntnis dessen haben, wer wir sind, und werden
unser Leben in Frustration verbringen, weil wir versuchen, unser
Tun zu verbessern.

Wenn wir Jesus Christus als unseren Retter annehmen, sind wir
„in ihm". Was er erarbeitet und verdient hat, wird uns als Erbe zuteil.
Wenn wir unsere Beziehung zu unseren eigenen Kindern betrachten,
hilft uns das vielleicht, diese Tatsache besser zu verstehen.

Ich habe vier Kinder, die ursprünglich „in mir" waren. Viel von
ihrem Aussehen und ihrer Persönlichkeit sind Ergebnis dessen, dass
sie ihr Leben „in mir" begannen. Sie erbten zum Teil mein Aussehen,
mein Temperament, mein Wesen und so weiter. Jetzt, wo sie erwachsen sind, gehen sie ins Leben hinaus und „tun" Dinge, die mich
stolz auf sie machen, aber es wird immer eine Tatsache bleiben, dass
sie „in mir" ihr Leben begannen. Diese Beziehung wird ewig bestehen bleiben.

Die Beziehung zu Jesus wird in Johannes 3,3 als „von neuem
geboren" bezeichnet. Nikodemus fragte Jesus: „Wie kann ein
Mensch geboren werden, wenn er alt ist? Kann er etwa zum zweiten
Mal in den Leib seiner Mutter hineingehen und geboren werden?"
(Vers 4) Er erkannte nicht, dass Jesus von einer geistlichen Geburt
sprach, einer Geburt, durch die wir aus der weltlichen Art zu leben
herausgelöst und „in Christus" in eine neue Art zu denken, zu reden
und zu handeln hineinversetzt werden.

Uns muss klar sein, wer wir in Christus sind. Dort ist unser Anfang, der Ort, von dem aus wir unser neues Leben beginnen. Ohne ein tiefes Verständnis dieser Wahrheit werden wir im Leben und sogar im Glauben umherirren und die Lüge glauben, dass Gottes Akzeptanz von unserer Leistung abhängt.

Die Wahrheit ist, dass Gottes Akzeptanz unserer Person auf der Leistung von Jesus Christus basiert, nicht auf unserer eigenen. Als er am Kreuz starb, starben wir mit ihm. Als er begraben wurde, wurden wir mit ihm begraben. Als er auferstand, sind auch wir mit ihm auferstanden. So sieht Gott alle, die ernsthaft an Jesus als Opfer für ihre Sünden glauben.

„In ihm"

> Den, der die Sünde nicht kannte, hat er für uns zur Sünde gemacht, damit wir Gottes Gerechtigkeit würden in ihm.
>
> 2. Korinther 5,21

Gott sieht uns als „gerecht", weil er beschlossen hat, uns so zu sehen. Epheser 1,4-5 lehrt uns, dass Gott sich entschloss uns zu lieben und für rein zu halten, weil er das wollte und weil er daran Gefallen fand:

> Wie er uns in ihm auserwählt hat vor Grundlegung der Welt, dass wir heilig und tadellos in ihm seien in Liebe, und uns vorherbestimmt hat zur Sohnschaft durch Jesus Christus für sich selbst nach dem Wohlgefallen seines Willens.

Wenn ich über dieses Thema predige, denke ich immer an die Beziehung zwischen meinem Ehemann und meinem Sohn. Mein ältester Sohn David ist mein Kind aus meiner ersten Ehe. Ich heiratete mit achtzehn Jahren. Als Kind war ich sexuell missbraucht worden, und der Neunzehnjährige, den ich heiratete, hatte keine besonders gute Erziehung genossen. Er redete allen nach dem Mund und nutzte die Menschen aus. Ich war unsicher und hungerte nach wahrer Liebe. Er sagte, dass er mich liebte, und weil ich Angst hatte, dass mich niemals mehr jemand anders wollen würde, ergriff ich die Gelegenheit zu heiraten, obwohl ich tief drinnen wusste, dass unsere Ehe nicht gut gehen würde. Mein Mann betrog mich, und die meiste Zeit ging er nicht arbeiten. Nach fünf Jahren der Ablehnung und anderer seelischer Wunden ließ ich mich von ihm scheiden. Wir hatten ein Kind, einen Sohn, den ich nach meinem einzigen Bruder David nannte. Als David neun Monate alt war, traf ich Dave Meyer, welcher der Mann werden sollte, mit dem ich nun schon mehr als dreißig Jahre verheiratet bin.

David wurde von Dave adoptiert. Dave entschloss sich dazu, David zu lieben und zu akzeptieren, bevor dieser ihn wirklich kannte oder eine Beziehung zu ihm hatte. Dave und ich hatten eine kurze Kennenlernphase. Nach etwa fünf Verabredungen fragte er mich, ob ich ihn heiraten wolle. Er war ein wiedergeborener, vom Heiligen Geist erfüllter Christ, der um eine Ehefrau betete. Er bat Gott, ihm eine Frau zu geben, die Hilfe bräuchte. Dieses Gebet wurde ganz sicher erhört, als er mich bekam! In unserer Beziehung wurde er von Gottes Geist geleitet. Er sagte, dass er wusste, dass ich seine Frau werden würde, als er mich zum ersten Mal sah. Er mag Herausforderungen und wusste sofort, dass ich eine sein würde.

Am Abend, als Dave mich fragte, ob ich ihn heiraten wolle, fragte ich ihn, was mit David sei. Ich wusste nicht, was Dave für meinen Sohn empfand. Seine mir so kostbare Antwort spiegelte wider, wie Gott uns Menschen sieht. Dave sagte: „Obwohl ich David nicht sehr gut kenne, liebe ich ihn, weil ich dich liebe und alles, was zu dir gehört."

So treten auch wir in eine liebevolle Beziehung zu Gott, in der er uns wegen seiner Güte – und nicht wegen unserer – akzeptiert. Er hat Christus und seinen stellvertretenden Tod am Kreuz akzeptiert und er akzeptiert uns, weil wir als Glaubende „in Christus" sind.

Im Folgenden habe ich auszugsweise eine Liste der Dinge zusammengestellt, die jetzt unser Erbe sind, weil wir „in Christus" leben:

Er hat uns gesegnet mit jeder geistlichen Segnung in der Himmelswelt *in Christus.*   Epheser 1,3
... zum Preise der Herrlichkeit seiner Gnade, mit der er uns begnadigt hat *in dem Geliebten.*   Epheser 1,6
In ihm haben wir die Erlösung durch sein Blut, die Vergebung der Vergehungen, nach dem Reichtum seiner Gnade.

Epheser 1,7

Und *in ihm* haben wir auch ein Erbteil erlangt ... Epheser 1,11
In ihm [seid] auch ihr, nachdem ihr das Wort der Wahrheit, das Evangelium eures Heils, gehört habt und gläubig geworden seid, versiegelt worden mit dem Heiligen Geist der Verheißung.
Epheser 1,13
... auch uns, die wir in den Vergehungen tot waren, [hat er] *mit dem Christus* lebendig gemacht – durch Gnade seid ihr errettet!
Epheser 2,5
Denn *durch ihn* haben wir beide durch *einen* Geist den Zugang zum Vater.
Epheser 2,18
... und *in ihm* werdet ihr auch mitaufgebaut zu einer Behausung Gottes im Geist.
Epheser 2,22
Wie ihr nun den Christus Jesus, den Herrn, empfangen habt, so wandelt *in ihm,* gewurzelt und auferbaut *in ihm* und gefestigt im Glauben, wie ihr gelehrt worden seid, indem ihr überreich seid in Danksagung!
Kolosser 2,6-7
... und ihr seid *in ihm* zur Fülle gebracht. Er ist das Haupt jeder Gewalt und jeder Macht.
Kolosser 2,10

Das ist nur ein kleiner Auszug aus den Bibelstellen, die zu diesem Thema dazugehören, aber ich denke, aus diesen hier ist schon zu ersehen, wie wichtig es ist, den Unterschied zwischen dem, der wir „in Christus" sind, und dem, was wir tun, weil wir uns Gunst erwerben wollen, zu begreifen.

Tatsächlich ist es gar nicht möglich, sich „Gunst zu erwerben", denn sonst wäre es ja keine Gunst bzw. Gnade. Jemand erweist uns Gunst aus Freundlichkeit und Güte, nicht weil wir es verdient hätten.

Unseren Wert wiederherstellen

Seht auf die Hunde, seht auf die bösen Arbeiter, seht auf die Zerschneidung! Denn *wir* sind die Beschneidung, die wir im Geist Gottes dienen und uns in Christus Jesus rühmen und nicht auf Fleisch vertrauen.
Philipper 3,2-3

Diese Bibelverse zerstören alle unsere Illusionen, dass unsere Zuversicht auf irgendetwas, was wir tun können oder getan haben, basieren kann. Ganz klar wird uns gesagt, dass unsere Zuversicht nicht aus dem „Fleisch" kommen kann, sondern allein aus Jesus Christus. Wir werden hier auch vor Gesetzlichkeit und gesetzlichen Menschen gewarnt.

Es ist befreiend, endlich zu erkennen, dass unser Wert nicht auf unseren Taten basiert, sondern darauf, wer wir in Christus sind. Gott hat uns einen Wert gegeben, indem er Jesus erlaubte, für uns zu sterben. Durch diesen Akt des Leidens und des Sterbens sagt Gott, der Vater, zu jedem von uns: „Du bist mir viel wert und ich werde jeden Preis bezahlen, um dich zu erretten und dir das gute Leben zu geben, das ich für dich geplant habe."

Erst wenn wir uns über unser „Wer" im Klaren sind, können wir beginnen, effektiv für unser „Was" zu beten.

Vielleicht sagst du: „Aber Joyce, ich kann nicht glauben, dass es Gott egal ist, was wir tun!"

Du hast Recht. Gott sind unsere Taten nicht egal. Er möchte, dass wir richtig handeln. Er möchte, dass wir wachsen und reife Christen werden, die immer mehr so handeln, wie es Jesus tat, als er auf der Erde war. Gott möchte, dass wir Gutes tun, aber er möchte nicht, dass wir an solchen Taten unseren Wert ablesen und uns von ihnen abhängig machen. Er möchte, dass wir Gutes tun, weil wir ihn lieben. Er möchte, dass unsere guten Taten die Antwort darauf sind, was er für uns, in uns und an uns getan hat.

Als ich begriffen hatte, wer ich in Christus war, begann ich, Gutes aus den *richtigen Motiven* heraus zu tun.

Viele Menschen tun Gutes aus den falschen Gründen und bekommen dafür keine Anerkennung.

Unsere Motive sind für Gott von allergrößter Wichtigkeit. Ich kann mich daran erinnern, sogar meine Bibel täglich mit dem Gedanken gelesen zu haben, dass Gott erfreut oder beeindruckt wäre, wenn ich jeden Tag viele Kapitel läse. Weil ich aus den falschen Motiven heraus las, war das Bibellesen mir mehr Last als Lust. Die Bibel und auch eine bestimmte Anzahl an Kapiteln täglich zu lesen, wurde mir zum Gesetz. Erfüllte ich dieses „Gesetz" nicht, fühlte ich mich schuldig.

Der Herr enthüllte mir eines Tages, dass meine Motive für das Bibellesen falsch waren. Er pflanzte diesen Gedanken in mein Herz: „Gott kennt die Bibel. Ich lese sie nicht für ihn; ich lese sie für mich, damit ich weiß, was er von mir möchte, und damit ich das dann auch tue."

Der Herr zeigte mir, dass es besser ist, einen Vers zu lesen und diesen wirklich zu verstehen, als zehn Kapitel zu lesen und sich an nichts vom Gelesenen erinnern zu können. In unserer Gesellschaft sind wir zu sehr von Quantität beeindruckt und lassen die Qualität dabei oft außen vor!

Ich war so beschäftigt mit dem, was ich „tun" sollte, dass ich einfach vergaß zu „sein". Wir heißen menschliche „Wesen", weil es in erster Linie um das „Sein" geht.

Satan schreit uns regelmäßig ins Ohr: „Was wirst du *tun*? Du musst etwas *tun*! Du solltest besser was dagegen *machen*!" Eigentlich hat er Recht; es gibt etwas, das wir tun sollten – *glauben*! Wir sollten immer und stets glauben.

Dein „Wer" bringt dein „Was" zurecht

> Nur dies will ich von euch wissen: Habt ihr den Geist aus Gesetzeswerken empfangen oder aus der Kunde des Glaubens? Seid ihr so unverständig? Nachdem ihr im Geist angefangen habt, wollt ihr jetzt im Fleisch vollenden? So Großes habt ihr vergeblich erfahren? Wenn es wirklich vergeblich [ist]!
>
> Galater 3,2-4

Ich machte viele Fehler und hatte viele falsche Einstellungen bestimmten Dingen gegenüber. Ich musste mich unbedingt ändern und ich wollte das auch. *Ich versuchte es ja!* Doch nichts half. Ich fühlte mich immerzu schuldig. Ich fühlte mich als Christin, die versagt hatte. Ich war mir sicher, dass alle anderen viel besser waren als ich; wie konnte Gott mich jemals gebrauchen?

Ich richtete mein Augenmerk auf das Falsche! Ich schaute immer nur auf das, was bei mir nicht stimmte, als ich doch eine Beziehung mit Jesus hätte aufbauen sollen. Irgendwie nahm ich an, dass er nicht viel mit mir zu tun haben wollte, bis ich „in Ordnung gebracht" war. Ich wusste, dass er mich errettet hatte, aber Gemeinschaft mit ihm zu haben, war etwas völlig anderes. Wenn ich dann doch Zeit mit Gott verbrachte, redete ich fast ausschließlich davon, wie schlimm ich war und wie sehr es mir Leid tat, so furchtbar zu sein. Dann versprach ich, mich zu bessern, aber ich fand nie einen Weg, das auch zu schaffen.

Endlich entdeckte ich es! In Römer 8,1 offenbarte sich mir, dass meine Gerechtigkeit durch Jesus Christus kommt! „Also [gibt es] jetzt keine Verdammnis für die, die in Christus Jesus sind." Das hörte sich so toll an! Doch dann las ich weiter: „… die wir nicht nach dem Fleisch, sondern nach dem Geist wandeln." (Vers 4) Ich war wieder am Ausgangspunkt angekommen. Wenn ich also konstant im Geiste wandeln würde, gäbe es für mich keine Verdammnis, aber ich war ja eben nicht in der Lage, das zu tun.

Dann offenbarte mir Gott Folgendes für mein Leben: Es stimmt, wenn ich nach dem Geist anstatt nach dem Fleisch wandle, gibt es für mich keine Verdammnis. Wenn ich aber doch sündige – und das tun wir alle – gibt es eine „fleischliche" und eine „geistliche" Art, damit umzugehen. Ich ging mit meiner Schuld auf fleischliche Art um. Ich sündigte (wurde zum Beispiel zornig oder sagte Dinge, die ich nicht hätte sagen sollen) und blieb dann „im Fleisch", um Vergebung zu erlangen. Ich *tat* Dinge, um das Unrecht wieder gutzumachen, anstatt Vergebung als Geschenk anzunehmen. Als ich dieses Geschenk dann endlich annahm, war ich frei, gute Dinge zu tun, weil ich überwältigt war von Gottes Liebe und Gnade, weil mein Herz so voll war mit Liebe zu ihm, dass es in guten Taten überfloss.

Mein Problem war, dass ich mich ändern wollte, aber mein „Wer" und mein „Was" waren durcheinander. Ich versuchte etwas zu „tun", damit mein „Wer" in Ordnung käme. Aber ich musste erst begreifen, wer ich in Christus war, damit er mir helfen konnte, die richtigen Dinge aus den richtigen Beweggründen zu tun.

Das ist kein Problem der heutigen Zeit. Paulus hat dieses Thema häufig angeschnitten. In seinem Brief fragte er die Galater, warum sie versuchten, die Vollkommenheit mit Hilfe menschlichen Tuns zu erreichen. Er erinnerte sie daran, dass ihr neues geistliches Leben aus Glauben und durch den Heiligen Geist geboren wurde, warum also sollten sie die Vollkommenheit auf irgendeine andere Art und Weise erreichen als auf die, mit der sie begonnen hatte?

Abschließend sagte er ihnen, dass all das, was sie bis jetzt erduldet hatten, umsonst sei, wenn sie diese Art von Gesetzlichkeit nicht ablegten.

Ich weiß nicht, wie es bei dir aussieht, aber ich bin schon zu
weit gekommen und habe zu viel mitgemacht, als dass ich jetzt alles
verlieren möchte. Ich möchte den richtigen Weg finden, Gott näher-
zukommen, und so weit ich das aus der Bibel ersehen kann, geschieht das durch Glauben an das, was Jesus Christus getan hat, nicht
aus Glauben an das, was ich tun kann.

Wir können unser Potenzial nicht voll entwickeln, wenn wir
diese Dinge nicht wissen. Wir werden nicht siegreich sein, wenn wir
in Werken statt im Glauben wandeln. Wenn wir glauben, dass unsere Akzeptanz auf unserem Tun basiert, werden wir uns immer abgelehnt fühlen, wenn wir es versäumen, das Richtige zu tun. Wenn wir
uns aber davon abhängig machen, wer wir in Christus sind, und
nicht davon, was wir für ihn tun, wird unser „Wer" unser „Was"
zurechtbringen.

Von Herrlichkeit zu Herrlichkeit

> Wir alle aber schauen mit aufgedecktem Angesicht die Herr-
> lichkeit des Herrn an und werden so verwandelt in dasselbe
> Bild *von Herrlichkeit zu Herrlichkeit*, wie [es] vom Herrn, dem
> Geist, [geschieht].   2. Korinther 3,18

Lass uns zu der Frage zurückkehren, die ich in der Einleitung dieses
Buches gestellt hatte:

Wie siehst du dich selbst?

Bist du dazu in der Lage, dein Verhalten ehrlich einzuschätzen
und dich trotzdem nicht verdammt zu fühlen? Bist du in der Lage,
darauf zu schauen, wie weit du noch zu gehen hast, ohne zu vergessen, wie weit du schon gekommen bist? Wo du jetzt bist, wirst du
nicht enden. Hab die Ziellinie im Visier oder du wirst nie aus den
Startblöcken herauskommen.

Paulus schreibt, dass wir von Herrlichkeit zu Herrlichkeit verändert werden, das heißt, dass unsere Verwandlung schrittweise von-
statten geht.

Auch jetzt bist du schon in einer Herrlichkeit!

Wenn du wiedergeboren bist, bist du irgendwo auf dem Weg
der Gerechten. Vielleicht bist du noch nicht so weit vorangekommen,

wie du das gern hättest, aber Gott sei Dank bist du auf dem Weg! Es gab eine Zeit, wo du völlig außerhalb des Bundes zwischen Gott und seinem Volk standest, weil du nicht glaubtest (Epheser 2,11-12). Doch jetzt gehörst du zum Haus Gottes und wirst jeden Tag von ihm verändert. Genieße die Herrlichkeit, in der du gerade stehst, und sei nicht neidisch darauf, wo die anderen sind. Auch sie waren einst da, wo du jetzt bist.

Wir haben eine starke (fleischliche) Tendenz dazu, unsere Herrlichkeit mit der anderer zu vergleichen. Der Teufel will, dass wir so denken, aber das ist nicht nach Gottes Plan und Willen. Gott möchte, dass wir erkennen, dass jeder von uns einmalig ist und dass er für jeden von uns einen einmaligen Plan hat. Satan möchte sicherstellen, dass wir niemals Freude daran haben, wo wir gerade stehen. Er möchte uns im Wettstreit mit anderen sehen, dass wir immer das wollen, was andere haben. Wenn wir nicht wissen, wie wir unsere gegenwärtige Herrlichkeit genießen können, verlangsamen wir damit nur unseren Reifeprozess. Ich glaube nicht, dass wir in das nächste Stadium von Herrlichkeit gelangen, wenn wir es nicht lernen, das wertzuschätzen, was wir haben.

In diesem Sinne ist „Herrlichkeit" einfach ein Ort, der besser ist als der vorherige.

Ich hatte so viele Makel in meinem Charakter und meiner Persönlichkeit, dass ich selbst nach fünf Jahren im Glauben meinte, praktisch keine Fortschritte gemacht zu haben. Und doch ging es langsam aber sicher voran auf dem „Weg der Herrlichkeiten".

Für gewöhnlich gehen wir zu hart mit uns ins Gericht. Wir würden schneller im Glauben wachsen, wenn wir auf diesem Gebiet etwas gelassener sein könnten. Auf unsere Gefühle können wir uns in dieser Beziehung nicht verlassen. Satan lässt uns oft spüren, dass wir hoffnungslose Fälle sind oder dass Gott nicht in unserem Leben arbeitet. Wir müssen es lernen, uns auf Gottes Wort und nicht auf unsere Gefühle zu verlassen. Sein Wort sagt, dass er an uns arbeitet, solange wir glauben!

Wir sind ein „Werk in Arbeit"

Und darum danken auch wir Gott unablässig, dass, als ihr von uns das Wort der Kunde von Gott empfingt, ihr es nicht als Menschenwort aufnahmt, sondern, wie es wahrhaftig ist, als Gottes Wort, das in euch, den Glaubenden, auch wirkt.

1. Thessalonicher 2,13

Ich ermutige dich dazu, jeden Tag zu sagen: „Gott arbeitet gerade jetzt an mir – er verändert mich!" Sprich das aus, was die Schrift sagt, nicht das, was du vielleicht fühlst.

Es scheint, dass wir ständig davon sprechen, wie wir uns fühlen. Wenn wir das tun, hat es Gottes Wort schwer, in uns zu arbeiten. Wir steigern uns in unsere Gefühle hinein und erlauben es ihnen, die führende Rolle in unserem Leben zu spielen.

Oft „fühlen" wir uns abgelehnt, also glauben wir, dass die Leute uns ablehnen. Vielleicht ist die Wahrheit, dass sie uns nicht einmal bemerkt haben, uns also weder akzeptieren noch ablehnen. Wenn wir glauben, dass uns die Leute ablehnen werden, ist es wahrscheinlich, dass sie das auch tun. Unsere „Ich Armer, keiner liebt mich, immer werde ich abgelehnt"-Einstellung treibt die Menschen von uns weg.

Wir dürfen nicht die Einstellung entwickeln, dass wir abgelehnt werden, wenn wir nicht perfekt funktionieren. Ich gebe zu, dass die Welt oft nach diesem Prinzip handelt, aber Gott tut das nicht, und wir sollten das auch nicht. Keiner von uns, der jemals einen ehrlichen Blick auf sich selbst geworfen hat, würde es wagen, andere abzulehnen, weil sie nicht perfekt sind. Jesus lehrte, dass wir bei anderen nur Vollkommenheit als Voraussetzung einer Beziehung mit uns fordern können, wenn wir selbst vollkommen sind.

Wir gewöhnen uns so sehr daran, dass die Menschen in der Welt mehr auf unsere Leistung als auf alles andere schauen, dass wir falsches Denken in unsere Beziehung zu Gott einbringen. Wir denken, dass Gott auch so ist wie die Welt, doch er ist es nicht. Die Angst vor Ablehnung (oder davor, nicht akzeptiert zu werden) ist eine der größten Behinderungen auf unserem Weg dahin, erfolgreich wir selbst zu sein.

Wenn wir uns aufmachen, so wie Christus zu werden, werden wir einige Fehler machen – die macht jeder. Wenn wir jedoch erkennen, dass Gott von uns erwartet, dass wir unser Möglichstes tun, nimmt das die Last von unseren Schultern. Er erwartet nicht, dass wir perfekt sind (völlig fehlerfrei). Wenn wir so perfekt wären, wie wir sein möchten, bräuchten wir keinen Retter. Ich glaube, dass Gott immer eine bestimmte Anzahl von Ungereimtheiten und Fehlern in uns übrig lässt, damit wir erkennen, wie sehr wir Jesus jeden Tag brauchen.

Ich bin keine perfekte Predigerin. Manchmal sage ich Dinge falsch, wenn ich glaube, von Gott gehört zu haben, aber von mir selbst gehört habe. Oft verfehle ich die Vollkommenheit – so etwa mehrere Hundert Mal am Tag! Ich habe keinen perfekten Glauben, keine perfekte Einstellung, keine perfekten Gedanken und keine perfekte Art.

Jesus wusste, dass das allen von uns passieren würde. Deshalb tritt er für uns „in den Riss" (Hesekiel 22,30). Ein Riss ist eine Lücke zwischen zwei Dingen. Es gibt einen Riss, eine Lücke zwischen uns und Gott, die von unseren Sünden und unserer Unvollkommenheit herrührt. Gott ist perfekt und vollkommen heilig. Er kann nur mit denen Gemeinschaft haben, die wie er sind. Darum kommen wir durch Christus zu ihm. Jesus ist genau wie sein Vater. Er hat uns gesagt: „Wer mich gesehen hat, hat den Vater gesehen" (Johannes 14,9).

Jesus steht im Riss zwischen Gottes Perfektion und unserer Unvollkommenheit. Er verwendet sich ständig für uns, weil wir es ständig brauchen (Hebräer 7,25). Jesus kam sowohl als der Sohn Gottes als auch als der Menschensohn zu uns. Er ist der Vermittler zwischen zwei Parteien – uns und Gott (1. Timotheus 2,5). Durch ihn können wir Gemeinschaft mit dem Vater haben und uns mit ihm eins machen. In ihm sind wir vor Gott akzeptabel.

Akzeptiert in dem Geliebten

… zum Preise der Herrlichkeit seiner Gnade, mit der er uns begnadigt hat in dem Geliebten."   Epheser 1,6

Wir brauchen nicht zu glauben, dass Gott uns nur akzeptiert, wenn wir fehlerfrei funktionieren. Wir dürfen die Wahrheit glauben, nämlich, dass er uns „in dem Geliebten" begnadigt und akzeptiert.

Gott akzeptiert uns, weil wir an seinen Sohn Jesus Christus glauben. Wenn wir die Lügen des Teufels glauben, werden wir uns unser Leben lang frustriert abmühen. Unsere Fähigkeiten verkümmern und wir werden nie erfolgreich all das sein, was Gott für uns geplant hat.

Gott redete einmal zu meinem Herzen und sagte: „Tue dein Möglichstes und dann komm zu mir und ruhe dich aus." Das hörte sich hervorragend an, weil ich nämlich alles Mögliche versucht hatte und völlig erschöpft war. Ich erfuhr, dass mein Bestes immer noch einige Unvollkommenheiten aufweist, aber dafür starb schließlich Jesus für dich und mich am Kreuz.

Der Leistungs-Akzeptanz-Teufelskreis

Dem dagegen, der nicht Werke tut, sondern an den glaubt, der den Gottlosen rechtfertigt, wird sein Glaube zur Gerechtigkeit gerechnet, wie auch David die Seligpreisung des Menschen ausspricht, dem Gott Gerechtigkeit ohne Werke zurechnet.

Römer 4,5-6

Wenn wir jahrelang im Leistungs-Akzeptanz-Denken gelebt haben, fällt es uns schwer, das abzulegen. Es wird zur Lebensmaxime. Es beeinflusst unsere Gedanken, Auffassungen und Entscheidungen.

Viele Menschen bleiben lieber in diesem Denken gefangen, als es abzulegen und sich der Möglichkeit des Versagens gegenüberzusehen. Andere wiederum belasten ihr Versagen und ihre Fehler der Vergangenheit so sehr, dass sie einen Neuanfang unter anderen Vorzeichen gar nicht erst wagen.

Wenn Menschen sich nur dann gut fühlen, wenn sie gute Leistungen bringen, werden sie ihr Leben in Frustration und Mühsal verbringen. Sie sind gefangen im Kreislauf von Bemühen und Versagen, sich mehr bemühen und wieder versagen, sich schuldig und abgelehnt fühlen, sich noch mehr anstrengen etc.

Gott will diesen Teufelskreis nicht. Er möchte, dass wir eine positive Einstellung uns selbst gegenüber haben, ob wir nun versagen oder Erfolg haben. Er möchte nicht, dass wir voll Stolz auf unsere Leistungen sind, aber er hat uns ganz sicher auch nicht dazu geschaffen, uns selbst abzulehnen. Deshalb ist eine Offenbarung über unser „Wer" und unser „Was" von so großer Bedeutung. Wir sollten dazu in der Lage sein, beides voneinander zu trennen und ehrlich zu beurteilen. Wenn wir schlechte Leistungen bringen, kann uns das Leid tun und wir können hoffen, es das nächste Mal besser zu machen. Wir können versuchen, unser „Was", also unsere Leistungen, zu verbessern, aber unser „Wer", also unser Wert vor Gott, wird davon nicht beeinflusst.

Menschen, die auf diesem Gebiet Probleme haben, nehmen Dinge oft falsch wahr. Wenn sie erwarten abgelehnt zu werden, weil ihre Leistung nicht stimmt, verhalten sie sich so, als wären sie schon abgelehnt worden – was die Menschen verwirrt, die in Beziehungen mit ihnen leben.

Ein Beispiel: Meine Managerin, die seit vielen Jahren für uns arbeitet, hatte ein Problem bezüglich Akzeptanz/Leistung. In ihrer Kindheit war ihr vermittelt worden, dass ihr Akzeptanz und Liebe durch perfekte Leistungen zuteil werden.

Als sie anfing für uns zu arbeiten, fiel uns auf, dass sie auf Fragen bezüglich ihres Arbeitspensums immer sehr merkwürdig reagierte. Wenn sie uns nicht sagen konnte, dass alles in bester Ordnung war und sie die Aufgaben komplett erledigt hatte, schienen diese Fragen sie sehr aufzuregen. Sie stürzte sich dann kopfüber in die Arbeit. Dieses Verhalten wurde für mich zunehmend zum Problem, weil ich spürte, dass sie sich während dieser Zeit sehr zurückzog und mir fast feindselig gegenüberstand. Ich lehnte sie wegen ihrer Unvollkommenheit jedoch überhaupt nicht ab, aber sie dachte, ich täte das. Deshalb konnte sie meine Freundschaft auch nicht empfangen, die ich ihr doch nach wie vor schenken wollte.

Wir empfangen durch den Akt des Glaubens; was wir glauben, werden wir empfangen, und nichts anderes. Wenn wir nicht an die Gnade, Güte und das Wohlwollen Gottes glauben, können wir diese auch nicht empfangen. Wenn wir glauben, dass wir alles perfekt machen müssen, um von Gott angenommen zu werden, werden wir seine Liebe zu uns ablehnen, obwohl er uns nicht ablehnt. Dieses falsche Denken und Glauben hält uns gefangen. Es ist wie ein Laufrad, das sich so schnell dreht, dass wir nicht wissen, wie wir abspringen sollen.

Wenn du in diesem Kreislauf gefangen bist, bete ich, dass er zerbrochen wird, so dass du Gottes Liebe und Akzeptanz ungehindert empfangen und dann anderen aus dem Teufelskreis heraushelfen kannst.

Nimm den Druck von anderen

> Sie binden aber schwere und schwer zu tragende Lasten zusammen und legen sie auf die Schultern der Menschen, sie selbst aber wollen sie nicht mit ihrem Finger bewegen.
>
> Matthäus 23,4

Wir setzen uns selbst unter Druck, wenn wir unrealistische Erwartungen haben, wenn wir von uns selbst Perfektion erwarten. Gott will nicht, dass wir unter diesem Druck leben.

Wir können auch in falsches Denken verfallen, das andere unter Druck setzt. Wir können mehr von Menschen erwarten, als sie bereit sind, uns zu geben. Unablässiger Druck auf die Menschen, mit denen wir in Beziehungen leben, wird den Zusammenbruch der Beziehungen zur Folge haben.

Alle Menschen sehnen sich nach Akzeptanz.

Als Menschen brauchen wir alle Raum bzw. Freiheit zu sein, wer wir sind. Wir möchten so akzeptiert werden, wie wir sind. Das heißt nicht, dass wir nicht wissen, dass wir uns auch ändern müssen, aber wir wollen nicht, auch nicht unterschwellig, die Botschaft empfangen, dass wir uns ändern müssen, um akzeptiert zu werden.

Wir ändern uns viel lieber für die Menschen, die uns mit unseren Macken und Fehlern akzeptieren, als für die, welche Forderungen stellen und erwarten, dass wir nach ihren Regeln leben.

Eines ist sicher: Gott wird die Menschen nicht ändern, die wir versuchen zu ändern. Er hat ein „Hände-weg-Prinzip", wenn er an Menschen arbeitet.

Ich erinnere mich an die Jahre, in denen ich verzweifelt und mit aller Kraft versuchte, meinen Mann und die Kinder zu ändern – jeden

auf andere Art und Weise. Das waren Jahre der Frustration, denn –
egal, was ich auch versuchte – nichts hatte Erfolg! Eines Tages sagte
Gott zu mir: „Entweder machst du das oder ich, aber wir werden das
nicht beide tun. Ich werde warten, bis du fertig bist. Wenn du fertig
bist, lass es mich wissen, und ich werde anfangen, an ihnen zu
arbeiten und es auch zu Ende bringen!"

Meine Familie wusste, dass ich mit ihnen nicht zufrieden war.
Ich liebte sie alle, aber nicht bedingungslos. Ich war nicht willens,
ihre Fehler zu akzeptieren: *Ich würde sie ändern!*

Auch wenn wir glauben, unsere Missbilligung zu verstecken,
spüren die Menschen sie. Sie ist im Ton unserer Stimme und in
unserer Körpersprache, selbst wenn sie nicht in unseren Worten ist.
Wir versuchen vielleicht, uns mit dem, was wir sagen, zurückzuneh-
men, aber was im Herzen ist, wird irgendwann auch aus dem Mund
herauskommen. Früher oder später sagen wir, was wir denken.

Ich übte Druck auf meine Familie aus, und die Tatsache, dass
ich sie nicht so akzeptierte, wie sie waren, übte Druck auf mich aus.

Ich sage nicht, dass wir Sünde und falsches Verhalten akzeptieren und uns einfach damit arrangieren sollen. Aber ich sage klar
und deutlich, aus meiner eigenen Erfahrung und aus Gottes Wort,
*dass der Weg zur Veränderung über das Gebet führt, nicht über
Druck!* Wenn wir Menschen lieben und über ihrer Sünde beten,
wird Gott handeln.

Viele Leute, über die wir uns ärgern, sind einfach nur sie selbst,
aber ihre Persönlichkeit passt mit unserer nicht so gut zusammen.

Zum Beispiel hatte ich bei meinem ältesten Sohn David ständig das Gefühl, ihm beweisen zu müssen, dass ich ihn liebe. Er
provozierte mich ständig. Nicht, dass er nicht tat, was ich ihm auftrug, aber er musste mich darüber herausfordern. Er wollte die Macht,
aber ich wollte sie nicht aufgeben. Er hatte feste Ansichten, die er mit
Nachdruck vertrat, und das mochte ich nicht. Er war aufbrausend und
ungeduldig, und auch das mochte ich nicht. Er konnte in das Zimmer
hereinkommen, wo ich gerade war, und ein paar Minuten später
würden wir einen Konflikt austragen. Wenn manchmal auch nicht in
Worte gefasst, konnte man die Spannung doch spüren.

Ich liebte meinen Sohn, aber ich mochte ihn nicht. Ich wollte,
dass er sich änderte, und war entschlossen, dass er das tun würde, ob
ihm das nun passte oder nicht. Es erübrigt sich zu erwähnen, dass

unser Verhältnis zueinander stets gespannt war. Als er älter wurde, wurden unsere Konflikte schlimmer, aber da er ein Mann und kein Kind mehr war, hatte ich keine andere Wahl, als ihn entweder so anzunehmen, wie er war, oder ihn zu bitten auszuziehen.

Eines Abends, in einem Gottesdienst unter der Woche, offenbarte mir der Herr, dass ich meinem Sohn nicht vergeben wollte, weil ich glaubte, er sei nicht „geistlich" genug. Ich wollte, dass er (und alle meine anderen Kinder auch) „sehr geistlich" waren. Ich wollte, dass er in der Gemeinde und vor meinen Freunden „mitspielte". Ich wollte, dass er abends in seiner Bibel las. Ich wollte ihn morgens beten hören. Ich wollte, ich wollte, ich wollte – und alles, was ich bekam, waren Frustration und Druck.

Gott sagte mir, dass ich mich bei David für die Jahre des Drucks auf ihn entschuldigen sollte und dafür, dass ich ihn nicht so akzeptiert hatte, wie er war. Ich brauchte mehrere Wochen, um dem zu gehorchen. Ich hatte Angst, dass mein Sohn die Situation ausnutzen würde, wenn ich tat, was Gott sagte und mich vor ihm demütigte.

Endlich tat ich, was Gott mir befohlen hatte. Ich sagte meinem Sohn, was Gott mir klargemacht hatte, und bat ihn um Verzeihung. Mit meinem Mann Dave zusammen legten wir ein paar neue Regeln für unser Zusammenleben fest, jetzt, da David achtzehn Jahre alt war. Wir sagten ihm, dass wir wollten, dass er einmal pro Woche zur Gemeinde ginge und keine Mädchen mit nach Hause brächte oder Hard-Rock-Musik hörte, wenn wir nicht da wären. Ansonsten würden wir ihn in Ruhe lassen und aufhören, ihn ändern zu wollen. Wir sagten ihm, dass wir ihn so akzeptierten, wie er war.

Als Dave und ich unserem Sohn das alles erklärten, fing er an zu weinen.

„Du weißt gar nicht, wie sehr ich es brauchte zu hören, dass du mich so akzeptierst, wie ich bin", sagte er. „Ich wünsche mir von ganzem Herzen, dass ich auch so eine Beziehung wie du und Dad zu Gott hätte, aber die habe ich nicht, und ich kann meine Gefühle auch nicht ändern. Ich tue für den Moment mein Bestes und hoffe, dass ich mich ändern werde."

Es brauchte viel Überwindung, besonders von meiner Seite, aber wir nahmen den Druck von David. Wir zogen uns zurück und warfen unser Vertrauen auf Gott, dass er tun würde, was getan werden musste. Es vergingen etwa sechs Monate, ohne dass wir eine

Veränderung in David bemerkt hätten. Dann – *ganz plötzlich* – rührte Gott ihn beim Silvestergottesdienst an. David kam nach Hause und verkündete, dass er auf die Bibelschule gehen und Gott vollzeitlich dienen würde, auch wenn er dadurch jeden Freund verlöre, den er hatte.

Jetzt steht David einer Abteilung in unserem Dienst „Life in the Word" vor. Er ist der Kopf unseres Weltmissionsprogramms und der Medienabteilung. Er ist auch ein guter Freund von mir. Wir genießen es, zusammen zu sein.

Als ich so viel Druck auf David ausübte, hatte das einen Bumerang-Effekt und der Druck fiel zurück auf mich. Das richtete nur Schaden an – Schaden an unserer Beziehung und an seinem Selbstwertgefühl. Erst viele Jahre später begriff ich, warum ich eigentlich solche Probleme mit Davids Persönlichkeit hatte – er war nämlich genau wie ich!

Auch die Persönlichkeit meines Mannes verunsicherte und ärgerte mich. Dave nimmt die meisten Dinge mit Gelassenheit. Er liebt den Frieden und tut fast alles, um ihn zu bewahren. Seine Lebensphilosophie stammt direkt aus der Bibel: *Wirf alle deine Sorgen auf ihn!* (1. Petrus 5,7). Das ist seine Antwort auf fast alles. Das Ergebnis ist, dass ihm das Leben nicht allzu schwerfällt.

Ich auf der anderen Seite reagierte bei fast nichts mit Gelassenheit. Ich hatte ausgeprägte Auffassungen und Wünsche. Wenn etwas nicht nach meinen Vorstellungen lief, machte ich ein großes Trara darum. Ich sorgte mich und war nicht bereit, das wegzuwerfen bzw. es an Gott abzugeben.

Obwohl Daves gelassenes Naturell ein großer Segen für mich war, regte es mich zuweilen auch extrem auf. Ich hätte ihn gern ein wenig forscher gesehen. Eines Tages rückte er mir den Kopf zurecht, als er sagte: „Joyce, du solltest besser sehr glücklich sein, dass ich bin, wie ich bin, sonst würdest du nämlich nicht das tun, was du tust." Er redete von meinem vollzeitlichen Dienst. Weil Gott Dave so gemacht hat, wie er ist, fällt es ihm leicht, mir die Freiheit zu geben, mein Potenzial voll zu entfalten. Dave hat mir das nicht nur gestattet – er hat mir dabei geholfen.

Oft bekommen wir die Dinge, die wir von anderen Menschen am meisten brauchen, wenn wir aufhören, sie zu verurteilen und zu versuchen, sie zu ändern. Ich brauchte einen friedfertigen Mann in meinem Leben. Alle anderen Männer, mit denen ich zu tun gehabt hatte, waren alles andere als friedfertig gewesen. Jahrelang hatte ich um einen Mann wie Dave gebetet, und als ich ihn bekam, versuchte ich, ihn auf die Töpferscheibe zu setzen und nach meinen Vorstellungen zu formen. Das brachte Spannung in unsere Beziehung. Dave war ein gelassener Mensch, aber sogar er hatte davon letztendlich genug. Er fing an, mich nicht mehr zu mögen – das sagte er mir, und es machte mir Angst. Ich bin froh, dass das geschah, weil es mich dazu veranlasste, mit dem Nörgeln aufzuhören und Gott zu vertrauen, dass er verändern würde, was Veränderung brauchte.

Dave war immer ein Sportfan gewesen, und das war eines der Dinge, die ich ändern wollte. Ich machte mir nichts aus Sport, also wollte ich in meinem Egoismus, dass auch er Sport nicht mehr mochte. Ich wollte seine ungeteilte Aufmerksamkeit. Ich wollte, dass er tat, was ich tat.

Ich, ich, ich – das ist unser größtes Problem.

Ich erinnere mich an viele Sonntagnachmittage, die ich wütend und schmollend und Dave mit dem Anschauen von Baseball-, Hockey- oder Footballspielen, mit Golf oder irgendeinem anderen Sport verbrachte. Meine Haltung hielt ihn nicht im Geringsten davon ab, sich die Spiele im Fernsehen anzuschauen, tatsächlich ließ er mich mit meinem Genörgel gar nicht an sich heran, und das machte mich noch wütender. Doch letztendlich lernte ich daraus. Ich hatte plötzlich eine große Sehnsucht nach dem Frieden und der Stabilität, die ich in seinem Leben sah.

Mit den Jahren lernte ich, dass ich mich während dieser Spiele auch anderweitig beschäftigen konnte. Dave tat so viele Dinge mir zuliebe. Es war unrealistisch von mir zu erwarten, dass Dave alles aufgeben würde, was ihm Spaß machte, bloß weil es mir keinen Spaß machte.

Ich bin weit gekommen. Gerade jetzt, wo ich vor dem Computer sitze und an diesem Buch arbeite, sitzt Dave am anderen Ende des Zimmers vor dem Fernseher. Er schaut sich ein Golfturnier an und in den Werbepausen schaltet er auf Football um. Er hat sich auf diesem Gebiet nicht geändert – ich habe es getan. Der Druck ist weg und unsere Ehe ist besser.

Manchmal wollen wir, dass andere sich verändern, aber in Wirklichkeit sind wir es, die Veränderung brauchen.

Unsere älteste Tochter, Laura, war undiszipliniert. Die Schule mochte sie nicht und war mit durchschnittlichen Leistungen zufrieden. Ihr Zimmer war das blanke Chaos, und ich sagte ihr ständig (bzw. schrie sie an), dass sie es gefälligst aufräumen sollte. Ich mochte ihre Freunde nicht und auch nicht ihre Auffassungen. Ich übte so viel Druck auf sie aus, dass sie mich nach ihrer Hochzeit sechs Monate lang nicht anrief. Das hat mich tief verletzt, doch jetzt verstehe ich einige Dinge, die ich damals absolut nicht begriff.

Wir können Menschen nicht ändern, indem wir sie unter Druck setzen oder an ihnen herumnörgeln.

Damit Veränderung von Dauer ist, muss sie von innen nach außen geschehen. Allein Gott kann ein Herz auf diese Weise verändern.

Gott sei Dank haben auch Laura und ich eine neue, gute Beziehung. Nach sechs Monaten sagte sie mir, dass ich in vielen Dingen Recht gehabt hätte. Zu der Zeit war ich dann auch bereit zuzugeben, dass ich in vielen Dingen Unrecht gehabt hatte. Heute arbeitet sie in unserem Team mit, so wie alle unsere Kinder, und wir beide sind gute Freundinnen.

Sie hat sich verändert und ich habe mich verändert, aber wir haben uns nicht gegenseitig verändert. Gott hat das alles bewirkt!

Mit meiner jüngsten Tochter, Sandra, kam ich besser zurecht als mit den beiden älteren Kindern. Von ihrer Persönlichkeit her wollte sie immer alles perfekt machen, und je perfekter sie war, desto besser fand ich das. Sie setzte sich selbst genug unter Druck, so dass es keinerlei Druck von außen mehr bedurfte. Sie hatte unrealistisch hohe Erwartungen an sich selbst, die sie so sehr unter Druck setzten, dass sie stressbedingte Rücken- und Darmprobleme bekam. Nie war sie mit sich zufrieden. Sie mochte weder ihre Haare noch ihre Haut, nicht ihr Aussehen und auch nicht ihre Figur. Sie mochte ihre Gaben und Talente nicht. Sie hielt sich für langsam und dumm. Auch sie hat sich verändert! Es scheint, dass wir uns alle ändern, wenn wir „am Herrn dranbleiben".

Sandra ist jetzt verantwortlich für den Hilfe-Dienst bei unseren Konferenzen. Das ist eine große Verantwortung und sie erfüllt ihre Aufgabe hervorragend. Sie hilft mir auch bei einigen Dingen wie der Kollekte, den Ansagen und so weiter. Sie ist absolut zum Helfen berufen. Sie liebt es, anderen zu helfen! Sie hilft ihren Geschwistern, indem sie auf ihre Kinder aufpasst. Sie hilft meiner verwitweten Tante, besucht sie und erledigt Besorgungen mit ihr.

In den frühen Jahren ihres Lebens hatte der Teufel Sandra davon überzeugt, dass sie nicht begabt oder talentiert war. Sie glaubte ihm, und solange sie das tat, fühlte sie sich elend und wertlos. Was für ein Lügner ist Satan! Solange wir seinen Lügen glauben, werden wir unzufrieden sein und hinter unseren Möglichkeiten zurückbleiben.

Sandra war und ist ein kostbarer Mensch. Sie lehnte sich selbst eine Zeitlang ab, hat aber durch Gottes Wort die Wahrheit gefunden, die sie freimacht. Ihr Perfektionismus brachte sie dazu, auch andere Menschen eine Zeitlang unter Druck zu setzen. Sie hatte unrealistische Vorstellungen von ihnen, genau wie von sich selbst.

Wenn wir von jemandem erwarten, dass er oder sie uns ständig glücklich macht, werden wir eine bittere Enttäuschung erleben.

Sandra hat einen Mann geheiratet, der Dave sehr ähnlich ist – gelassen und friedliebend. Man kommt sehr gut mit ihm zurecht, aber er mag es nicht, wenn man an ihm herumnörgelt. Es kam so weit, dass er Sandra sagte, sie solle aufhören, sich wie seine Mutter zu benehmen. Sie war sehr wütend und verletzt, doch im Laufe einiger Tage erkannte sie, dass er Recht hatte. Sie hat aufgehört, ihn unter Druck zu setzen und steht dadurch selbst auch nicht mehr so im Spannungsfeld ihrer Gefühle.

Unser jüngster Sohn Daniel hat die meisten meiner „Feuer-und-Schwefel"-Tage nicht mehr mitbekommen. Als er geboren wurde, war ich schon ein wenig reifer im Glauben. Ich hatte die Lektion, Menschen so zu akzeptieren, wie sie sind, schon gelernt. Gott ist derjenige, der die nötigen Veränderungen bewirkt.

Daniel ist Laura sehr ähnlich, doch er und ich hatten in all den Jahren nur wenig Streit. Ich akzeptiere ihn als Person, nicht wegen dem, was er tut oder nicht tut. Ich korrigiere ihn, wo nötig, aber ich lehne ihn nicht ab, weil er mir keine Freude gemacht hat.

Wie Laura mochte er die Schule nicht, und es brauchte zwölf Jahre Drängeln und Schieben, um ihn da durchzubekommen – aber er hat es geschafft. Er hat seinen Abschluss und ist ein produktives Mitglied der Gesellschaft. Er arbeitet in der Fernsehabteilung unseres Dienstes und hat eine Berufung, mit Jugendlichen zu arbeiten. Ich bin so froh, dass ich endlich gelernt habe, friedfertig zu sein.

Frieden ist viel besser als Druck! Vielleicht musst auch du
aufhören, einige Menschen in deinem Leben unter Druck zu setzen.
Denk darüber nach. Wenn Gott dir zeigt, wo bei dir etwas nicht
stimmt, ändere das.

Wir alle ernten, was wir säen. Wenn wir in anderer Menschen
Leben Freiheit säen, werden wir Freiheit ernten. Wenn wir aufhören,
andere unter Druck zu setzen, werden wir nicht nur von uns selbst
den Druck wegnehmen, sondern auch erleben, wie uns andere weniger „bedrücken".

Unrealistische Erwartungen

> Jesus selbst aber vertraute sich ihnen nicht an, weil er alle kannte
> und nicht nötig hatte, dass jemand Zeugnis gebe von dem Men-
> schen, denn er selbst wusste, was in dem Menschen war.
>
> Johannes 2,24-25

Wir haben das Thema unrealistischer Erwartungen an andere schon
etwas behandelt, doch ich möchte das noch vertiefen. Es scheint,
dass es unsere Erwartungen sind, die uns Enttäuschungen im Umgang mit Menschen und Situationen bescheren.

Ich sage nicht, dass wir gar nichts erwarten sollen! Wir sollten
von Menschen nur das Beste annehmen, aber uns auch darüber im
Klaren sein, dass sie eben nur Menschen sind.

Wenn die Jünger Jesus enttäuschten, war er nicht am Boden
zerstört, weil er die menschliche Natur voll und ganz kannte und
verstand. Jesus erwartete von seinen Jüngern, dass sie ihr Möglichstes tun würden, aber er wusste, dass auch ihr Möglichstes nicht
perfekt sein würde.

Ich habe irgendwann begriffen, dass wir ständig auf der Suche
nach der perfekten Ehe, den perfekten Freunden, dem perfekten Job,
der perfekten Wohngegend, der perfekten Gemeinde usw. sind, und
die Wahrheit ist, dass es das einfach *nicht gibt!* Solange wir in einem
menschlichen Körper leben, werden wir unvollkommen sein. Gott
wusste, dass das so sein würde, denn in seinem Wort hat er uns viele
Anweisungen gegeben, wie wir mit Menschen umgehen sollen, die
uns enttäuschen oder verärgern.

Beispielsweise lesen wir in Galater 6,2: „Einer trage des anderen Lasten, und so werdet ihr das Gesetz des Christus erfüllen."

In Johannes 13,34 sagt Jesus: „Ein neues Gebot gebe ich euch, dass ihr einander liebt, damit, wie ich euch geliebt habe, auch *ihr* einander liebt." Das Gesetz Jesu ist das Gesetz der Liebe. Wenn wir einander so lieben, wie er uns liebt, wird unsere Liebe bedingungslos und ohne Zwänge sein.

In 1. Petrus 2,19-21 sagt uns Petrus, dass wir die lieben sollen, mit denen wir nur schwer auskommen, und er geht noch einen Schritt weiter und sagt, dass wir zu solch einem Leben berufen sind.

Eine andere Bibelstelle, die uns lehrt, wie wir mit denen umgehen sollen, die uns ärgern oder verletzen, ist Römer 12,16, wo Paulus schreibt: „Seid gleichgesinnt gegeneinander; sinnt nicht auf hohe Dinge, sondern haltet euch zu den Niedrigen; seid nicht klug bei euch selbst!"

Und in 1. Petrus 3,9 lesen wir: „Und vergeltet nicht Böses mit Bösem oder Scheltwort mit Scheltwort, sondern im Gegenteil segnet, weil ihr dazu berufen worden seid, dass ihr Segen erbt!"

Nirgendwo in Gottes Wort lesen wir, dass wir Menschen ablehnen sollen. Wir sollen sie vielmehr lieben, ihnen Verständnis, Gnade und Mitleid zuteil werden lassen.

Ich gebe zu, dass es einfacher ist, darüber zu reden, wie wir mit den unbequemen Menschen in unserem Leben umgehen sollen, als das tatsächlich zu tun, aber wenn der Herr uns sagt, dass wir das so tun sollen, dann können wir das auch.

Unrealistische Erwartungen beeinflussen uns auf vielfältige Art und Weise. Erstens haben wir unrealistische Erwartungen an uns selbst. Wir erwarten, dass wir das tun können, was andere auch tun. Aber wenn wir für eine bestimmte Sache nicht begabt sind, werden wir darin nie wirklich gut werden. Wenn wir bestimmte Dinge aber nur unzureichend tun können, fühlen wir uns schlecht. Das scheint einen endlosen Kreislauf in Gang zu setzen. Wir strecken uns aus nach Dingen, die außerhalb unserer Reichweite sind. Wir hoffen, damit etwas beweisen zu können, was wir gar nicht beweisen müssen.

Ich bin frei dazu, ich zu sein, und du bist frei dazu, du zu sein. Alles, was wir tun müssen, ist Gott zu gehorchen; wir müssen uns und anderen nichts beweisen. Wenn wir Gott gehorchen, wird er sich um unseren Ruf kümmern. Wenn wir erwarten, dass wir in Bereichen außerhalb unserer Gaben und Berufung Leistung bringen können, gehen wir einer Enttäuschung entgegen.

Unrealistische Erwartungen beeinflussen uns auch in unseren Beziehungen zu anderen Menschen. Wie schon gesagt, sind Menschen nur Menschen, und jeder von uns hat Stärken und Schwächen. Um mit Menschen Beziehungen einzugehen, müssen wir beides akzeptieren. Zu erwarten, dass andere für unser persönliches Glück sorgen werden, ist ein großer Fehler.

Wie Abraham Lincoln gesagt hat: Die meisten Menschen sind so glücklich, wie sie sich entscheiden zu sein. Wenn sie sich entscheiden, unglücklich zu sein, können wir sie nicht dauerhaft glücklich machen, egal wie sehr wir es auch versuchen.

Während der Jahre, als ich all die unrealistischen Erwartungen an Dave und die Kinder hatte, frustrierte ich alle mit meinen übertriebenen Forderungen. Der friedliebende Dave versuchte, mich zufriedenzustellen, indem er die verschiedenen Dinge, die ich forderte, tat. Dennoch war ich nie wirklich dauerhaft glücklich. Letztendlich, eines schönen Tages, sagte er zu mir: „Joyce, ich habe erkannt, dass ich dich nicht glücklich machen kann, egal, was ich tue. Ich werde es ab jetzt auch nicht mehr versuchen."

Ich war nicht glücklich, weil ich das Leben nicht realistisch sah.

Es gibt Zeiten, in denen wir gern hätten, dass unser Glaube die Realität verdrängt. Wir möchten gern glauben, dass wir alles Negative in unserem Leben abwenden können, wenn wir darauf vertrauen, dass Gott es für uns verändert. Viele Dinge können durch Gottes Macht und sein Wort verändert werden, aber es gibt einige Dinge in unserem Leben, mit denen wir selbst zurechtkommen müssen, und von einem dieser Dinge spreche ich gerade.

Menschen sind nicht vollkommen, und das von ihnen zu erwarten, ist für alle Beteiligten frustrierend. Wir müssen es lernen, großzügig Gnade walten zu lassen und Samen der Gnade zu säen, damit wir Gnade ernten können, wenn wir sie brauchen.

Unrealistische Erwartungen bezüglich unserer Lebensumstände können auch ein Werkzeug Satans sein, um uns zu entmutigen und verzweifeln zu lassen. In Johannes 16,33 sagt Jesus: „In der Welt habt ihr Bedrängnis; aber seid guten Mutes, ich habe die Welt überwunden." Was meinte er damit? In etwa das: „Ihr könnt genauso gut fröhlich und guten Mutes sein, weil ihr, solange ihr auf der Erde lebt, immer einigen Kummer haben werdet. Macht euch darum jedoch keine Sorgen; ich habe alles unter Kontrolle."

Wir alle planen unser Leben gern und wollen, dass alles nach unseren Plänen läuft, aber das passiert nur selten. Das ist nicht schlimm – es ist ein Fakt. Als Glaubende steht uns die Kraft des Heiligen Geistes zur Verfügung, um uns durch schwere Zeiten zu helfen, nicht, damit unser Leben so einfach wird, dass wir unseren Glauben nie brauchen.

Ich ermutige dich zu erwarten, dass du in deinem Leben Gutes sehen wirst. Ich würde dir ganz sicher nicht raten, Schlechtes zu erwarten. Ich bitte dich auch eindringlich, realistisch zu sein und zu erkennen, dass wir alle mit Dingen und Leuten umgehen müssen, die uns unangenehm sind. Unsere Haltung in diesen Situationen wird darüber entscheiden, ob wir das Leben genießen oder nicht.

Ich ermutige dich dazu, dich auf diesem Gebiet innerlich festzulegen. Sei entschlossen, dich nie wieder von Umständen unterkriegen zu lassen, die sich nicht mit deinen Wünschen decken. Bleib ruhig in Versuchungen und vertrau auf Gott. Was Satan dir zum Schlechten dienen lassen will, wird Gott zu deinem Besten wenden, wenn du ihm vertraust. Bete hierum und bitte den Heiligen Geist um seine Hilfe. Solange du in falschen Erwartungen lebst, wirst du dein Potenzial nie wirklich ausschöpfen können.

8. Gnade, Gunst und Barmherzigkeit empfangen

> Lasst uns nun mit Freimütigkeit hinzutreten zum Thron der
> Gnade, damit wir Barmherzigkeit empfangen und Gnade finden
> zur rechtzeitigen Hilfe!
> Hebräer 4,16

In der Bibel gibt es einige Wörter, die ich gern als „Wörter der Kraft"
bezeichne. Wenn diese richtig verstanden werden, können sie uns
enorm dabei helfen, unser Potenzial voll auszuschöpfen. Wir können
nie wirklich wir selbst sein, wenn wir nicht Gottes bedingungslose
Liebe empfangen, und genauso verhält es sich mit seiner Gnade,
Gunst und Barmherzigkeit.

Lass uns zuerst den Begriff „empfangen" betrachten.

Ich erwähnte, dass wir Gnade, Gunst und Barmherzigkeit empfangen müssen, aber viele Menschen wissen nicht, wie empfangen überhaupt funktioniert. In unserer Gesellschaft sind wir es gewohnt, uns
alles zu erarbeiten und für alles zu bezahlen. Wir mühen uns ab, um
etwas zu bekommen, aber Gott möchte, dass wir umsonst empfangen.

Wieder und wieder spricht die Bibel davon, dass wir von Gott
empfangen. Ständig gießt er seine Segnungen aus, und wir als leere,
durstige Gefäße sollten es lernen, all das anzunehmen, was er uns
anbietet. Dazu die folgenden Bibelstellen:

> So viele ihn aber aufnahmen, denen gab er das Recht, Kinder
> Gottes zu werden, denen, die an seinen Namen glauben.
> Johannes 1,12

Denn aus seiner Fülle haben wir alle empfangen, und [zwar] Gnade um Gnade.   Johannes 1,16

Aber ihr werdet Kraft empfangen, wenn der Heilige Geist auf euch gekommen ist; und ihr werdet meine Zeugen sein, sowohl in Jerusalem als auch in ganz Judäa und Samaria und bis an das Ende der Welt.   Apostelgeschichte 1,8

Dann legten sie ihnen die Hände auf, und sie empfingen den Heiligen Geist!   Apostelgeschichte 8,17

Diesem gaben alle Propheten Zeugnis, dass jeder, der an ihn glaubt, Vergebung der Sünden empfängt durch seinen Namen.
Apostelgeschichte 10,43

Als Mitarbeiter aber ermahnen wir auch, dass ihr die Gnade Gottes nicht vergeblich empfangt.   2. Korinther 6,1

Nur dies will ich von euch wissen: Habt ihr den Geist aus Gesetzeswerken empfangen oder aus der Kunde des Glaubens?
Galater 3,2

Wie ihr nun den Christus Jesus, den Herrn, empfangen habt, so wandelt in ihm.   Kolosser 2,6

… damit wir Barmherzigkeit empfangen und Gnade finden …
Hebräer 4,16

Deshalb legt ab alle Unsauberkeit und das Übermaß der Schlechtigkeit, und nehmt das eingepflanzte Wort mit Sanftmut auf, das eure Seelen zu erretten vermag!   Jakobus 1,21

Diese und andere Schriftstellen betonen, dass wir Dinge empfangen sollen, anstatt sie uns erarbeiten oder verdienen zu wollen.

Den Unterschied zwischen diesen beiden Dingen zu erkennen, hilft uns dabei zu verstehen, warum sich viele Christen in ihrem Glauben so abmühen. Sie versuchen, sich alles vom Herrn „abzuholen", wenn sie einfach nur empfangen sollten.

Bitten und Empfangen

Bittet und ihr werdet empfangen, damit eure Freude völlig sei!
Johannes 16,24

Das ist eine meiner Lieblingsbibelstellen zum Thema „empfangen". Es hört sich so einfach an und das ist auch gewollt.

Jesus kam, damit wir uns nicht länger krampfhaft abmühen müssen, Gott zu gefallen, nicht, damit wir uns unter der Flagge des Christentums in einer neuen Verkrampfung wiederfinden. Wenn wir es lernen zu bitten und zu empfangen, wird unsere Freude wahrhaft vollkommen sein. Wenn wir reichlich empfangen haben, können wir auch reichlich geben.

Umsonst hast du empfangen, umsonst gib!

Umsonst habt ihr empfangen, umsonst gebt!   Matthäus 10,8

In unserer Gesellschaft gibt es heute nur wenige Menschen, die großzügig und umsonst geben. Vielleicht erklärt dieser Bibelvers, warum. Wenn wir es nie lernen, umsonst von Jesus zu empfangen, werden wir es auch nie lernen, freizügig zu geben.

Satan hat ganze Arbeit darin geleistet, uns davon zu überzeugen, dass wir für alles bezahlen oder es uns verdienen müssen. Irgendwie wurden wir davon überzeugt, dass wir uns um alles, was wir uns von Gott wünschen, bemühen müssen. Doch Jesus sagte: „Kommt her zu mir, alle ihr Mühseligen und Beladenen! Und ich werde euch Ruhe geben." (Matthäus 11,28)

„Kommt her zu mir" ist eine Geborgenheit versprechende Einladung. Das hört sich nicht nach Kampf, Krampf oder Sich-Abmühen an.

Wir müssen uns mehr mit dem „Empfangen" beschäftigen, und zu der Einsicht kommen, dass uns nach Gottes Wort seine Segnungen allein aus Gnade durch Glauben zuteil werden.

Aus Gnade durch Glauben

Denn aus Gnade seid ihr errettet durch Glauben, und das nicht aus euch, Gottes Gabe ist es; nicht aus Werken, damit niemand sich rühme. Denn wir sind sein Gebilde, in Christus Jesus geschaffen zu guten Werken, die Gott vorher bereitet hat, damit wir in ihnen wandeln sollen.   Epheser 2,8-10

Wir sind aus Gnade durch Glauben gerettet, und wir müssen es lernen, unseren Alltag auch so zu leben. Gnade kann man sich durch nichts verdienen, man kann sie nur als Geschenk empfangen.

Gnade ist die Kraft Gottes, die uns hilft, wenn wir selbst machtlos sind. In Johannes 15,5 sagt Jesus uns: „... getrennt von mir könnt ihr nichts tun." Deshalb brauchen wir in allen Bereichen unseres Lebens seine Hilfe. Wenn wir siegreich leben wollen, müssen wir unser Unvermögen erkennen und unseren Glauben an Gottes Gnade festmachen. Er ist mehr als bereit uns zu helfen, wenn wir aufhören, uns auf uns selbst zu verlassen.

In Galater 2,21 sagt Paulus, dass er die Gnade Gottes ungültig machen würde, wenn er versuchte, sich seine Gerechtigkeit mit Gesetzeswerken zu verdienen. Gnade wird uns immer, unter allen Umständen, zuteil, aber sie muss im Glauben angenommen werden. In Vers 20 sagt Paulus, dass nicht mehr er selbst, sondern Christus in ihm lebt, und dass er sein jetziges Leben im Glauben an den Sohn Gottes gestaltet.

Vor Jahren erkannte ich, dass ich jedes Mal eine Enttäuschung erlebte, wenn ich versuchte, etwas aus meiner eigenen Kraft zu tun. Anstatt mein Vertrauen auf Gott zu setzen und seine Gnade (Hilfe) zu empfangen, erlebte ich in den ersten Jahren auf dem Weg mit Gott viel Frustration, weil ich mich ständig mit irgendetwas abmühte. Eine Offenbarung seiner Gnade zu erhalten, war wirklich ein großer Durchbruch für mich. Immer hatte ich versucht, etwas „zu tun", und Gott dabei außen vor gelassen. Ich versuchte mich zu ändern, meine Kinder und meinen Mann zu ändern, versuchte Heilung und Wohlstand zu erlangen, meinen Dienst wachsen zu lassen und alles zu verändern, was mir in meinem Leben nicht gefiel. Ich war frustriert, weil keine meiner Bemühungen Früchte trug.

Gott lässt es nicht zu, dass wir ohne ihn Erfolg haben. Wenn er das täte, würde er uns die Ehre überlassen, die allein ihm gebührt. Wenn wir die Menschen verändern könnten, würden wir sie zu unserem Vorteil verändern, was ihnen ihre Freiheit wegnehmen und ihre Möglichkeiten einschränken würde.

Ich lernte letztendlich, für das zu beten, was meiner Ansicht nach verändert werden musste. Ich ließ Gott das zu seiner Zeit tun. Als ich so begann, mich seiner Gnade anzuvertrauen, schenkte er mir seinen Frieden. Ich kam zur Ruhe.

Gnade und Friede für euch

> Gnade euch und Friede von Gott, unserem Vater, und dem Herrn
> Jesus Christus!   1. Korinther 1,3

Am Anfang vieler Briefe des Neuen Testaments finden wir diesen
Gruß. Wir können keinen Frieden haben, wenn wir nicht Gottes
Gnade empfangen haben.

Viele Glaubende sind in ihrem Christsein frustriert, weil sie
nicht wissen, wie sie Gnade, Güte und Erbarmen umsonst empfangen
sollen. Immer arbeiten sie an etwas und versuchen sich zu verdienen,
was Gott nur aus Gnade durch Glauben gibt.

1.Petrus 5,5 lehrt uns, dass Gott nur den Demütigen Gnade gibt.
Die Demütigen sind die, welche ihre Schwachheit und ihre Unfähig-
keit, ohne Gottes Hilfe siegreich sein zu können, ehrlich zugeben.
Die Stolzen sind immer auf der Suche nach Anerkennung. Sie denken
gern, dass es ihre Fähigkeiten sind, durch die sie das erledigen, was
sie tun müssen. Stolze Menschen haben Schwierigkeiten damit, zu
bitten und noch mehr Schwierigkeiten damit zu empfangen.

In der Gnade wachsen

> Wachset aber in der Gnade und Erkenntnis unseres Herrn und
> Heilandes Jesus Christus! Ihm sei die Herrlichkeit, sowohl jetzt
> als auch bis zum Tag der Ewigkeit! Amen.   2. Petrus 3,18

Wenn wir einmal das Konzept von Gottes Gnade verstanden haben,
müssen wir lernen, sie in jeder Situation zu empfangen. Gott voll und
ganz zu vertrauen ist etwas, in das wir hineinwachsen. Je mehr wir
Gott vertrauen, um so stärker sind wir auf geistlichem Gebiet. Je mehr
wir uns, anderen Menschen oder sogar Dingen vertrauen, desto
schwächer sind wir auf geistlicher Ebene.

Ich musste mich darin üben, Gott in Geldangelegenheiten zu
vertrauen. An einem Punkt auf meinem Weg mit Gott, genauer gesagt
ganz am Anfang meines Dienstes, bat er mich zu vertrauen, dass er für
meine Familie sorgen würde, ohne dass ich außer Haus arbeiten

ginge. Ich wusste, dass ich Zeit brauchte, um mich auf den Dienst vorzubereiten, in den er mich gerufen hatte. Eine Vollzeitstelle als Mutter dreier kleiner Kinder ließ mir wenig Zeit, mich auf die Aufgaben einer international tätigen Bibellehrerin vorzubereiten. Als Vertrauensbeweis und mit Daves Einverständnis kündigte ich. Ich lernte es, darauf zu vertrauen, dass Gott für uns sorgen würde. Dave hatte einen guten Posten, aber sein Gehalt war vierzig Dollar weniger als unsere monatlichen Fixkosten. Das bedeutete, dass wir jeden Monat ein Wunder bräuchten, nur um unsere festen Kosten zu decken, geschweige denn, etwas darüber hinaus zu kaufen.

Ich erinnere mich gut daran, wie schwer es war, nicht mehr zur Arbeit zu gehen. Gott versorgte uns jeden Monat, und seine Treue zu erleben, war schön und aufregend, aber ich war es nun mal gewohnt, für mich selbst zu sorgen – all dieses „Wandeln im Glauben" war für meine menschliche Natur sehr hart. Es fiel mir schwer, Gott immer wieder zu vertrauen, aber letztendlich lernte ich, auf diesem Gebiet im Glauben zu leben. Dieses starke Fundament am Anfang unseres Dienstes gelegt zu haben, hat uns viele Male geholfen, nicht in Panik auszubrechen, wenn wir finanzielle Sorgen hatten.

Ich musste es auch lernen, auf Gott zu vertrauen, was Unterordnung anbetraf. Ich war von Autoritätspersonen verletzt und misshandelt worden, besonders von männlichen. Aufgrund dieser Erlebnisse war ich entschlossen, die Dinge auf meine Art zu tun und anderen Menschen nicht zu vertrauen. Natürlich sagt uns die Schrift, dass sich Frauen ihren Ehemännern unterordnen sollten (Epheser 5,22; Kolosser 3,18), und das war für mich sehr schwer. Wie die meisten Ehepaare sind Dave und ich von unserer Persönlichkeitsstruktur her sehr verschieden, und mit vielen seiner Ansichten und Entscheidungen stimmte ich nicht überein. Doch all das änderte Gottes Wort nicht, also musste ich lernen mich unterzuordnen, ob ich wollte oder nicht. Auf diesem Gebiet Gott zu vertrauen, stärkte mich geistlich.

Ich erinnere mich lebhaft daran, wie ich in einer für mich ganz besonders schlimmen Situation zu Gott sagte: „Wie kannst du von mir verlangen, dass ich Menschen vertraue – nach all dem, was mir passiert ist?"

In meinem Herzen antwortete er mir: „Ich verlange nicht, dass du Menschen vertraust, Joyce, ich verlange, dass du mir vertraust."

Gott wollte, dass ich ihm darin vertraute, dass in jede meiner Lebenssituationen seine Gerechtigkeit hineinstrahlte. Ich sollte auch erkennen, dass es vielleicht an mir lag, wenn Dinge nicht nach meinen Vorstellungen liefen. Es konnte auch sein, dass Gott einen besseren Weg oder anderen Zeitpunkt im Auge hatte als ich. Letzten Endes errang ich auch auf diesem Gebiet einen Sieg, indem ich an Gott festhielt und mich in dem übte, was er verlangte.

Wir lernen nur dann Gott zu vertrauen, wenn wir es tun. Wir wachsen in der Gnade, wenn wir es üben, unser Vertrauen auf Gott zu setzen und seine Gnade in Situationen zu empfangen, die uns kompliziert oder gar ausweglos erscheinen. Manchmal vertrauen wir auf Gott, und er beschenkt uns mit Gnade, die uns aus der Situation rettet. Manchmal vertrauen wir ihm, und er beschenkt uns mit Gnade, die uns „durchträgt". Diese Entscheidung müssen wir ihm überlassen und wissen, dass wir durch beides den Sieg erringen können, jedoch nur aus Gnade durch Glauben.

Wenn du gerade mit irgendetwas in deinem Leben Probleme hast, frage dich ehrlich, ob du Gott vertraust, dass seine Gnade deinen Mangel ausfüllt. Denke daran, Gnade ist ein unverdienter Beweis seiner Liebe zu uns Sündern. Gnade ist Gottes Kraft, die in unser Leben kommt, um für uns das zu tun, was wir selbst nicht tun können.

Gnadengaben

Denn ich sage durch die Gnade, die mir gegeben wurde, jedem, der unter euch ist, nicht höher [von sich] zu denken, als zu denken sich gebührt, sondern darauf bedacht zu sein, dass er besonnen sei, wie Gott einem jeden das Maß des Glaubens zugeteilt hat.

Römer 12,3

An früherer Stelle habe ich von den verschiedenen Gaben geredet, die Gott Menschen schenkt. Diese Gaben (Fähigkeiten und Talente) werden uns durch seine Gnade zuteil; sie sind nicht unser Verdienst.

In 1. Korinther 15,10 schreibt Paulus: „Aber durch Gottes Gnade bin ich, was ich bin …" Wenn wir nicht erkennen, dass wir das, was wir sind, durch Gottes Gnade sind, werden wir höher von uns denken, als wir sollten.

Stolze Menschen vergleichen sich mit anderen und fühlen sich überlegen, wenn sie etwas tun können, wozu andere nicht in der Lage sind. Als Christen sollen wir uns nüchtern beurteilen, wissend, dass wir ohne Gott nichts von Wert tun können und dass alles, was wir erreichen, uns durch seine Gnade geschenkt ist. Er gibt uns ein bestimmtes Maß an Glauben, um das im Leben tun zu können, was wir erreichen sollen. Er gibt uns Fähigkeiten nach seiner Gunst und Gnade, nicht nach unserem Verdienst.

Als Gott mir die Berufung für mein Leben offenbarte, war ich das blanke Chaos. Ich war wiedergeboren, aber noch sehr „menschlich". Ich hatte emotionale Störungen, die aus dem Missbrauch in meiner Vergangenheit stammten. Ich hatte Schwierigkeiten, gesunde Beziehungen aufzubauen, wandelte nicht in der Frucht des Geistes und war unter anderem sehr ich-bezogen, manipulativ und beherrschend. Es gab keinen Grund, warum Gott mich dazu hätte aussuchen sollen, sein Wort zu lehren und einem international tätigen Dienst vorzustehen. Er rief mich in seiner Gnade! Immer noch staune ich über das Gute, was er in meinem Leben getan hat, und ich bin ihm sehr dankbar.

Wir können nicht wahrhaft dankbar oder erstaunt sein, wenn wir nicht verstehen, dass wir durch Gottes Gnade berufen werden, nicht durch unsere Fähigkeiten.

Die Gnade Gottes hat viele Facetten, wie wir in 1.Petrus 4,10 sehen: „Wie jeder eine Gnadengabe empfangen hat, so dient damit einander als gute Verwalter der verschiedenartigen Gnade Gottes!"

Gottes Gnade manifestiert sich in jedem von uns auf eine andere Art. Ich zum Beispiel bin in vielen Bereichen meines Lebens sehr diszipliniert. Ich bin auch davon überzeugt, dass ich das Geschenk der Selbstdisziplin brauche, um erfüllen zu können, wozu mich Gott berufen hat. Manchmal muss ich arbeiten, wenn andere ihre Freizeit genießen. Ich musste mich über die Jahre in Selbstdisziplin üben und mich Tausende von Stunden mit der Bibel beschäftigen, um die Schrift auch korrekt lehren zu können. Ich bin mir der Tatsache sehr bewusst, dass ich ständig meine Gefühle und mein Verhalten beherrschen muss, weil ich den Herrn und seinen Auftrag für mich liebe.

Mose durfte die Israeliten nicht ins Gelobte Land führen, weil er seinen Zorn nicht unter Kontrolle hatte (4.Mose 20,12; Psalm

106,32-33). In Jakobus 3,1-2 sagt uns die Bibel, dass Lehrer des Wortes strenger und nach einem höheren Standard als andere Menschen beurteilt werden: „Werdet nicht viele Lehrer, meine Brüder, da ihr wisst, dass wir ein schweres Urteil empfangen werden! Denn wir alle straucheln oft. Wenn jemand nicht im Wort strauchelt, der ist ein vollkommener Mann, fähig, auch den ganzen Leib zu zügeln."

Ich bin felsenfest davon überzeugt, dass ich nicht nur predigen darf, sondern auch als Vorbild vorangehen muss. Als Lehrerin muss ich ein Vorbild sein, dem andere folgen können. Ich habe, wie jeder andere auch, eine menschliche Natur, die nicht immer mit meinem Geist kooperieren will, deshalb muss ich mich in Selbstdisziplin üben. Das ist nicht immer einfach, aber dennoch fällt mir Selbstdisziplin wahrscheinlich leichter, als jemandem mit einer ganz anderen Persönlichkeitsstruktur, der demzufolge einen anderen Auftrag von Gott bekommen hat.

Gnade zeigt sich auf vielerlei Art und Weise in den Menschen, aber alles, was wir gut können oder worin wir Erfolg haben, entspringt der Gnade Gottes. Keiner von uns ist ein Alleskönner, und oft ist selbst das, worin wir begabt sind, fern jeder Perfektion.

Beispielsweise glaube ich, dass ich von Gott einen starken Willen mitbekommen habe, aber manchmal wird mir mein Wille zum schlimmsten Feind. Wenn ich durch ein „dunkles Tal" hindurchmuss, kommt er mir sehr zugute, aber er steht mir im Weg, wenn ich unbedingt etwas haben will, was Gott nicht bereit ist mir zu geben. Dasselbe gilt auch für meinen Mund. Mein Mund ist meine größte Gabe; er ist der Teil von mir, den Gott die ganze Zeit benutzt. Und doch war er in all den Jahren auch meine größte Schwachstelle, über die ich kontinuierlich beten muss.

Diese Dinge halten uns in der Abhängigkeit von Gott. Um unser Potenzial zu verwirklichen, müssen wir lernen, wie man Gnade, Gunst und Barmherzigkeit empfängt. Wir können etwas, von dem wir nicht einmal verstehen, was es ist, nicht empfangen. Wir müssen uns unbedingt bewusst sein, dass Gnade die unverdiente Güte Gottes ist, die wir durch unseren Glauben empfangen. Dieses Bewusstsein lässt uns in einer dankbaren Haltung leben.

Glaube an die Güte des Herrn

> Der Herr aber war mit Joseph und wandte sich ihm [in] Treue
> zu und gab ihm Gunst in den Augen des Obersten des Ge-
> fängnisses.   1. Mose 39,21

In der Bibel ist oft von Menschen die Rede, die Gottes Gunst empfingen. Da Gott die Person nicht ansieht (Apostelgeschichte 10,34),
dürfen auch wir glauben, dass Gott uns in unserem Leben Gutes
schenken und uns seine Gunst erweisen wird.

In 1. Mose 39 lesen wir, wie Joseph ungerechterweise angeklagt
und ins Gefängnis geworfen wurde. Doch der Herr war mit ihm und
schenkte ihm Gnade und Barmherzigkeit. Er gab ihm Gunst in den
Augen des Gefängniswärters, der Joseph zum Aufseher über das Gefängnis einsetzte. Joseph hatte in allem, was er tat, freie Hand, und
Gott schenkte Joseph sogar in dieser schlimmen Situation Erfolg.

Auch wir können die Gunst Gottes erleben, aber wie bei so
vielen guten Dingen im Leben bedeutet die pure Existenz von etwas
nicht, dass wir das auch automatisch bekommen. Der Herr hat uns
viele Dinge zur Verfügung gestellt, die viele von uns nie empfangen,
weil wir unseren Glauben auf diesem Gebiet nicht praktizieren.

Ich habe viel Güte und Gunst gebraucht, um mit meinem
Dienst heute da zu stehen, wo ich bin. Ich glaube, dass ich mein
Potenzial mit Erfolg ausgeschöpft habe, dass ich der Mensch bin, den
Gott sich gedacht hat, als er mich schuf – doch ohne Gottes Gunst
hätte ich das nie geschafft. Als wir beispielsweise 1993 begannen,
unsere Fernsehsendungen auszustrahlen, wusste praktisch niemand
auch nur von der Existenz Joyce Meyers. Ich wusste, dass wir viel
von Gottes Gunst brauchen würden, um Sendezeit bei den bekannten
Fernsehsendern zu bekommen. Ich wusste, dass Gott Türen für uns
öffnen musste. Ich war bereit, mutig durch sie hindurchzutreten, aber
Gott musste sie öffnen und mir nicht nur Gunst in den Augen der
Produzenten und Manager, sondern auch in den Augen des Publi-
kums geben.

Ich bin eher forsch und sage, was ich denke. Viele Leute können mit dieser Sorte Mensch nicht gut umgehen; ich wusste, dass ich
Gottes Gunst brauchen würde. Gott musste den Leuten mein Herz
zeigen und sie glauben lassen, dass ich ihnen helfen wollte.

Ich denke, dass wir alle Seiten an unserer Persönlichkeit haben, die Menschen abstoßen, deshalb ist das Gebet um Gunst eine gute Idee. Wenn Gott uns Gunst gibt, gewinnen wir Gunst in den Augen der Menschen – und oft können sie sich das selbst nicht erklären. Wenn sich drei Personen mit denselben Qualifikationen um eine Stelle bewürben, würde diejenige, die unter der Gunst Gottes steht, sie bekommen.

Gunst ist tatsächlich ein Teil der Gnade. Die Wörter Gnade und Gunst im Neuen Testament stammen beide vom griechischen Wort „charis" ab.[1] Die Gnade Gottes ist also Gottes Gunst. Und Gottes Gunst kommt aus Gnade. Ausgelöst durch unseren Glauben geschehen aus Gnade und Gunst Dinge in unserem Leben, die wir dringend nötig haben. Gott in seiner Macht tut etwas für uns, das wir uns weder verdienen können noch verdient haben.

Wenn wir jemanden bitten, uns einen Gefallen zu tun, ist dieser Gefallen etwas, was wir nicht verdient noch wofür wir bezahlt haben. Es ist vom Wohlwollen dieser Person abhängig, ob sie uns etwas Gutes tut.

Ester, Daniel und seine Freunde, Rut und sogar Jesus selbst empfingen Gottes Gunst, die dazu führte, dass sie in bestimmten Situationen akzeptiert statt abgelehnt wurden. Vielleicht wurden sie in bestimmten Dingen abgelehnt, aber nicht in dem, wozu Gott sie gesandt hatte.

Nicht überall, wo ich hinkomme, erlebe ich völlige Akzeptanz und Wohlwollen. Da geht es mir wie allen anderen auch. Doch was meinen Lehrauftrag betrifft habe ich viel Gunst erfahren. Ich wurde eingeladen, auf einigen der weltbesten Konferenzen zu sprechen, Seite an Seite mit großartigen Männern und Frauen Gottes, die ich bewundere und respektiere. Ich weiß, dass Gott mir hier seine Gunst erwiesen hat, und das ist für mich sehr kostbar.

Ester brauchte Gunst in den Augen des Königs. Sie war von Gott auserwählt, ihr Volk, das sich in großer Gefahr befand, zu retten. Sie ging im Glauben mutig Schritte, die sie von einem menschlichen Standpunkt aus wahrscheinlich nicht gegangen wäre. Gott gab ihr die Gunst, an die sie glaubte, und sie erfüllte die Berufung ihres Lebens.

Rut war eine Moabiterin. Ohne Gottes Gunst wäre sie nie von den Israeliten akzeptiert worden, weil die Moabiter Götzenanbeter waren. Gott gab ihr Gunst, weil sie ihn liebte und ihm vertraute. Sie tat nichts Besonderes, um sich Gottes Gunst zu verdienen, doch ihr Herz war rein vor Gott. Rut heiratete den Israeliten Boas, einen „angesehenen Mann" (Rut 2,1). Aus ihrem Stammbaum ging David hervor, von dem wiederum Jesus abstammte.

Ich denke, es ist offensichtlich, dass Gunst sehr wertvoll und wichtig ist, wenn wir unsere gottgegebene Bestimmung erfüllen wollen. Wir sollten regelmäßig um göttliche Gunst beten und erwarten, dass wir sie empfangen werden. Um ehrlich zu sein macht es auch einfach Spaß zu sehen, wie Gott uns in bestimmten Situationen seine Gunst erweist.

Ich weiß, dass auch dir Gott schon seine Gunst erwiesen hat, und bin mir sicher, dass du das sehr genossen hast. Ich möchte dich dazu ermutigen, deinen Glauben auf diesem Gebiet mehr als je zuvor freizusetzen. Hab keine Angst davor, Gott um seine Gunst zu bitten.

Ich glaube, dass es viele Dinge gibt, die Gott für uns tun würde, wenn wir kühn genug wären, ihn darum zu bitten. Kühnheit im Gebet kann ohne ein Verständnis von Gnade aber nicht zustande kommen. Wir machen alle Fehler, und die Antwort darauf sollte Strafe, nicht Gnade sein. Genau darum braucht es Kühnheit, im Gebet zu Gott zu kommen und ihn erst um Vergebung und dann um Gnade zu bitten. Vergebung löscht unsere Sünden aus und Gnade segnet uns, obwohl wir das nicht verdient haben. Vergebung ist ein Ausdruck der Gnade Gottes. Er vergibt uns, weil er gnädig und langmütig ist.

Erbarmen! Erbarmen! Erbarmen!

> Ja, die Gnadenerweise des Herrn sind nicht zu Ende, ja, sein Erbarmen hört nicht auf, es ist jeden Morgen neu. Groß ist deine Treue.   Klagelieder 3,22-23

Ich sage oft: „Es ist gut, dass Gottes Erbarmen jeden Morgen neu ist, weil ich den gestrigen Vorrat komplett aufgebraucht habe!"

„Erbarmen" ist ein anderes Wort, das in enger Beziehung zu „Gunst" und „Gnade" steht und zu einem gewissen Grad mit diesen austauschbar ist. In Noah Websters „American Dictionary of the English Language" von 1828 wird „Erbarmen" wie folgt definiert:

„Das Wohlwollen, die Milde oder Güte des Herzens, die eine Person
dazu bringen, über Verletzungen hinwegzusehen oder einen Straftäter
besser zu behandeln, als er es verdient; die Einstellung, die Gnade
vor Recht ergehen lässt und einen Menschen dazu bringt, Schuld zu
vergeben bzw. die von Rechts wegen vorgesehene Strafe auszusetzen
oder zu vermindern. In diesem Sinne gibt es in unserer Sprache
vielleicht kein Synonym für ‚Erbarmen‘. ‚Gnade‘ kommt ihm am
nächsten. ‚Gnade‘ impliziert Wohlwollen, Güte, Milde und Mitleid
gegenüber dem Straftäter. ‚Erbarmen‘ aber ist eine Eigenschaft des
Höchsten (Gottes).“[2]

Ich weiß nicht, wie es dir geht, aber ich bin unsagbar froh über
Gottes Erbarmen. Ich will mir gar nicht ausmalen, wo ich heute ohne
es wäre. Ganz sicher an keinem angenehmen Ort.

Wir alle haben Strafe verdient, aber Gott erbarmt sich unser.
Was für einem wunderbaren Gott wir doch dienen! Die Psalmen sind
voll von der Gnade und dem Erbarmen Gottes. Psalm 107,1 ist hierfür
ein Beispiel: „Preist den Herrn, denn er ist gut, denn seine Gnade
[währt] ewig!“

David liebte den Herrn sehr, und dennoch machte er schwerwie-
gende Fehler. Er wurde von seiner Leidenschaft überwältigt, beging
Ehebruch und tötete deswegen einen Mann. Ich glaube, dass David
so viel vom Erbarmen Gottes sprach, weil er es hautnah erlebt hatte.

Gottes Gnade vergibt und heilt, und nur ein Mensch wie David,
der sich selbst ehrlich beurteilt hat, kann sagen: „Preist den Herrn,
denn er ist gut, denn seine Gnade [währt] ewig!“

Gnade und Dienst

> Paulus aber wählte sich Silas und zog aus, von den Brüdern der
> Gnade Gottes befohlen. Er durchzog aber Syrien und Zilizien
> und stärkte die Gemeinden.   Apostelgeschichte 15, 40-41

Aus dieser Bibelstelle ist es offensichtlich, dass die Gläubigen der
frühen Gemeinden wussten, dass der Erfolg ihres Dienstes von Gottes Gnade, Gunst und Erbarmen abhängig war. Es täte uns in unseren Diensten gut, uns daran zu erinnern. Wir machen viel größere
Fortschritte, wenn wir uns von Gott abhängig machen, als wenn wir

uns auf unsere eigenen guten Werke verlassen, um uns so seine Hilfe *zu verdienen.*

Unsere Dienste wachsen und gedeihen nicht deshalb, weil wir so gut sind, sondern weil Gott es ist. Er ist durch und durch gut, aber wir müssen mit Paulus sagen: „Ich weiß, dass in mir, das ist in meinem Fleisch, nichts Gutes wohnt …" (Römer 7,18)

Als Diener des Evangeliums von Jesus Christus müssen wir barmherzig sein, aber das können wir nur, wenn wir unsere eigene Abhängigkeit von Gottes Erbarmen erkannt haben und uns darin geübt haben, es zu empfangen. Es sind unsere eigenen Schwächen und Fehler, die uns mit den Schwachen Mitleid haben lassen.

Ich bin mir sicher, dass ich von allen anderen Perfektion erwarten würde, wenn ich selbst perfekt wäre. Wenn ich an plötzlichem Gedächtnisschwund bezüglich meiner Schwächen leide, bin ich manchmal zu hart zu anderen. Dann muss Gott mich wieder an meine Fehler und Makel erinnern. Es ist so seine Art, im Hintergrund zu bleiben und es zuzulassen, dass wir in genug Schwierigkeiten geraten, damit wir demütig und somit für ihn von Nutzen bleiben. Er nimmt sich zurück und lässt unsere Schwächen zutage treten, damit wir auf ihn und nicht auf uns vertrauen.

Um das zu unterstreichen, lies 2. Korinther 1,8-9:

> Denn wir wollen euch nicht in Unkenntnis lassen, Brüder, über unsere Bedrängnis, die uns in Asien widerfahren ist, dass wir übermäßig beschwert wurden, über Vermögen, so dass wir sogar am Leben verzweifelten. Wir selbst aber hatten in uns selbst [schon] das Urteil des Todes erhalten, damit wir nicht auf uns selbst vertrauten, sondern auf Gott, der die Toten auferweckt.

Jesus selbst hat uns gelehrt, wie wichtig es ist, barmherzig zu sein, als er zu den religiösen Führern seiner Zeit sagte: „Geht aber hin und lernt, was das ist: ‚Ich will Barmherzigkeit und nicht Schlachtopfer.' Denn ich bin nicht gekommen, Gerechte zu rufen, sondern Sünder." (Matthäus 9,13)

Im Alten Bund mussten die Menschen Schlachtopfer für ihre Sünden darbringen. Hier führt Jesus den Neuen Bund ein, der Freiheit von dieser Praxis verheißt. Jesus wurde das perfekte und letzte Opfer für alle, die an ihn glauben, und er möchte, dass wir seine Vergebung für unsere Sünden empfangen und unsererseits denen gnädig sind, die versagen.

Das bedeutet nicht, dass Sünde keine Korrektur oder Strafe nach sich zieht, aber Gott versucht immer, uns durch seine Liebe und sein Erbarmen zurechtzubringen, bevor er härter mit uns umspringt. Wenn wir an unsere eigenen Kinder denken, können wir dieses Prinzip besser verstehen.

Ich habe schon oft Folgendes erzählt: „Zuerst rede ich mit meinen Kindern. Hören sie auf mich, ist alles gut. Hören sie nicht auf mich und geraten in Schwierigkeiten, lasse ich Gnade walten und sag's ihnen noch einmal. Und manchmal noch einmal und noch einmal. Aber irgendwann, wenn sie mir nicht gehorchen, greife ich ein. Ich tue das nicht, weil es mir Spaß macht, sondern weil ich ihnen helfen möchte."

Sturheit lohnt sich nicht. Umzukehren und Gottes Gnade zu empfangen ist viel besser, als seine Strafe erdulden zu müssen.

Ich habe diese Vorgehensweise auch auf unsere Angestellten und andere Menschen, die wir anleiten, übertragen. Immer lasse ich zuerst Gnade walten, und das manchmal für eine relativ lange Zeit, aber ich weiß auch, wann ich konsequent werden muss.

Manche Menschen wissen das Erbarmen Gottes nicht zu schätzen, bis sie nicht ein Stück seines Zorns zu spüren bekommen haben. Gott ist nie zornig auf seine Kinder, sondern immer zornig auf die Sünde in ihrem Leben. Er hasst die Sünde, und wir müssen lernen, es auch zu tun.

Wie Gott müssen wir Sünde hassen, doch den Sünder lieben.

Vielleicht hast du einen Ruf in den vollzeitlichen Dienst, oder du bist jemand, der in seinem Alltag anderen dienen und so die Liebe Gottes weitergeben möchte. Wenn dem so ist, kann ich nicht genug betonen, wie wichtig es ist, dass du es lernst, Erbarmen zu empfangen und weiterzugeben. Denk daran: Was du nicht hast, kannst du nicht weitergeben.

Wenn wir nicht Gottes Erbarmen über unser Versagen empfangen, werden wir keines haben, das wir weitergeben können, wenn andere uns enttäuschen. Wir können Menschen nicht mit Hartherzigkeit, Gesetzlichkeit, Strenge und Unbeugsamkeit auf ihrem Weg zu einer kraftvollen Beziehung mit dem Herrn anleiten. Wir müssen ihnen zeigen, dass der Gott, dem wir dienen, gnädig, geduldig und langmütig ist.

Gott ist Liebe, und alle diese Dinge, über die wir hier sprechen, sind Facetten seiner Liebe. In der Liebe zu leben ist die Berufung eines jeden Glaubenden. Ohne diese Liebe können wir Gott nicht wirklich dienen.

Keiner, der die Liebe Gottes nicht widerspiegelt, kann einen guten Dienst tun. Wir können auch unser Vertrauen nicht auf etwas setzen, das wir nicht kennen. Gottes Gnade, Gunst und Erbarmen standen mir mein Leben lang zur Verfügung, aber ich fing erst an, sie zu empfangen, als ich jenseits der Vierzig war. Ich konnte sie nicht empfangen, weil ich sie nicht kannte und nicht einmal wirklich an sie glaubte.

Es ist mein Gebet, dass dieses Kapitel dir geholfen hat, die Worte „empfangen", „Gnade", „Gunst" und „Erbarmen" besser zu verstehen. Wenn du sie wirklich verstehst, werden sie dir Kraft für deinen Dienst für Gott und dein Leben schenken.

9. Glauben und Empfangen

Dem Glaubenden ist alles möglich.

Markus 9, 23

In gewisser Weise sind „empfangen" und „glauben" Synonyme. Wir können nichts empfangen, an das wir nicht glauben.

Im Reich Gottes empfangen wir etwas in unsere Herzen hinein, wenn wir an es glauben. Wenn ein physischer Beweis nötig ist, werden wir ihn bekommen, nachdem wir geglaubt haben, nicht vorher. Die Welt lehrt uns zu glauben, was wir sehen. In Gottes Reich müssen wir lernen, erst zu glauben, und dann werden wir sehen, was wir geglaubt (empfangen, in unserem Herzen angenommen) haben.[1]

Ich weiß aus der Schrift, dass Gott für jeden von uns einen Plan hat. Vor einigen Jahren begann ich, daran mit aller Kraft zu glauben, und jetzt erlebe ich, dass es stimmt. Der gute Plan für mich lag schon immer vor mir ausgebreitet, aber für den Großteil meines Lebens glaubte ich nicht daran – also empfing ich ihn auch nicht.

Der Herr möchte jede negative Erfahrung unseres Lebens nehmen und sie in etwas Positives verwandeln, wenn wir nur daran glauben.

Glauben ist Empfangen!

Der Geist des Herrn, Herrn, ist auf mir; denn der Herr hat mich gesalbt. Er hat mich gesandt, den Elenden frohe Botschaft zu bringen, zu verbinden, die gebrochenen Herzens sind, Freilassung auszurufen den Gefangenen und Öffnung des Kerkers den Gebundenen, auszurufen das Gnadenjahr des Herrn und den Tag der Rache für unsern Gott, zu trösten alle Trauernden, den

> Trauernden Zions [Frieden], ihnen Kopfschmuck statt Asche zu
> geben, Freudenöl statt Trauer, ein Ruhmesgewand statt eines
> verzagten Geistes, damit sie Terebinthen der Gerechtigkeit ge-
> nannt werden, eine Pflanzung des Herrn, dass er sich [durch sie]
> verherrlicht.   Jesaja 61,1-3

Über die Jahre hinweg habe ich Bibelstellen wie die obige und viele
andere in meinem Herzen festgehalten. Meine Erfahrung ist, dass
Lebensumstände vom Negativen ins Positive gewandelt werden,
wenn man fest an Gottes Wort glaubt. Mir sind eine Menge schlechter Dinge widerfahren und Satan benutzte sie, um mich dem Leben
und den Menschen gegenüber zu verbittern. Ich war in meiner Vergangenheit gefangen, weil ich nicht glaubte, dass ich eine Zukunft
hatte. Als ich begann zu glauben, wurde ich frei von der Vergangenheit und machte Fortschritte in Richtung der guten Zukunft, die Gott
für mich im Sinn hatte. Nicht alles manifestierte sich in meinem
Leben sofort, aber mein Glaube erneuerte meine Hoffnung, die mich
Tag für Tag aufrechterhielt. Langsam aber sicher sah ich Veränderungen in meinem Leben und jeder Tag ermutigte mich, noch mehr
zu glauben.

Glauben ist der Schlüssel zum Empfangen von Gott!

Egal, was dir in der Vergangenheit widerfahren ist, wenn du
glaubst, kannst du die gute Zukunft empfangen, die für dich in Jesus
Christus bereitet ist, der kam, um den Willen seines himmlischen
Vaters zu tun.

Christus in euch,
die Hoffnung der Herrlichkeit

> Ihr Diener bin ich geworden nach der Verwaltung Gottes, die
> mir im Blick auf euch gegeben ist, um das Wort Gottes zu
> vollenden, das Geheimnis, das von den Weltzeiten und von
> den Geschlechtern her verborgen war, jetzt aber seinen Heili-
> gen geoffenbart worden ist. Ihnen wollte Gott zu erkennen
> geben, was der Reichtum der Herrlichkeit dieses Geheimnisses

unter den Nationen sei, und das ist: Christus in euch, die
Hoffnung der Herrlichkeit.   Kolosser 1,25-27

Du und ich, wir können die Herrlichkeit Gottes in unserem Leben nur
erfahren, weil Christus in uns ist. Er ist unsere Hoffnung, dass wir
Gutes und Besseres sehen werden.

Die Herrlichkeit Gottes ist Ausdruck seiner Majestät. Als Kinder Gottes haben wir das mit Blut erkaufte Recht, das Beste, was Gott
für uns geplant hat, in Anspruch zu nehmen. Satan kämpft entschlossen gegen den Plan Gottes für unser Leben an, und seine liebste
Waffe dabei ist die Täuschung. Wenn wir getäuscht werden, glauben
wir etwas, was nicht stimmt. Selbst wenn es nicht wahr ist, halten wir
es dafür, weil wir daran glauben.

Wenn wir auf uns und unsere Fähigkeiten schauen, wollen wir
uns oft geschlagen geben, aber uns daran zu erinnern, dass Christus
in uns ist, gibt uns Hoffnung, dass wir die Herrlichkeit sehen werden!
Wir haben so genug Hoffnung, um den guten Weg des Glaubens
weiterzugehen. Wie begrenzen uns selbst, wenn wir nur auf uns und
nicht auf Jesus schauen.

In Johannes 11,40 sagt Jesus zu Marta: „Habe ich dir nicht
gesagt, wenn du glaubtest, so würdest du die Herrlichkeit Gottes
sehen?" Der Herr hat seine Gemeinde zur Herrlichkeit bestimmt. Er
kommt zurück auf die Erde wegen einer Gemeinde, in der er sich
selbst verherrlicht hat (Epheser 5,27). Wir können hervorragende
Menschen mit einer hervorragenden Lebenseinstellung, hervorragenden Gedanken und Worten sein. Gottes Herrlichkeit kann sich in uns
widerspiegeln, aber nur wenn wir glauben, dass das möglich ist.

Gott sucht jemanden, der glaubt und empfängt. Beginne damit,
mehr von seiner Herrlichkeit in deinem Leben zu erwarten. Er wartet
darauf, sich in dir und an dir verherrlichen zu können.

Gottes Kraft empfangen

Es soll niemand vor dir standhalten [können], alle Tage deines
Lebens. Wie ich mit Mose gewesen bin, werde ich mit dir sein;
ich werde dich nicht aufgeben und dich nicht verlassen.

                                        Josua 1,5

Ich denke oft an Josua und wie er sich wohl gefühlt hat, als Gott ihm sagte, dass er Moses Platz einnehmen und die Israeliten ins Gelobte Land führen sollte. Mose war ein großartiger Anführer. Wer würde in seine Fußstapfen treten wollen?

Gott sagte Josua, dass er Erfolg haben würde, nicht, weil er von Natur aus so begabt war, sondern weil er, Gott, mit ihm sein würde. Mose war auch nur erfolgreich, weil Gott mit ihm gewesen war. Gott sagte Josua, dass das auch für ihn gelte, wenn er glaubte. Gott ermutigte Josua, stark und mutig zu sein, zuversichtlich und nicht ängstlich. Mit anderen Worten: Gott sagte Josua, dass er *glauben* sollte!

Gott verlangt von uns, dass wir unser Vertrauen auf ihn setzen und glauben, dass wir alles tun können, was er uns aufträgt. Er ist mächtig, uns zu stützen und aufrechtzuerhalten. Er wird uns unterstützen und vor dem Versagen bewahren.

Gottes Kraft steht uns frei zur Verfügung. Wir empfangen sie, indem wir an sie glauben und an das Versprechen Gottes, dass er sie uns geben wird. Wenn wir glauben, dass wir schwach sind, werden wir nur Schwäche zeigen, aber die Bibel sagt:

„Der Schwache sage: Ich bin ein Held!" (Joel 4,10)

Wenn wir mit Überzeugung im Herzen sagen können, dass wir stark sind, obwohl wir aus uns selbst schwach sind, wird der Herr in uns stark sein – wir werden als siegreiche Christen leben!

Die Glaubenden sind zum Glauben da!

Alles vermag ich in dem, der mich kräftigt.   Philipper 4,13

Ich liebe Philipper 4,13. Viele Male im Leben hat mich dieser Vers ermutigt. Ich habe gelernt zu glauben (d.h. zu vertrauen), dass ich für alles gerüstet bin, was mir begegnet – durch Christus, der mir Kraft gibt, wenn ich sie brauche.

Nur weil wir uns nicht stark *fühlen*, wenn wir an eine bestimmte Situation denken, heißt nicht, dass wir nicht stark *sind*, wenn wir es sein müssen. Gottes Stärke wird uns aus Gnade durch unseren Glauben zuteil, aber nur selten gibt er uns die Kraft, die wir brauchen, bevor wir sie wirklich benötigen. Hier müssen wir ihm vertrauen; das ist unser Anteil am Unternehmen. Gott verlangt von uns, dass wir ihm vertrauen, und wenn wir es tun, übernimmt er den Teil, den wir nicht allein tun können.

Wenn wir morgens aufwachen, wissen wir nicht, was uns der Tag bringen wird. Wir alle hoffen auf gute und unbeschwerte Tage, an denen all unsere Bedürfnisse uns Sehnsüchte erfüllt werden. Aus Erfahrung wissen wir jedoch, dass das nicht immer der Fall ist. Wir leben in einer realen Welt mit realen Problemen. Unser Feind, der Teufel, ist real, und er wirkt durch jeden, dessen er habhaft werden kann, um Entmutigung, Angst und Versagen in unser Leben zu bringen, weil wir zu Gott gehören und ihm vertrauen.

Gott ist unsere Zuflucht und unsere Burg

Ich sage zum Herrn: Meine Zuflucht und meine Burg, mein Gott, ich vertraue auf ihn! Du fürchtest dich nicht vor dem Schrecken der Nacht, vor dem Pfeil, der am Tag fliegt, vor der Pest, die im Finstern umgeht, vor der Seuche, die am Mittag verwüstet. *Psalm 91,2.5-6*

Psalm 91 lehrt uns, dass wir vor Überraschungsangriffen des Teufels keine Angst haben müssen, wenn wir auf Gott vertrauen. Egal, was uns passieren wird, wir sollten *jetzt glauben*, dass wir uns Bösem stellen können, wenn es uns trifft. Wenn wir Gott vertrauen, wird er uns Kraft geben, und wir werden nicht besiegt werden.

Wir müssen uns bewusst machen, dass wir für alles gerüstet sind, uns allem stellen können durch Christus, der uns innere Kraft gibt. Innere Kraft ist tatsächlich wertvoller als äußerliche Kraft; wir müssen uns innerlich gegen die Lügen Satans zur Wehr setzen.

Paulus betete für die Gemeinde in Ephesus, dass die Glaubenden dort am inneren Menschen gestärkt würden. Er wusste, dass sie jeder äußerlichen Widrigkeit gegenübertreten und jede ihrer Aufgaben erfüllen könnten, wenn sie innerlich stark wären.

Hoffe auf den Herrn

> Aber die auf den Herrn hoffen, gewinnen neue Kraft: Sie heben
> ihre Schwingen empor wie die Adler, sie laufen und ermatten
> nicht, sie gehen und ermüden nicht.   Jesaja 40,31

Jesaja lehrt uns, auf den Herrn zu hoffen, das heißt, auf ihn zu warten,
wenn wir neue Kraft brauchen. Auf Gott warten bedeutet, Zeit mit
ihm zu verbringen – in seinem Wort und in seiner Gegenwart.

Es gibt Menschen, aus deren purer Gegenwart wir schon Kraft
ziehen. Allein wie sie reden und dem Leben gegenüberstehen, baut
uns auf, wenn wir entmutigt sind oder uns mies fühlen. Und es gibt
Menschen, die uns ständig runterziehen. Bei ihnen hat irgendwie
alles einen negativen Touch.

Wenn wir Kraft brauchen, sollten wir Zeit mit Gott und mit
Menschen, die mit seinem Geist gefüllt sind, verbringen. Zeit in
Gottes Gegenwart zu verbringen, ist wie in einem Zimmer voll
lieblicher Düfte zu sitzen. Wenn wir lange genug dort sitzen, werden wir den Duft mit uns nehmen, wenn wir wieder gehen. Er wird
sich in unserer Kleidung, in unseren Haaren und sogar in unserer
Haut festsetzen.

Mose war ein Mann des Gebets; er verbrachte viel Zeit in der
Gegenwart Gottes. Er wusste, dass er jämmerlich versagen würde,
wenn Gott ihm nicht beistünde. Weil Mose treu den Herrn suchte,
gab ihm Gott eine mutmachende Botschaft: „Mein Angesicht wird
[mit]gehen und dich zur Ruhe bringen." (2. Mose 33,14)

Mose sah sich vielen Feinden gegenüber und sollte obendrein
Gottes Volk durch die Wüste ins Gelobte Land bringen. Das Ausmaß
einer solchen Aufgabe können wir uns sicher nur schwer vorstellen.
In der Wüste mit Millionen von Israeliten, die sich ständig beklagten
und über Mose beschwerten. Das war eigentlich eine perfekte Voraussetzung dafür, dass Mose seinen inneren Frieden und die Geduld
verlöre. Doch Gott sagte ihm, dass er mit ihm sein und ihm Ruhe
schenken würde. Mose vertraute Gott und empfing deshalb, was Gott
versprochen hatte. Ich bin mir sicher, dass sein Glaube auch öfter auf
die Probe gestellt wurde, dass es Zeiten gab, wo es nicht so aussah
oder sich so anfühlte, als sei Gott mit ihm.

Nach Hebräer 11,1 ist Glaube eine Verwirklichung dessen, was man hofft, aber nicht sieht. Immer noch staune ich darüber, wie schnell sich bei mir eine negative in eine positive Einstellung verwandeln kann, wenn ich korrigiere, woran ich glaube.

Wir können Dinge von Satan empfangen, wenn wir glauben, was er sagt, oder von Gott, wenn wir seinem Wort glauben. Wir alle glauben an irgendetwas, warum also nicht an etwas Gutes?

Denke immer daran, dass es *nichts kostet zu glauben!* Probiere es aus, du wirst sehen, wie sich dein Leben auf eine erstaunliche Art und Weise verändert.

Brauchst du eine „Rundumerneuerung"?

Glücklich ist der Mensch, dessen Stärke in dir ist, in dessen Herz gebahnte Wege sind! Sie gehen durch das Tränental und machen es zu einem Quellort. Ja, mit Segnungen bedeckt es der Frühregen. Sie gehen von Kraft zu Kraft. Sie erscheinen vor Gott in Zion.

Psalm 84,6-8

Wenn unsere Stärke in Gott ist, können sich sogar die Tränentäler unseres Lebens in Segen verwandeln. Darum müssen wir unsere Herzen und Sinne auf ihn ausrichten und nicht auf die äußeren Umstände.

Es ist gut, wenn wir gelegentlich eine Inventur unserer Gedanken vornehmen. Es kann sein, dass wir unsere Freude verloren haben und nicht wissen, warum.

Ich habe entdeckt, dass ich, wenn ich unglücklich bin, dazu tendiere, dafür einem Umstand oder einer Person in meinem Leben die Schuld zu geben. Ich denke dann, dass mir diese Person nicht das gibt, was ich brauche. Dieses falsche Denken kann dazu führen, dass wir wieder und wieder um dasselbe Gebirge herumziehen und Gottes Verheißungen keinen Schritt näherkommen. (5. Mose 2,3)

In den allermeisten Fällen bin ich unglücklich, weil sich bei mir falsche Gedanken eingeschlichen haben. Selbst in unglücklichen Umständen kann ich glücklich sein, wenn ich die richtige Einstellung habe. Wenn Menschen mir nicht geben, was ich brauche, kann ich entweder böse auf sie sein oder mich an Gott wenden, damit er meinen Mangel ausfüllt.

Satan will, dass wir denken, dass nichts sich jemals zum Guten wandelt, dass alles immer nur schlechter wird. Er möchte, dass wir uns an jede Enttäuschung unseres Lebens erinnern und daran denken, wie ungerecht wir behandelt wurden. Wir werden unsere Bestimmung absolut nicht erfüllen können, wenn wir kein richtiges Denken haben.

Lass dein Denken nicht von der Vergangenheit beeinflusst sein, lass es vom Wort Gottes beeinflusst sein.

Was du glaubst, bestimmt darüber, ob Gottes Fülle in deinem Leben zum Ausdruck kommen wird.

Viel zu viele Menschen leben ein leeres und dürres Leben.

Gott hat Zufriedenheit, Fülle und Vollkommenheit für uns im Sinn. Ich fühlte mich nie ausgefüllt oder heil, bis ich tat, was Gott mir aufgetragen hatte. Fülle erleben wir nur im Zentrum von Gottes Willen. Wenn wir uns nicht durch richtiges Denken mit Gott eins machen, werden wir nie Fortschritte auf dem Weg zur Erfüllung unserer Bestimmung machen.

Du brauchst einen Traum!

Wenn keine Offenbarung da ist, verwildert ein Volk; aber wohl ihm, wenn es das Gesetz beachtet!   Sprüche 29,18

Die mit einer traurigen Vergangenheit müssen an eine strahlende Zukunft glauben können. Der Verfasser des Buches der Sprüche sagt uns, dass Menschen ohne Vision zugrunde gehen.

Eine Vision ist etwas, das wir vor unserem inneren Auge haben. Eine Vision kann uns entweder von Gott auf übernatürliche Weise geschenkt werden oder sie umfasst Pläne und Vorstellungen, die wir gern verwirklichen würden. Visionen schließen auch das ein, was wir über uns selbst, unsere Vergangenheit und unsere Zukunft denken. Erinnere dich daran, was ich eben gesagt habe: *Es kostet nichts, zu glauben.*

Manche Menschen haben Angst davor, zu glauben. Sie befürchten, dass sie eine Enttäuschung erleben werden. Sie haben nicht begriffen, dass sie ständig enttäuscht werden, wenn sie *nicht* glauben.

Ich denke, dass ich besser dran bin, wenn ich auf viel hoffe und davon die Hälfte bekomme, als wenn ich gar nichts erwarte und davon 100 Prozent erhalte.

Ich ermutige dich dazu, Gutes zu erwarten. Glaube, dass du dein Leben meistern kannst – durch Christus. Gib nicht so schnell auf. Lass deinen Glauben zum Himmel aufsteigen. Gehe schöpferisch mit deinen Gedanken um! Mach eine Inventur dessen, worauf du in der letzten Zeit gehofft und gewartet hast, woran du glaubst. Eine ehrliche Antwort hilft dir vielleicht zu verstehen, warum du nicht empfängst, was du gern empfangen möchtest.

10. Innerlich aufstehen

Ich habe den guten Kampf gekämpft, ich habe den Lauf vollendet, ich habe den Glauben bewahrt.   2.Timotheus 4,7

Einmal hörte ich eine Geschichte über einen kleinen Jungen, der mit seiner Mutter den Gottesdienst besuchte. Er stand ständig zur unpassenden Zeit auf. Seine Mutter sagte ihm immer wieder, dass er sich hinsetzen solle, und letztendlich wurde sie ärgerlich: „Wenn du dich jetzt nicht sofort hinsetzt, wirst du großen Ärger bekommen, wenn wir zu Hause sind!" Der Junge sah sie an und sagte: „Okay, ich setze mich hin, aber innerlich stehe ich immer noch auf!"

Mir scheint, dass es immer jemanden in unserem Leben gibt, der möchte, dass wir uns bitte hinsetzen. Uns wird gesagt, dass wir keinen Aufruhr verursachen sollen, nicht gehört oder gesehen werden sollten. Wir sollen einfach nicht aus der Reihe tanzen, das Spiel mitspielen, was sich andere ausgedacht haben und unsere eigenen Pläne vergessen.

Über die Jahre hinweg versuchten viele Menschen, mich von meiner Berufung abzuhalten. Es gab diejenigen, die nicht verstanden, was ich tat, und warum ich es tat und die mich deswegen falsch beurteilten. Es gab Zeiten, wo mich ihre Kritik dazu brachte, mich „hinsetzen" und meine göttliche Vision vergessen zu wollen. Es gab die, denen es peinlich war, eine „Predigerin" in der Verwandtschaft oder im Freundeskreis zu haben; sie wollten, dass ich mich „hinsetzte", damit ihr Ruf und ihr Ansehen nicht litt. Viele lehnten mich ab, und der Schmerz darüber brachte mich in Versuchung, mich wieder brav in den Strom einzuordnen und mitzuschwimmen.

Aber ich hatte einen großen Gott, der in mir aufstand – mich „hinzusetzen" kam für mich nicht in Frage. Gott brachte mich dazu, innerlich stehen zu bleiben und entschlossen vorwärts zu gehen – egal, was andere dachten, sagten oder taten. Das war nicht immer einfach, doch ich habe gelernt, dass es schlimmer ist, frustriert und unausgefüllt zu sein, weil man den Willen Gottes nicht tut, als sich durch Widerstand hindurchzukämpfen.

Innerlich aufzustehen bedeutet nicht, dass wir eine rebellische oder gar aggressive Haltung denen gegenüber haben, die uns nicht verstehen. Es bedeutet, eine stille innere Sicherheit zu haben, die uns über die Ziellinie trägt. Es ist die innere Überzeugung, dass ungeachtet der äußeren Umstände alles gut gehen wird, weil Gott mit uns ist und durch ihn alle Dinge möglich sind.

Um unser Potenzial zu verwirklichen, müssen wir Gott bis zum Ende unseres Weges vertrauen. Wir dürfen nie aufgeben.

Ich glaube, dass es nur wenige Menschen gibt, die ihr Potenzial wirklich voll und ganz ausschöpfen. Zu viele Dinge hindern uns daran. Es ist leicht, besiegt zu werden. Diejenigen jedoch, die entschlossen sind, innerlich stehen zu bleiben, egal, was passiert, werden das Ziel erreichen! Sie können mit Jesus zum Vater sagen: „Ich habe dich verherrlicht auf der Erde; das Werk habe ich vollbracht, das du mir gegeben hast, dass ich es tun sollte. Und nun verherrliche du, Vater, mich bei dir selbst." (Johannes 16,4-5)

Zwei Dinge, die den Glauben abnehmen lassen

> Christus aber [war treu] als Sohn über sein Haus. Sein Haus sind wir, *wenn* wir die Freimütigkeit und den Ruhm der Hoffnung bis zum Ende standhaft festhalten.   Hebräer 3,6

Ich habe das Wörtchen „wenn" hervorgehoben, weil wir dem „wenn" in der Bibel oft zu wenig Beachtung schenken. Aus Bibelversen wie diesem erkennen wir, was Gott tun wird, *wenn* wir tun, was von uns verlangt wird.

Wir haben das herrliche Privileg, zum Haus Gottes zu gehören, *wenn* wir an unserem Glauben bis zum Ende festhalten. Zum Altar zu gehen und um Vergebung für Sünden zu bitten, ist erst der Anfang unseres Weges mit ihm; wir müssen standhaft im Glauben sein – wir müssen fest auf Gott vertrauen!

Vertrauen und Glauben sind eigentlich Synonyme; manchmal kann man die beiden Wörter einfach austauschen, ohne dass sich der Sinn einer Aussage verändert. Ich könnte eine lange, umständliche Definition von Glaube anbringen, aber es genügt zu sagen, dass Glaube Vertrauen in Gott bedeutet. Einfach ausgedrückt ist Glaube das Wissen, dass Gott etwas tun wird, von dem er versprochen hat, dass er es tut. Vielleicht sehen wir nicht sofort Veränderung, aber *wenn* wir an unserem Vertrauen zu ihm festhalten, wird er es zu seiner Zeit erledigen.

Es gibt nur zwei Dinge, die unseren Glauben verschwinden lassen können. Eines ist die Manifestierung dessen, was wir geglaubt haben, das andere die Manifestierung von Zweifeln und Unglauben. Wenn wir das sehen, woran wir geglaubt haben, brauchen wir den Glauben nicht länger. Aber auch Zweifel und Unglauben, die sich manifestieren, wenn wir die Lügen Satans glauben, zerstören unseren Glauben.

Deshalb darf unser Glaube nicht aufhören, auch wenn es scheint, dass alles und jeder gegen uns ist. In Christus können wir innerlich standhaft bleiben, weil wir wissen, dass unser wahres Leben in uns ist und nicht von Personen oder Umständen abhängt.

Vertraue auf Gott, nicht auf Menschen!

> Denn *wir* sind die Beschneidung, die wir im Geist Gottes dienen und uns in Christus Jesus rühmen und nicht auf Fleisch vertrauen.   Philipper 3,3

Vertrauen in Gott ist etwas völlig anderes als Selbstvertrauen. Wie ich schon erklärt habe, sollen wir Glaubenden kein Vertrauen auf Menschen und Menschliches setzen. In meinem Dienst ist es mein Ziel, das Selbstvertrauen der Menschen so weit zu „zerstören", bis ihr Vertrauen in Christus und nur in ihm begründet liegt. Gott widersetzt sich unserer unabhängigen Haltung und wird nicht ruhen, bis sie ganz verschwunden ist.

Wir sollen eine Einstellung des Triumphes haben, aber die kann nur aus Christus kommen.

Triumph in Christus

> Gott aber sei Dank, der uns allezeit im Triumphzug umherführt in Christus und den Geruch seiner Erkenntnis an jedem Ort durch uns offenbart!   2. Korinther 2,14

Wie wir in Kapitel fünf gesehen haben, sind wir laut Römer 8,37 mehr als Überwinder in Christus. Ich glaube, dass wir mehr als Überwinder sind, wenn wir schon wissen, dass wir den Sieg errungen haben, bevor der Kampf überhaupt losgeht. Diese Art von Vertrauen ist eine innere Sicherheit, die nicht in uns, sondern in Gott, der in uns lebt, begründet ist.

Meinem Mann Dave machen ungünstige Umstände keine Angst. Er wird nicht panisch und ändert seine Position auch nicht. Er hat das stille Vertrauen, dass Gott sich um alles kümmern wird, *wenn* wir an unserem Vertrauen zu ihm festhalten. Dave hat diese innere Einstellung des Triumphes, diese Mehr-als-ein-Überwinder-Haltung. Er ist ein Mann, der innerlich stehen bleibt, egal, was ihm an äußerlichen Widrigkeiten begegnet.

Über die Jahre hinweg habe ich ihn in vielen verschiedenen Situationen beobachtet, und er hat alle auf dieselbe Art gemeistert. Er wirft seine Sorgen auf Gott und vertraut und glaubt, dass denen, die Gott lieben, alle Dinge zum Besten dienen werden (Römer 8,28). Wenn ihm etwas misslingt, wenn ihn jemand ablehnt, wenn jemand unseren Dienst kritisiert oder verurteilt, wenn wir finanzielle Sorgen haben oder sogar wenn wir in unserer Beziehung Probleme haben, bewahrt er sich dieses stille Vertrauen, dass am Ende alles gut werden wird.

Kürzlich redete ich mit einer Freundin, die sich fast ihr ganzes Leben lang Sorgen um ihre zwei Kinder machte. Das eine Mädchen ist seit ein paar Jahren glücklich verheiratet; die andere Tochter wird bald einen wundervollen Mann heiraten. Ich bemerkte ihr gegenüber, wie viel Zeit wir verschwenden, indem wir uns um unsere Kinder sorgen, und dass das wirklich vertane Energie ist. Für gewöhnlich wird alles gut, und sich Sorgen zu machen verstärkt ein Problem höchstens, aber es ist keine Antwort.

In meinem früheren Leben machte ich dasselbe durch wie diese Mutter. Als meine Kinder klein waren, gab es bei jedem irgendetwas, worüber ich mir Sorgen machte. Jetzt sind sie erwachsen, und alles, worum ich mich sorgte, hat sich zum Guten gewandelt.

Wie ich schon erzählt habe, machte ich mir Sorgen um meine älteste Tochter Laura, weil sie die Schule nicht mochte und nur mittelmäßige Noten bekam. Sie war als Teenager undiszipliniert – undiszipliniert in Geldangelegenheiten und im Umgang mit ihren Habseligkeiten. Sie wollte jung heiraten und Kinder bekommen, aber ich dachte, dass sie ja nicht einmal für sich selbst sorgen konnte, geschweige denn für eine Familie. Als sie mit neunzehn heiratete, hatte ich so viel an ihr herumkritisiert, dass unsere Beziehung alles andere als gut war. Dave hatte mir oft gesagt: „Joyce, aus Laura wird etwas werden. Sie wird es schaffen."

Jetzt ist Laura Mitte dreißig und so ordentlich, dass sie mir dabei hilft, meine Angelegenheiten zu organisieren und in Ordnung zu halten. Ihre Ehe läuft hervorragend, sie hat zwei wundervolle Kinder, und alles ist bestens. Nachdem sie von zu Hause weggegangen war, musste sie viel lernen, und das war oft schwer für sie. Doch das ist oft der beste Weg – die Dinge, die wir aus eigener Erfahrung lernen, vergessen wir für gewöhnlich nicht.

Während ich innerlich kaputtging, blieb Dave innerlich stehen und weigerte sich, sich von den äußeren Umständen beherrschen zu lassen. Ich glaube, dass wir mehr als Überwinder sind, wenn wir Schwierigkeiten nicht scheuen. Keiner von uns lebt ein Leben völlig ohne Schwierigkeiten. Wenn wir uns aber Ängsten hingeben, wird es immer etwas geben, das uns Angst machen wird.

Geh los und entdecke!

Fahre hinaus auf die Tiefe und lasst eure Netze zu einem Fang hinab! Lukas 5,4

Der einzige Weg, wie wir jemals unsere Bestimmung erreichen und unsere wahre Persönlichkeit entfalten können, ist, viele kleine Schritte im Glauben zu gehen. Losgehen ins Unbekannte – in etwas, das wir noch nie getan haben oder wo wir noch nie waren – kann uns die Knie schlackern lassen.

Angst kann Menschen davon abhalten loszugehen und zu entdecken, wozu sie in der Lage sind.

Ich glaube, dass wir nahe an der Wiederkunft Jesu leben, und ich denke nicht, dass er Monat über Monat lang Zeit hat, uns davon zu überzeugen, dass wir ihm gehorchen und etwas Bestimmtes tun sollen. Ich glaube, dass Gott immer radikalere Schritte im Glauben verlangt, je näher wir der Endzeit kommen.

Viele Menschen verfehlen den Willen Gottes für ihr Leben, weil sie „auf Nummer sicher gehen". Ich möchte nicht am Ende meines Lebens sagen müssen: „Ich bin kein Risiko eingegangen, aber ich bedaure das zutiefst."

Ich denke nicht, dass in Gottes Reich die Sicherheit immer vorgeht. Wenn ich versucht hätte, immer auf Nummer sicher zu gehen, wäre ich heute nicht da, wo ich bin. Ich hätte nie die Saat des Gehorsams gesät, deren Früchte ich jetzt in meinem Dienst und in vielen anderen Bereichen meines Lebens ernte.

Ich schlage hier nicht vor, dass wir jetzt alle losgehen und törichte Dinge tun, aber ich weiß mit Sicherheit, dass nicht alles, was Gott uns zu tun aufträgt, uns auch immer logisch erscheint. Wir müssen es lernen, uns von unserem geistlichen Ich leiten zu lassen und nicht davon, was unser Verstand oder andere Menschen uns sagen. Wenn wir im Glauben losgehen, sollten wir alles in unserer Macht Stehende tun, um sicherzugehen, dass wir der Stimme Gottes gehorchen und nicht irgendeinem verrückten Gedanken, den wir aufgeschnappt haben und der von Satan kommt, um uns ins Verderben zu führen.

Dave und ich haben die Erfahrung gemacht, dass es „Schritt für Schritt" am besten funktioniert. Wenn wir etwas auf dem Herzen haben, beten wir eine Weile und warten eine Weile. Bleibt die Sache in unseren Herzen, gehen wir einen Schritt vorwärts. Wenn es funktioniert und wir den Segen Gottes sehen, gehen wir den nächsten Schritt.

Menschen, die in echte Schwierigkeiten geraten, sind dorthin meist nicht mit einem Riesensatz gelangt, sondern durch viele falsche Schritte. Gott hat sie immer wieder gewarnt und versucht, sie vor Schwierigkeiten zu bewahren, aber sie haben nicht davon abgelassen, ihre eigenen (menschlichen) Vorstellungen verwirklichen zu wollen. Sie wollten, dass das, was sie wollen, auch Gottes Wille wird.

Hier habe ich ein gutes Beispiel dafür, wie man im Glauben richtig losgeht. Als Dave und ich glaubten, dass Gott von uns wollte, dass wir mit unserem Dienst ins Fernsehen gehen, nahmen wir nicht gleich mit vierhundert Fernsehsendern Kontakt auf. Zuerst kontaktierten wir unsere Geschäftspartner und baten sie, für uns in die nötige Ausrüstung zu investieren, *wenn* sie glaubten, dass Gott das wollte. Wir wussten, dass Gott anderen sagen würde, dass sie uns helfen sollten, wenn er uns wirklich sagte, dass wir Fernsehsendungen produzieren sollten.

Als wir das benötigte Geld erhielten, machten wir den nächsten Schritt. Wir gingen zu einer Handvoll Fernsehsender und baten unsere Partner erneut, uns zu helfen, indem sie unsere Sendung in den ersten Monaten finanzierten. Wieder erhielten wir die benötigten Mittel, also gingen wir voran.

Über die Jahre hinweg sind immer mehr Fernsehsender hinzugekommen, so wie wir in der Lage waren, diejenigen zu bezahlen, bei denen unsere Sendungen bereits liefen. Wir hätten keine neuen Verträge unterschrieben, wenn sich die bestehenden Sendungen nicht selbst finanziert hätten.

Jetzt, wo ich dieses Buch schreibe, sind neununddreißig weitere Bücher von mir auf dem Markt. Hätte ich eines oder zwei geschrieben, die sich nicht verkauft hätten, hätte ich damit nicht weitergemacht.

Manche Leute geraten in Schwierigkeiten, weil sie nicht zugeben können, einen Fehler gemacht zu haben, der ein Umdenken nötig macht. Wenn man einen Schritt nach dem anderen geht, gerät man nur schwer in ernsthafte Schwierigkeiten. Diejenigen jedoch, die gar nicht erst losgehen, sind schon in großen Schwierigkeiten, weil sie im Leben nie wirklich etwas erreichen werden.

Noch eine andere „Sicherheitsmaßnahme" wenden Dave und ich an: wir prüfen unsere Herzen bezüglich dessen, was wir tun. Wir müssen sicher sein, dass wir etwas aus den richtigen Motiven heraus tun, dass wir nur tun, was wir als Gottes Willen erkannt haben.

Manche Leute geraten in Schwierigkeiten, weil sie tun, was andere für richtig halten. Manche erhoffen sich Aufmerksamkeit oder ahmen einfach andere nach.

Viele Prediger waren schon lange vor mir im Fernsehen. Ich kann mich gut daran erinnern, wie ich gefragt wurde: „Joyce, warum gehst du nicht ins Fernsehen?", oder: „Joyce, willst du nicht zum Fernsehen gehen?" Ehrlich gesagt wollte ich nicht. Mich schreckte die finanzielle Verantwortung ab. Meine Radioprogramme waren erfolgreich und ich wollte in der „Sicherheitszone" bleiben. Aber als Gott sagte: „Ich möchte, dass du zum Fernsehen gehst", füllte er mein Herz auch mit dem Verlangen danach.

Vielleicht würden uns andere gern etwas tun sehen, aber wir müssen es selbst wollen, damit wir auch die Schwierigkeiten durchstehen, die uns vielleicht erwarten.

Ich wollte sichergehen, dass ich die richtigen Motive hatte, um ins Fernsehen zu gehen. Gott sucht keine Menschen, die berühmt sein wollen, er sucht nach Menschen, die anderen helfen möchten. Es ist immer gut, sich Zeit zu nehmen, um die eigenen Motive zu prüfen. Ehrlichkeit auf diesem Gebiet kann uns Versagen und viele Enttäuschungen ersparen.

In der letzten Zeit wurden wir von einigen Leuten ermutigt, für unsere Konferenzen doch mehr Werbung zu machen. Es stimmt, dass die Menschen nicht zu uns kommen werden, wenn sie nicht wissen, wo wir sind. Es stimmt aber auch, dass wir eine Menge Geld verschwenden könnten, wenn wir eine Sache für Gott so angehen, wie die Welt sie angeht. Was in der Welt funktioniert, funktioniert nicht auch automatisch im Reich Gottes.

Gott hat seine eigenen Mittel und Wege!

Bei manchen Dingen, die uns vorgeschlagen wurden, hatten wir ein sehr gutes Gefühl, bei anderen nicht. Ich denke nicht, dass es meine Aufgabe ist, mich zu „verkaufen". Es ist meine Aufgabe, Gott zu gehorchen, die Menschen zu lieben, dort zu sein, wo ich glaube, dass der Herr mich haben will, und ihm zu vertrauen, dass die Menschen zu uns kommen, nachdem ich die Konferenzen angekündigt habe. Ich spürte, dass ich einige der Dinge, die mir angetragen wurden, nicht aus den richtigen Motiven heraus tun könnte, also entschied ich mich dagegen. Ich glaube, dass Gott meine Entscheidung ehren wird und uns mit dem gewünschten Zustrom segnet.

Kompromissloser Gehorsam erfordert oft Opfer

Wahrlich, ich sage euch: Da ist niemand, der Haus oder Brüder oder Schwestern oder Mutter oder Vater oder Kinder oder Äcker verlassen hat um meinetwillen und um des Evangeliums willen, der nicht hundertfach empfängt, jetzt in dieser Zeit Häuser und Brüder und Schwestern und Mütter und Kinder und Äcker unter Verfolgungen und in dem kommenden Zeitalter ewiges Leben. Markus 10,29-30

Unser Dienst „Life in the Word" hat zwei Büros in Australien, und wir brauchten zwei Ehepaare, die von den USA nach Australien gehen und die Büros dort leiten würden. Um dorthin umzuziehen, mussten die Ehepaare praktisch alles aufgeben und ganz von vorn anfangen. Es wäre viel zu teuer gewesen, eine Menge persönlicher Sachen so weit zu verschicken.

Zwei Ehepaare wagten diesen Schritt im Glauben, als sie spürten, dass Gott ihnen sagte, dass sie diejenigen seien, die gehen sollten. Sie gingen los, aber um das zu tun, mussten sie große persönliche Opfer bringen. Sie mussten ihre Möbel und Autos verkaufen, Familien und Freunde verlassen und sich von den Gemeinden trennen, in denen sie ihre Wurzeln hatten. Sie mussten alles und alle, die sie liebten, verlassen, um Gottes Ruf an einen fernen Ort zu folgen. Es ist klar, dass dieser Schritt nicht leicht war, trotz ihrer Liebe zu Gott und ihrem Verlangen, seinen Willen zu tun.

Wenn wir an einen neuen Ort kommen, fühlen wir uns oft einsam – alles und alle sind uns fremd. Wir fühlen uns nicht wohl oder „zu Hause". Doch diese Art radikalen Gehorsams zahlt sich aus: Wir sind glücklich und zufrieden, weil wir wissen, dass wir den Willen unseres Gottes tun. Gott wird uns auch mit allem versorgen, was wir an Materiellem benötigen, wie es sein Wort sagt.

Die Gerechten werden leiden

> Alle aber auch, die gottesfürchtig leben wollen in Christus
> Jesus, werden verfolgt werden.   2. Timotheus 3,12

Das Wort Gottes sagt uns, dass wir Verfolgungen erleiden werden.
In „Vine's Complete Expository Dictionary of Old and New Testament Words" wird „verfolgen" mit „zur Flucht veranlassen, wegtrei-
ben" erklärt.[1]

Satan bringt Widerstand, Schwierigkeiten, Versuchungen und
Kummer in unser Leben, um uns von Gott wegzutreiben. Wenn wir
unsere gottgegebene Persönlichkeit voll entfalten wollen, müssen
wir bereit sein, in Verfolgungen standhaft zu bleiben.

Wenn wir innerlich stehen bleiben, wird Gott sich um die
Äußerlichkeiten kümmern.

Die charismatische Bewegung hat so ihre Schwierigkeiten mit
dem Wort „Opfer" – doch es steht so in der Bibel. In Markus 8,34
sagt Jesus im Wesentlichen, dass wir uns selbst aufgeben müssen,
wenn wir ihm nachfolgen wollen.

Die Notwendigkeit und der Lohn des Opferns

> Und der Herr sprach zu Abram: Geh aus deinem Land und aus
> deiner Verwandtschaft und aus dem Haus deines Vaters in das
> Land, das ich dir zeigen werde! Und ich will dich zu einer
> großen Nation machen und ich will dich segnen und ich will
> deinen Namen groß machen und du sollst ein Segen sein!
>   1. Mose 12,1-2

Abram, der später den Namen Abraham erhielt, musste ein Opfer
bringen, als Gott ihm sagte, dass er sein Elternhaus verlassen und an
einen Ort gehen sollte, den Gott ihm später zeigen würde. Gott
verlangte rigorosen Gehorsam von Abram, aber er gab ihm auch ein
rigoroses Versprechen.

Wenn wir ans Opfern denken, müssen wir immer im Hinterkopf
haben, dass das, was wir säen, Gott zur Ernte bringen wird. Wenn es
an uns ist, ein Opfer zu bringen, sollten wir uns nicht beraubt,

sondern privilegiert fühlen. Jesus hat sogar sein Leben für uns geopfert, und wir sollen in seinen Fußspuren folgen (1. Petrus 2,21).

Wir müssen uns nicht immer rundum wohlfühlen. In Amerika und vielen anderen Teilen der Welt ist Gottes Volk der Bequemlichkeit verfallen. Alles muss immer schön einfach sein. Es ist Zeit, dass wir aufwachen und uns der Realität stellen. Wir müssen damit anfangen, Gottes Willen zu tun, egal, was uns das kostet.

Wir können keine umwerfende Ernte in unserem Leben erwarten, wenn wir Samen des Ungehorsams säen. Getreu Gottes Versprechen wurde Abraham der Stammvater vieler Nationen und der Vater des Alten Bundes. Wenn man den damaligen Bevölkerungsstand der Welt in Betracht zieht, würde ich sagen, dass das für Abraham eine ganz schöne Ehre war.

In der Bibel gibt es einige sehr radikale Beispiele dafür, was Menschen taten, um Gott zu gehorchen. Ester handelte radikal, als sie alles aufs Spiel setzte und ohne gerufen worden zu sein vor dem König erschien. Sie ließ alle Pläne, die sie für ihr Leben gehabt haben mochte, los. Das Motiv ihrer Tat war richtig und sie handelte aus Gehorsam gegenüber Gott, deshalb gab Gott ihr Gunst in den Augen des Königs. Gott benutzte Ester, um sein und ihr Volk vor dem Verderben zu bewahren.

Es war kompromisslos von Daniel, dass er weiterhin drei Mal täglich bei offenem Fenster betete, obwohl ihm angedroht worden war, dass dafür als Strafe die Löwengrube stünde. Er machte einen radikalen Gehorsamsschritt und überlebte drei Könige, die ihn alle beförderten.

Es war ein radikaler Schritt vom Apostel Paulus, zu den Menschen zurückzukehren, die er so grausam verfolgt hatte, und ihnen das Evangelium zu predigen. Was, wenn sie ihn angriffen? Er wurde ein Sklave Jesu Christi – ein "Gefangener" nach seinen eigenen Worten (2. Timotheus 1,8). Etwa zwei Drittel des Neuen Testaments wurden Paulus als direkte Offenbarung von Gott gegeben. Wir können sehen, wie Gott Paulus' Gehorsam und Opferbereitschaft segnete. Als Gott ihn rief, war Paulus ein angesehener Pharisäer, der Prestige und Wohlstand genoss. Seine Gehorsamsschritte hatten oft Hunger, Verfolgung, Kälte, Misshandlungen und Gefängnis zur Folge – doch er kannte das Geheimnis, wie man innerlich aufrecht stehen bleibt, und sein stilles Vertrauen in Gott brachte ihn bis ans Ziel seines Weges.

Paulus brachte das mit den Worten auf den Punkt: „Aber ich achte mein Leben nicht der Rede wert, damit ich meinen Lauf vollende und den Dienst, den ich vom Herrn Jesus empfangen habe: das Evangelium der Gnade Gottes zu bezeugen." (Apostelgeschichte 20, 24) Gottes Wort sagt uns, dass auch wir das so bezeugen sollen.

Beende, was du angefangen hast!

Denn wir sind Teilhaber des Christus geworden, wenn wir die anfängliche Zuversicht bis zum Ende standhaft festhalten.
Hebräer 3,14
Werft nun eure Zuversicht nicht weg, die eine große Belohnung hat.
Hebräer 10,35
Wir wünschen aber sehr, dass jeder von euch denselben Eifer um die volle Gewissheit der Hoffnung bis ans Ende beweise.
Hebräer 6,11

Diese drei Bibelstellen sollten wir verinnerlichen und sehr ernst nehmen. Gott hat kein Interesse daran, dass wir Dinge anfangen, die wir nicht zu Ende bringen. Es ist leicht, etwas anzufangen, aber es braucht Mut, eine Sache bis zum Ende durchzustehen. Am Anfang ist etwas Neues immer aufregend. Emotionen – unsere und die anderer Menschen – verleihen uns Flügel. Wenn die großen Gefühle abebben und nur noch harte Arbeit und Geduld gefragt sind, stellt sich heraus, wer wirklich hat, was er braucht, um siegreich zu sein.

In Gottes Augen haben wir keinen Erfolg, wenn wir irgendwo auf dem Weg aufgeben. Er möchte, dass wir unseren Lauf beenden und das mit Freude tun!

Wenn du kürzlich in der Versuchung standest aufzugeben – tu's nicht! Wenn du das, was du gerade tust, nicht zu Ende bringst, wirst du dich bei deiner nächsten Aufgabe denselben Herausforderungen gegenübersehen.

Manche Menschen fangen ihr ganzes Leben lang neue Dinge an und bringen nie etwas zu Ende. Lass uns die Entscheidung treffen, dass wir mehr sein wollen als eine Nummer in der Liste derer, die ihr volles Potenzial nie erreicht haben.

Wir können unseren Lauf im Glauben beginnen, aber wir sollen
auch von Glauben zu Glauben leben (Römer 1,17). Wir erreichen also
auf unserem Weg viele neue Ebenen, von denen jede größeren Glauben als die vorige erfordert. Gott nimmt uns immer höher mit hinauf
– nie zurück und nie nach unten! Er ruft uns nach oben. Wir müssen
das, was unten ist, verlassen und uns nach dem, was oben ist, ausstrecken. Wir müssen von Glauben zu Glauben leben, nicht von Glauben
zu Zweifel zu Unglauben und dann zurück zu ein bisschen Glauben.

Von Glauben zu Glauben, von Herrlichkeit zu Herrlichkeit

‚Mein Gerechter aber wird aus Glauben leben‘, und: ‚Wenn er
sich zurückzieht, wird meine Seele kein Wohlgefallen an ihm
haben.‘
                                                    Hebräer 10,38

Wenn wir neue Stufen von Herrlichkeit erreichen wollen, müssen wir
auf höhere Ebenen im Glauben vorstoßen. Da Glaube Vertrauen in
Gott bedeutet, können wir sagen, dass wir in neue Dimensionen des
Vertrauens gelangen müssen. Wir sollten in jedem Bereich unseres
Lebens auf Gott vertrauen.

Gott hat mir einige Lektionen erteilt, was Vertrauen in meine
Gabe der Lehre angeht. Er erinnert mich ständig daran, dass ich auf
der Kanzel sicher und voll Vertrauen sein soll und mich vor Gedanken der Unsicherheit, die sich manchmal sogar während des Predi-
gens einschleichen wollen, schützen muss. Ich soll von der Kanzel
aus vertrauensvoll in die nächste Sache hineingehen, die ich tun
muss. Vertrauen und die Sicherheit, dass Gott mit mir ist, soll mich in
allen Bereichen meines Lebens und meines Dienstes prägen – in
meinen Beziehungen, im Gebet, beim Autofahren, bei allen meinen
Entscheidungen.

Gott hat mir gesagt, dass ich nicht eine Stunde lang beten und
dann losgehen soll mit dem Gefühl, nicht lange genug oder nicht um
die richtigen Dinge gebetet zu haben. Er hat mir gezeigt, dass ich die
Dinge vertrauensvoll angehen und auch beenden soll.

Oft habe ich Dinge getan und hatte ein gutes Gefühl dabei, aber nachdem ich fertig war, fing Satan an mich anzuklagen, und ich fühlte mich schlecht. Endlich erkannte ich, dass Gott es mir *vorher* sagen würde, wenn ich das Falsche täte, und nicht hinterher, wenn alles zu spät ist.

Wir müssen uns hinstellen und mit Kühnheit verkünden: „Ich glaube, dass ich von Gott hören werde. Ich glaube, dass der Heilige Geist mich leitet. Ich glaube, dass ich gute Entscheidungen treffe. Ich glaube, dass mein Gebetsleben kraftvoll ist. Ich glaube, dass mich Menschen mögen und Gott mir Gunst schenken wird."

Diese Art von Kühnheit bedeutet nicht, dass wir nie Fehler machen werden. Einen Fehler zu machen ist nicht tragisch, solange wir uns korrigieren lassen. Wir richten unser Augenmerk oft zu sehr auf das Negative und nicht genug auf das Positive.

Ich bin mir sicher, dass ich Fehler mache, dass ich Gott nicht immer hundertprozentig richtig höre. Vor langer Zeit hat Gott mir gesagt: „Joyce, mach dir darüber keine Sorgen. Wenn du mich verfehlst, finde *ich* dich."

Anstatt uns darum zu sorgen, was wir eventuell falsch machen, sollten wir innerlich standhaft bleiben, vorangehen und versuchen, etwas richtig zu machen. Wir können so viel Angst vor Fehlern entwickeln, dass wir am Ende gar nichts mehr tun.

Die Bibel sagt, dass die Gerechten aus Glauben bzw. aus Vertrauen leben. Diese beiden Begriffe sind austauschbar, und das Wort „Vertrauen" macht eine Botschaft oft viel greifbarer. Manchmal scheint „Glaube" so spirituell und abstrakt, dass uns ein praktischer Bezug schwerfällt. Es hilft mir sehr, Glauben als „Vertrauen in Gott" zu verstehen. Glaube ist Vertrauen und Vertrauen ist Glaube.

Gott gefällt es nicht, wenn wir unser Vertrauen verlieren. Warum? Es macht ihn traurig, was wir alles verlieren. Es macht ihn traurig, wenn wir unser Vertrauen verlieren und uns vom Teufel das Erbe stehlen lassen, das uns durch den Tod Jesu zusteht. Gott hat seinen Teil getan; jetzt möchte er, dass wir unseren Teil dazutun – zu glauben, unser Vertrauen auf ihn und sein Wort zu setzen und von Glauben zu Glauben zu leben, damit er uns von Herrlichkeit zu Herrlichkeit führen kann.

Über alle Maßen, über alles hinaus

Dem aber, der über alles hinaus zu tun vermag, über die Maßen
mehr, als wir erbitten oder erdenken ...   Epheser 3,20

Wenn ich für Leute, denen es schlecht geht, bete oder auch nur über
sie nachdenke, habe ich eine große Sehnsucht danach, ihnen allen zu
helfen. Manchmal fühle ich mich, als wenn meine Sehnsucht größer
ist als meine Fähigkeit, und das ist sie auch – aber sie ist nicht größer
als Gottes Fähigkeiten!

Wenn wir uns in unserem Leben oder Dienst einer Sache gegenübersehen, die uns zu überwältigen droht, müssen wir *im Geist denken*. In der Welt sind viele Dinge unmöglich. Aber im Reich Gottes,
im Übernatürlichen, ist nichts unmöglich. Gott möchte, dass wir
Großes erwarten, große Pläne machen und vertrauen, dass er so große
Dinge tun wird, dass wir vor Staunen den Mund nicht mehr zu-
bekommen. Jakobus 4,2 sagt uns, dass wir nichts haben, weil wir
nicht bitten! Wir können kühn sein in dem, was wir von Gott erbitten.

Manchmal kommen in meinen Versammlungen Menschen nach
vorn zum Altar und fragen schüchtern, ob sie um zwei Dinge bitten
dürften. Ich sage ihnen, dass sie um alles, was sie wollen, bitten
dürfen, solange sie Gott vertrauen, dass er es auf seine Art und zu
seiner Zeit tun wird.

Wenn du betest, steh innerlich auf. Was ich meine, ist, dass du
respektvoll und dennoch forsch und mit Kühnheit beten sollst. Bete
nicht ängstlich und bete keine „Doch nur"-Gebete.

Wenn ich mir selbst und anderen beim Beten zuhöre, scheinen
wir oft zu sagen: „Herr, wenn du doch nur dies oder das tun wollest
...", „Gott, wenn du mich doch nur von dieser Sache befreien würdest
...", „Vater, wenn du mir doch nur helfen könntest, eine Gehaltserhö-
hung oder Beförderung zu bekommen ...", „Meister, wir bitten dich,
uns doch nur auf diesem Gebiet zu helfen."

Ich weiß, dass viel hiervon Gewohnheit ist, aber ich glaube,
dass da mehr dahintersteckt. Die meisten Menschen sagen Dinge wie
diese im Gebet, und ich glaube nicht, dass alle dieselben Angewohnheiten haben. Ich glaube, dass das vielmehr von der in uns verwurzel-
ten Überzeugung kommt, dass Gott für *einen toten Hund oder eine
Heuschrecke wie uns* gar nicht so sehr viel tun möchte. Also sollten

wir besser auch nicht um viel bitten – nur darum, womit wir vielleicht gerade noch durchkommen.

„Doch nur" hört sich an, als redeten wir mit jemandem, der kärglich gibt, mit jemandem, der nicht viel zu tun vermag. Wir beten im Prinzip, dass wir nicht noch mehr erwarten werden, wenn Gott „doch nur" dies eine für uns tut. Wir hören uns an wie Menschen, die eigentlich nicht viel erwarten und mit der einen Sache, die wir vielleicht bekommen werden, zufrieden sind.

Ich erinnere mich, dass Gott sagte, er sei der allmächtige Gott. (1. Mose 17,1) – mit anderen Worten: Er kann mehr als genug tun. Die Bibel sagt, dass Abram *sehr* reich war und nicht nur irgendwie über die Runden kam (1. Mose 13,2). David war so wohlhabend, dass er „für das Haus des Herrn 100 000 Talente Gold und 1 000 000 Talente Silber bereitgestellt" hatte, unter anderem wohlgemerkt. (1. Chronik 22,14)[2]

Gott beförderte einfache Menschen regelmäßig in Positionen, die sie von sich aus niemals hätten erreichen können. Das Wort „Wohlstand" zeigt, dass sie mehr hatten, als sie brauchten. Gott möchte, dass wir in allen Bereichen zu Wohlstand kommen, nicht nur finanziell. Er möchte auch, dass wir in sozialem, physischem, mentalem und geistlichem Wohlstand leben.

Denk darüber nach. Gott möchte, dass wir so viele Gelegenheiten zur Evangelisation haben, dass wir uns entscheiden müssen, welche wir nutzen. Es ist nicht Gottes Wille, dass seine Kinder einsam sind und sich langweilen. Er möchte, dass wir gute Gemeinschaft und Kameradschaft genießen. Er möchte, dass wir uns körperlich wohl fühlen und unseren Körper nicht nur jeden Tag mit uns herumschleppen. Er möchte, dass wir frisch und energiegeladen sind, das Leben genießen und die Fülle erleben. Er möchte auch, dass wir einen scharfen Verstand, klare Gedanken und gute Erinnerungen haben, nicht, dass wir verwirrt und beladen mit Sorgen leben.

Vielleicht denkst du: „Nun gut, wenn das Gottes Wille ist, warum fehlen mir dann all diese Dinge in meinem Leben?"

Vielleicht hast du nicht um genug gebeten. Vielleicht betest du nicht kühn und mit Vertrauen. Bitte um all das, was du wagst zu bitten, zu denken, dir zu wünschen.

Wenn ich um Möglichkeiten bitte, meinen Dienst auszuweiten, bete ich darum, dass ich allen Menschen auf der Welt helfen kann.

Ich weiß, dass sich das wirklich viel anhört, aber in Epheser 3,20 fordert Gott uns dazu heraus, um große Dinge zu beten.

Ich proklamiere immer, dass unser „Life in the Word"-Fernsehprogramm jeden Tag in jedem Land in jeder Stadt gesehen wird. Mit Hilfe der Satelliten wird diese Vision jeden Tag ein Stück realer.

Wenn unsere Sehnsüchte überwältigend groß erscheinen und wir keine Möglichkeit sehen sie zu verwirklichen, sollten wir uns daran erinnern, dass wir den Schöpfer der Möglichkeiten kennen! Mit dem Thema vertrauensvollen Gebets werde ich mich noch ausführlicher in einem anderen Kapitel befassen.

Gott hat einen Weg für uns bereitet, all das zu tun, was er uns aufs Herz legt. Er schenkt uns keine Träume und Visionen, um uns zu frustrieren. Wir müssen unser Vertrauen bis zum Ende bewahren. Wir dürfen nicht nur am Anfang vertrauen und dann aufgeben, wenn uns der Berg zu hoch erscheint.

Es ist unglaublich, was Menschen tun können – Menschen, die dazu scheinbar überhaupt nicht in der Lage sind. Gott beruft für gewöhnlich nicht nur die Fähigsten. Wenn er das täte, würde er die Ehre nicht bekommen, die ihm zusteht. Oft beruft er die, welche sich überfordert fühlen, aber bereit sind, innerlich stehen zu bleiben und kühne Schritte im Glauben zu wagen – so wie Gott sie ihnen zeigt.

Meist wollen wir uns „bereit" fühlen, bevor wir etwas in Angriff nehmen, aber wenn wir das tun, neigen wir dazu, uns auf uns selbst anstatt auf Gott zu verlassen.

Kenne deine Schwächen und kenne Gott – kenne seine Stärke und Treue. Sei vor allem kein Mensch, der leicht aufgibt.

Ich habe mich entschlossen nicht aufzugeben. In Kolosser 3,2 sagt uns Paulus, dass wir auf das sinnen sollen, was droben ist, nicht auf das, was auf der Erde ist. Richte deinen Sinn auf Gott und halte dich an ihm fest! Sage nicht: „Das ist zu schwer", „Ich kann das nicht" oder „Ich glaube, das schaffe ich nicht". Sei vielmehr kühn und sage: „‚Alles vermag ich in dem, der mich kräftigt.' (Philipper 4,13) Ich bin zu allem bereit, ich kann allem gegenübertreten durch den, der mir Kraft und Stärke ist. Er ist alles, was ich brauche."

Aus der Grube in den Palast

> Und es geschah, als Joseph zu seinen Brüdern kam, da zogen
> sie Joseph seinen Leibrock aus, den bunten Leibrock, den er
> anhatte. Und sie nahmen ihn und warfen ihn in die Zisterne;
> die Zisterne aber war leer, es war kein Wasser darin.
>
> 1. Mose 37,23-24
>
> Und zu Joseph sagte der Pharao: Nachdem dich Gott dies
> alles hat erkennen lassen, ist keiner so verständig und weise
> wie du. *Du* sollst über mein Haus sein, und deinem Mund soll
> mein ganzes Volk sich fügen; nur um den Thron will ich
> größer sein als du.   1. Mose 41,39-40

Eine Grube ist ein Falle, etwas, was uns gefangen hält. Sie steht für
Zerstörung. Satan will uns ständig in die Grube hinabstoßen.

Wir wissen aus der Schrift, dass Joseph von seinen Brüdern, die
ihn hassten, in die Sklaverei verkauft wurde. Sie warfen ihn in eine
Grube und hatten eigentlich vor, ihn darin sterben zu lassen, aber
Gott hatte andere Pläne. Die Brüder verkauften ihn letztendlich an
Sklavenhändler und Joseph wurde der Sklave eines mächtigen ägyp-
tischen Herrschers. Obwohl er als Sklave verkauft wurde, hatte er
keine sklavische Mentalität. Er glaubte daran, dass er große Dinge
tun konnte.

Gott gewährt Joseph Gunst, wohin dieser auch kam. Sogar im
Gefängnis erlebte Joseph Gutes, obwohl er dort viele Jahre für ein
Verbrechen verbüßte, das er nicht begangen hatte. Letztendlich lan-
dete er im Palast, als zweiter Mann nach dem Pharao, dem Herrscher
ganz Ägyptens.

Wie kam Joseph aus der Grube zum Palast? Ich glaube, dass er
das durch seine positive Grundhaltung schaffte. Er verbitterte nicht
über seinem Schicksal, sondern er vertraute Gott weiterhin. Auch
wenn es oft so aussah, als hätte er eine Niederlage erlitten, blieb er
innerlich aufrecht.

Joseph hatte die richtige Einstellung. Ohne die richtige Einstellung kann ein Mensch im Palast geboren werden und in der
Grube enden, was tatsächlich auch vielen Leuten passiert. Es scheint,
dass manchen alle Türen offen stehen, und dennoch machen sie

nichts aus ihrem Leben, während andere, die einen denkbar schlechten Start erwischen, alle Hindernisse überwinden und Erfolg haben.

Joseph war ein Träumer; er hatte große Pläne (1. Mose 37,5-10). Der Teufel möchte nicht, dass wir Visionen und Träume haben. Er möchte, dass wir herumsitzen und nichts tun.

Ich ermutige dich dazu, dass du dich in diesem Moment dafür entscheidest, etwas Großes für Gott zu tun. *Egal, wie und wo du deinen Lauf begonnen hast, du kannst mit einem tollen Finish als Sieger ins Ziel kommen!* Wenn Menschen dich misshandelt oder missbraucht haben, verschwende deine Zeit nicht mit Rachegedanken – übergib diese Menschen in die Hände Gottes und vertraue darauf, dass er Gerechtigkeit in dein Leben bringen wird.

Wisse, was du vom Leben erwartest, was du tun möchtest. Sei hierin nicht vage! Vertrauen zu haben bedeutet, kühn, offen und geradeheraus zu sein. Das hört sich nicht gerade nach einem verlegenen, unsicheren, ängstlichen Menschen an, der sich nichts zutraut und kein Vertrauen hat. Beschließe, in dieser Welt gute Spuren zu hinterlassen! Wenn du einmal gehen musst, sollten die Leute gemerkt haben, dass du da warst.

Jedes Mal, wenn ich Hunderte Stunden in ein neues Buchprojekt investiere, glaube ich, dass die Menschen das Buch lesen werden, nachdem ich schon lange nicht mehr hier bin. Ich glaube, dass die Menschen in fünfzig, hundert oder sogar mehreren hundert Jahren meine Videos anschauen und die Kassetten hören werden, wenn der Herr bis dahin noch nicht wiedergekommen ist. Das zu glauben gibt mir mehr Kraft für meine Aufgaben. Ich möchte hier auf der Erde ein Erbe hinterlassen, wenn ich nach Hause zu meinem Herrn gehe.

Lass uns jetzt über einen Mann in der Bibel nachdenken, der sein Vertrauen verloren hatte. Dies ist eine meiner Lieblingsgeschichten aus der Bibel.

„Lieg nicht einfach nur so herum, tu etwas!"

Danach war ein Fest der Juden, und Jesus ging hinauf nach Jerusalem. Es ist aber in Jerusalem bei dem Schaftor ein Teich, der auf hebräisch Bethesda genannt wird, der fünf Säulenhallen

hat. In diesen lag eine Menge Kranker, Blinder, Lahmer, Dürrer.
Es war aber ein Mensch dort, der achtunddreißig Jahre mit
seiner Krankheit behaftet war. Als Jesus diesen daliegen sah
und wusste, dass es schon lange Zeit [so mit ihm] steht, spricht
er zu ihm: Willst du gesund werden? Der Kranke antwortete
ihm: Herr, ich habe keinen Menschen, dass er mich, wenn das
Wasser bewegt worden ist, in den Teich werfe; während *ich* aber
komme, steigt ein anderer vor mir hinab. Jesus spricht zu ihm:
Steh auf, nimm dein Bett auf und geh umher! Und sofort wurde
der Mensch gesund und nahm sein Bett auf und ging umher.

Johannes 5,1-9

Warum hatte dieser Mann da achtunddreißig Jahre lang gelegen?
Weil er nicht nur an seinem Körper, sondern auch an seiner Seele
krank war. Krankheiten der Seele sind viel schlimmer und oft auch
schwerer zu behandeln als Krankheiten des Körpers. Ich glaube, dass
sein körperlicher und seelischer Zustand sein Vertrauen zerstört hatte.
Ohne Vertrauen wagte er nie wirklich, etwas zu tun, zumindest nicht
auf eine kühne Art und Weise.

Achte auf seine Antwort auf die Frage Jesu, ob er wirklich
gesund werden wollte: „Herr, ich habe keinen, der mir ins Wasser
hilft. Jemand anders ist immer schneller als ich." Ich kann mir nicht
helfen, aber in achtunddreißig Jahren hätte er bestimmt bis zum
Teichufer sprinten und sich dann hineinfallen lassen können, wenn
der Engel kam, um das Wasser anzurühren.

Menschen, die das Vertrauen verloren haben, werden für gewöhnlich passiv oder sogar faul. Sie glauben nicht daran, dass sie
irgendetwas tun können, also wollen sie, dass andere ihnen die
Arbeit abnehmen.

Jesus blieb nicht stehen, um den Mann zu bedauern. Er gab
ihm stattdessen eine ziemlich klare Anweisung: „Steh auf, nimm
dein Bett auf und geh umher!" Anders gesagt: „Lieg nicht nur hier
rum, tu was!"

Hast du ein Leiden, das dich verunsichert? Lässt du es zu, dass
äußere Umstände deine Initiative abtöten? Fehlt dir Sicherheit und
Vertrauen, weil du Single bist oder nicht studiert hast? Bemitleidest
du dich selbst, anstatt innerlich gerade zu stehen und entschlossen zu
sein, jedes Hindernis zu überwinden?

Jesus wusste, dass Selbstmitleid den Mann nicht befreien würde, also bedauerte er ihn auch nicht. Er hatte Mitleid mit ihm, was etwas anderes als gefühlsmäßiges Bedauern ist. Jesus war nicht hartherzig oder gemein – er versuchte, den Mann von seinen Leiden zu befreien!

Selbstmitleid kann ein großes Problem sein. Ich weiß das, weil ich selbst viele Jahre darin versunken war und es zum Problem für mich, meine Familie und den Plan Gottes für mein Leben wurde. Gott sagte mir irgendwann, dass ich entweder jämmerlich oder kraftvoll sein könnte, aber nicht beides. Wollte ich kraftvoll sein, musste ich mein Selbstmitleid aufgeben.

Ich fühlte mich wie Joseph in eine Grube geworfen. Nach fünfzehn Jahren des sexuellen Missbrauchs und einem dysfunktionalen Elternhaus war ich voller Schamgefühle, unsicher und ohne Vertrauen. Ich wollte gerne in den Palast (Gutes im Leben sehen), aber ich schien in der Grube festzusitzen (in Verzweiflung und emotionalen Qualen).

„Warum ich, Gott?", war der Schrei meines Herzens, der mein Denken ausfüllte und mein tägliches Leben bestimmte. Diese defätistische Haltung und ungesunden Gedanken hatten zur Folge, dass ich Komplexe hatte und erwartete, dass andere mein Problem für mich lösen würden. Ich dachte, dass ich irgendeine Entschädigung für das Erlebte verdient hätte, aber ich erwartete diese von Menschen, wenn ich auf Gott hätte schauen sollen.

Wie den Mann in Johannes 5 bedauerte mich Jesus auch nicht. Er sprang in der Tat ziemlich streng mit mir um – aber das war der Wendepunkt in meinem Leben! Ich bin nicht länger in der Grube – ich lebe ein großartiges Leben. Wie Lazarus, als er aus dem Grab kam, habe ich die Grabtücher abgeschüttelt und an Rückgrat gewonnen.

„Wirf die Grabtücher ab!"

Und als er dies gesagt hatte, rief er mit lauter Stimme: Lazarus, komm heraus! Und der Verstorbene kam heraus, an Füßen und Händen mit Grabtüchern umwickelt, und sein Gesicht war mit einem Schweißtuch umbunden. Jesus spricht zu ihnen: Macht ihn frei und lasst ihn gehen!   Johannes 11,43-44

Als Jesus Lazarus von den Toten zurückrief, sagte er: „Lazarus, komm heraus!" Dann sagte er noch, dass man ihm die Grabtücher abnehmen sollte.

Viele Menschen sind wiedergeboren, zu einem neuen Leben auferweckt, aber sie dringen nie wirklich in dieses neue Leben vor, weil sie die Grabtücher der Vergangenheit noch um sich gewickelt haben.

Sei standhaft! Triff eine Entscheidung! Richte deinen Sinn auf Gott, steh innerlich auf – und auch du kannst "aus der Grube zum Palast" gelangen.

Willst du gesund werden?

> Es war aber ein Mensch dort, der achtunddreißig Jahre mit seiner Krankheit behaftet war. Als Jesus diesen daliegen sah und wusste, dass es schon lange Zeit [so mit ihm] steht, spricht er zu ihm: Willst du gesund werden?   Johannes 5,5-6

Wenn wir gesund (von unserer Vergangenheit geheilt) werden wollen, müssen wir die Dinge auf Gottes Art tun. Mir liegen die Menschen, die dieses Buch lesen, sehr am Herzen, und ich sage dir dasselbe, was der Herr zu mir gesagt hat:

Du kannst jämmerlich oder kraftvoll sein!

Hör auf damit, deine Lebensumstände mit denen anderer zu vergleichen, die es besser als du getroffen haben, und dir wird es besser gehen. Schau nur auf Menschen, die in einer besseren Lage sind, um eine Vision davon zu bekommen, wo du sein könntest, nicht, um dich mit ihnen zu vergleichen. Steh innerlich auf und sage dir: „Gott sieht die Person nicht an; wenn er denen Gutes tat, wird er es auch mir tun."

Lass schlechte und niederschmetternde Gedanken nicht zu, sprich zuversichtlich von deiner Zukunft. Wenn es nötig ist, über die unschöne Vergangenheit zu reden, sag immer: „Gott wird mir das zu meinem Besten dienen lassen."

Schüttle es ab!

Als aber Paulus eine Menge Reisig zusammenraffte und auf das Feuer legte, kam infolge der Hitze eine Giftschlange heraus und hängte sich an seine Hand. Als aber die Eingeborenen das Tier an seiner Hand hängen sahen, sagten sie zueinander: Jedenfalls ist dieser Mensch ein Mörder, den Dike, obschon er aus dem Meer gerettet ist, nicht leben lässt. Er nun schüttelte das Tier in das Feuer ab und erlitt nichts Schlimmes.

Apostelgeschichte 28,3-5

Als Paulus und seine Gefährten als Schiffbrüchige auf Malta landeten, sammelte Paulus Äste für das Feuer, an dem sie sich wärmen und ihre Sachen trocknen wollten. Eine Schlange, die durch die Flammen aus dem Holz herausgetrieben wurde, verbiss sich in seiner Hand. Die Bibel sagt, dass Paulus sie einfach ins Feuer abschüttelte. Wir sollten dasselbe tun – kühn sein und einfach abschütteln, was uns vergiften will!

Wenn dich etwas aus deiner Vergangenheit belastet – *schüttle es ab!* Gott hat eine große Zukunft für dich. In Zukunftsträumen gibt es keinen Platz für Schlangenbisse der Vergangenheit!

Ich versuche, in dir eine Flamme zum Leben zu erwecken, die niemals mehr ausgehen wird. Rüttle dich wach und weigere dich, einem Geist der Kälte und Taubheit zu verfallen. Bekämpfe die negativen Gedanken, die dich gefangen halten. Jesus will dich heil machen. Er möchte nicht nur einen Teil von dir heilen, er will dich ganz und gar heil machen: deinen Körper, deine Gefühle, deinen Mund, deinen Verstand, deine Einstellungen, deinen Willen, deinen Geist.

Jesus handelte an dem Mann in Johannes 5 auf mehr als nur einem Gebiet. Er kümmerte sich erst um seine Seele, bevor er seinen Körper heilte. Wenn wir an unserer Seele krank sind, wird sich das auf die eine oder andere Art und Weise an unserem Körper manifestieren. Wir können dann vielleicht von einer Sache geheilt werden, und sofort taucht ein neues Problem auf. Wir müssen zur Wurzel unserer Probleme vordringen. Gott will dich heil machen, voll und ganz. Sei nicht mit weniger zufrieden. Lass nicht locker, bis du in allen Bereichen deines Lebens Heilung erfahren hast.

Gott ist auf deiner Seite, und wenn er für dich ist, spielt es keine Rolle, wer gegen dich ist. Die Riesen sind vielleicht groß, aber

Gott ist größer. Du bist vielleicht schwach, aber Gott ist stark. Du hast vielleicht Sünde in deinem Leben, aber Gott hat Gnade. Du versagst vielleicht, aber Gott bleibt treu!

Willst du gesund werden? Wenn ja, prüfe dich, und wenn du etwas findest, was nicht mit dem Wort Gottes übereinstimmt – schüttle es ab!

Sei standhaft im Glauben!

> Doch wird wohl der Sohn des Menschen, wenn er kommt, den Glauben finden auf der Erde?   Lukas 18,8

Wir müssen hart mit unserer menschlichen Natur umgehen und ihr nicht erlauben, dass sie uns beherrscht. Wenn Jesus wiederkommt, möchte er uns im Glauben (also im Vertrauen) vorfinden, nicht in Selbstmitleid oder Bitterkeit, Angst oder Entmutigung.

In diesem Zitat aus dem Lukasevangelium fragt Jesus, ob er bei seiner Wiederkunft auf der Erde Glauben finden wird. Gott hat Gefallen an uns, solange wir am Glauben festhalten. Unsere Aufgabe ist es, auf hohem Niveau zu vertrauen.

Wirst du die Entscheidung treffen, von Glauben zu Glauben, von Vertrauen zu Vertrauen zu leben? Wenn du das tust, versichert dir Jakobus 4,10, dass Gott dich erhöhen wird.

Ist diese Bibelstelle nicht einfach klasse? Satan hasst sie, doch ich liebe sie. Halleluja, Gott wird dich erhöhen und dir die Fülle des Lebens schenken! Glaube es, empfange es und vertraue fest darauf, dass du das erleben wirst!

11. Verdammnis zerstört Vertrauen

> Geliebte, wenn das Herz [uns] nicht verurteilt, haben wir Freimütigkeit zu Gott.
>
> 1. Johannes 3,21

Um freimütig und kühn zu sein, muss man vertrauen. Wir haben schon gesehen, dass Vertrauen eine Grundvoraussetzung des Erfolgs ist. Jeder wünscht sich, sicher und vertrauensvoll durchs Leben zu gehen, und doch haben viele, vielleicht sogar die meisten Menschen, in diesem Bereich Probleme. Warum? Es gibt viele mögliche Gründe: Missbrauch in der Vergangenheit, ein negatives Selbstbild, Ignoranz der Liebe Gottes gegenüber, Ablehnung durch die Familie oder Freunde etc. Ich glaube jedoch, dass einer der Hauptgründe Verdammnis, genauer gesagt Selbstverdammung, ist.

Wir haben über dieses Problem schon an anderer Stelle gesprochen, aber ich will ihm ein eigenes Kapitel widmen, weil es das Leben so vieler Menschen zerstört.

Was ist Verdammnis?

> Also [gibt es] jetzt keine Verdammnis für die, die in Christus Jesus sind.
>
> Römer 8,1

Nach „Strong's Exhaustive Concordance of the Bible" bedeutet das griechische Wort, das an dieser Stelle mit „Verdammnis" wiedergegeben wird, so viel wie „negatives Urteil".[1]

„Vine's Complete Expository Dictionary of Old and New Testament Words" sagt uns, dass das griechische Substantiv „krima", das mit „Verdammnis" übersetzt wird, ein „verkündetes Strafmaß, einen Schuldspruch, eine Verurteilung, das Ergebnis von Ermittlungen" bezeichnet.[2]

Das Wort, das an verschiedenen Stellen des Neuen Testaments mit „verdammen" übersetzt wird, bedeutet „jemandem etwas entgegenhalten – beschuldigen"[3], „gegen jemanden urteilen"[4], „schuldig sprechen"[5], „bestrafen, verdammen"[6].

Sollten wir als Christen, im Licht von Römer 8,1 betrachtet, mit solchen Dingen beschäftigt sein – besonders, wenn sie gegen uns selbst gerichtet sind?

Übermäßige Selbstanalyse

> Prüft euch, ob ihr im Glauben seid, untersucht euch! Oder erkennt ihr euch selbst nicht, dass Jesus Christus in euch ist?
>
> 2. Korinther 13,5

Die Bibel sagt uns, dass wir uns selbst prüfen sollen, und ich stimme dem voll und ganz zu. Wir sollten prüfen, ob es Sünde in unserem Leben gibt, und wenn das der Fall ist, sollten wir ehrlich Buße tun und dann unser Leben von dieser Sünde befreien.

Es gibt einen großen Unterschied zwischen Prüfen und Verdammen. Das Prüfen unseres Selbst gibt uns die Sicherheit, dass wir in Christus sind und er in uns, und dass wir in ihm von Sünde befreit wurden. Uns selbst zu verdammen hält uns in genau der Sünde gefangen, wegen derer wir uns verdammen. Verdammen befreit uns nicht – es fesselt uns! Es schwächt uns und entzieht uns all unsere geistliche Kraft. Wir verschwenden unsere Energie an das Gefühl der Verdammnis, anstatt sie für ein Leben unter der Gerechtigkeit einzusetzen.

Es gibt so etwas wie übermäßige oder übertriebene Selbstanalyse, und persönlich glaube ich, dass sie der Unausgeglichenheit, die wir heute an Gottes Volk beobachten können, Tür und Tor öffnet.

Sich selbst und jeden seiner Schritte überängstlich zu beobachten, öffnet dem Teufel eine Tür. In meiner Vergangenheit hatte ich hiermit selbst große Probleme, und ich weiß aus Erfahrung, dass wir unser Potenzial nie zur vollen Entfaltung bringen werden, wenn wir dieser Sache nicht konsequent auf den Grund gehen.

Ich kann mich daran erinnern, dass ich an fast allem, was ich tat, etwas auszusetzen hatte. Entweder klagte Satan mich an oder ich machte es ihm leicht und tat es selbst. Wenn ich Zeit mit Freunden verbracht hatte, fand ich hinterher garantiert etwas, wovon ich meinte, dass ich es falsch gemacht oder falsch ausgedrückt hatte. Dann begann dieser Teufelskreis des Sich-Schuldig-Fühlens und Gefühlen des Verdammtseins, die ein vernichtendes Urteil nach sich ziehen (müssen). Ich nenne das einen Kreislauf, weil diese Gefühle immer und immer wieder in uns hochkommen, wenn wir einmal in ihnen gefangen sind. Sind wir über eine bestimmte Sache hinweggekommen, steht bestimmt schon die nächste vor der Tür.

Wenn ich betete, hatte ich nie das Gefühl, lange genug oder um das Richtige gebetet zu haben. Las ich meine Bibel, dachte ich, dass ich mehr hätte lesen sollen oder vielleicht etwas anderes. Las ich ein Buch, das Gott mir gegeben hatte, damit ich im Glauben wachsen konnte, fühlte ich mich schuldig, wenn ich nicht zuerst in meiner Bibel las. Ging ich einkaufen, spürte ich Verdammnis, weil ich Geld ausgegeben oder etwas gekauft hatte, was nicht unbedingt nötig war. Wenn ich aß, hatte ich das Gefühl, zu viel oder etwas Falsches gegessen zu haben. Entspannte oder zerstreute ich mich mit Dingen, die mir Freude machten, hatte ich das Gefühl, dass ich hätte arbeiten sollen.

Obwohl einige dieser Gefühle nur vage und verschwommen blieben, waren sie doch quälend und lähmend. Sie zerstörten mein Vertrauen, und ich bin fest davon überzeugt, dass Satan dieselben Waffen benutzt, um auch das Vertrauen vieler anderer zu zerstören.

Mein Mann machte solche Dinge nie durch. Er fühlte sich selten schuldig. Er begegnete den Schwierigkeiten in seinem Leben mit Gebet, Umkehr und dem Glauben an Gottes Wort. Er fühlte sich nicht schuldig, wenn er einen Fehler gemacht hatte, und das konnte ich überhaupt nicht verstehen. Ich meine hier nicht, dass er keine Reue gezeigt hätte – er tat Buße, aber er fühlte sich nicht schuldig und verdammt. Er kannte den Unterschied zwischen dem Urteilen über Recht und Unrecht und der Verdammnis, und ich kannte ihn nicht.

Er saß nicht den ganzen Tag herum und überprüfte sich und seine Taten. Manchmal sagte ich zu ihm: „Dave, du hättest mit diesen Leuten nicht in einem solchen Ton reden dürfen. Du könntest ihre Gefühle verletzt haben." Er antwortete darauf: „Joyce, es war nicht meine Absicht, ihre Gefühle zu verletzen – ich habe lediglich meine Meinung gesagt. Wenn sie das verletzt hat, ist das ihre Schuld, nicht meine."

Bei solchen Vorkommnissen fand er keine Verurteilung in seinem Herzen. So weit er wusste, war sein Herz rein, und er glaubte nicht, dass er sich sein Leben lang für anderer Leute emotionale Reaktionen und Komplexe verantwortlich fühlen sollte.

Das bedeutet nicht, dass Dave andere Menschen egal sind. Sie sind ihm absolut nicht egal, aber er lässt es nicht zu, dass ihre Überempfindlichkeit und Unsicherheit sein Handeln bestimmt. Er betet für sie, aber er lässt sich von ihnen nicht beherrschen.

Das ist wahre Freiheit!

Ich wiederum lebte mit diesem falschen Verantwortungsgefühl. Ich fühlte mich nicht nur verantwortlich für alles, was ich falsch machte oder sogar nur falsch gemacht haben könnte, sondern auch für die Reaktionen anderer. In meinem Dienst an anderen hatte ich viele Male mit unsicheren, emotional verletzten Menschen zu tun. Mein forsches, geradliniges Naturell und ihre inneren Verletzungen passten nicht immer gut zusammen. Ich war nur ich selbst, und sie reagierten darauf furchtbar beleidigt oder waren noch mehr verletzt. Wenn ich merkte, dass etwas nicht stimmte, fühlte ich mich schuldig und verurteilt.

Es konnte sein, dass sie irgendwie merkwürdig reagierten oder ich später von jemand anderem hörte, dass ich sie verletzt hatte – schon war ich wieder in meinem Teufelskreis gefangen. Ich dachte dann: „Ich habe mich falsch verhalten. Sie wurden verletzt und das ist allein meine Schuld; ich muss mich ändern. Ich versuche es ja, aber ich mache anscheinend immer und immer wieder dieselben Fehler." Durch diese Gedanken fühlte ich mich schuldig und verdammt. Immer dachte ich, dass etwas mit mir nicht stimmte – immer war alles meine Schuld!

Mein Mann, der ausgeglichen und sicher war und ist, hatte diesen Dingen gegenüber eine gesunde Einstellung. Er wollte niemanden verletzen, wusste aber auch, dass er nicht jemand sein konnte, der er nicht war. Er hatte begriffen, dass es auf der Welt alle möglichen Sorten von Menschen gibt und nicht alle uns mögen oder mit uns harmonieren werden. Er wusste, dass es die Fülle seines Lebens, die er durch Jesu Tod erlangt hatte, beschneiden würde, wenn er sich für ihre Reaktionen verantwortlich machte.

Natürlich können wir die Menschen nicht achtlos oder lieblos behandeln und sagen: „Wenn sie ein Problem haben, ist das ihre Schuld." Wenn Gott uns von falschem Verhalten überführt, sollten wir Buße tun und uns von ihm helfen lassen, damit wir uns ändern können. Wenn unser Gewissen aber rein ist und uns durch unseren Mangel an Sicherheit und Vertrauen nur die Anklagen Satans erreichen, müssen wir dagegen ankämpfen oder wir werden unser Leben in einem Gefängnis der Gefühle verbringen.

Nach Jahren der Qual auf diesem Gebiet erfuhr ich endlich Befreiung. Was sich lange in unserem Leben festsetzen konnte, ist nicht immer leicht zu entfernen. Wir müssen mit Eifer und Durchhaltevermögen die Freiheit suchen und dürfen nicht aufgeben, bis wir den Durchbruch, den Gott uns in seinem Wort verheißt, sehen.

Wir müssen es lernen, mehr auf unser Herz zu hören als auf unsere Gedanken und Gefühle. Dave hörte auf sein Herz und ich hörte auf meine Gedanken und Gefühle – deshalb genoss er das Leben und ich nicht.

Überführung oder Verdammung?

Und wenn er gekommen ist, wird er die Welt überführen von Sünde und von Gerechtigkeit und von Gericht.

Johannes 16,8

Dieser Vers bezieht sich auf den Heiligen Geist. Jesus sagte den Jüngern, dass der Heilige Geist eine persönliche, enge Beziehung mit ihnen haben würde.

Eines der Dinge, für die der Heilige Geist verantwortlich ist, ist das Anleiten der Glaubenden in aller Wahrheit, und durch ihn wird auch der Heiligungsprozess im Leben der Christen in Gang gesetzt. Dies erreicht er teilweise, indem er von Sünde überführt.

Jedes Mal also, wenn wir falsch handeln oder eine falsche Richtung einschlagen, überführt uns der Heilige Geist und macht uns klar, dass unser Verhalten oder unsere Entscheidung nicht richtig war. Wir „wissen" in unserem Geist, dass wir etwas falsch gemacht haben.

Wenn wir Sünde in unserem Leben erkennen, sollten wir darüber Buße tun und umkehren. Nicht mehr und nicht weniger wird von uns verlangt. Wenn wir wissen wie und willens sind, mit dem Heiligen Geist zu kooperieren, können wir uns in Richtung geistlicher Reife bewegen und all die Segnungen in unserem Leben erfahren, die Gott für uns bereithält. Wenn wir jedoch die Stimme des Heiligen Geistes ignorieren und lieber unseren eigenen Weg gehen, wird uns dieser Weg beschwerlich und steinig vorkommen. Wir werden keinen Segen erleben und deshalb in unserem Leben auch keine guten Früchte ernten.

Satan will nicht, dass wir von Sünde überführt werden, nicht einmal, dass wir überhaupt verstehen, was damit gemeint ist. Von allen guten Dingen, die Gott uns anbietet, hat Satan immer eine Fälschung parat, etwas, das so ähnlich aussieht, was aber, wenn wir es annehmen, Zerstörung statt Segen bringt.

Ich glaube, dass Satans Gegenstück zu göttlicher Überführung von Sünde Verdammnis ist. Verdammnis hat immer Schuldgefühle zur Folge. Wir fühlen uns am Boden zerstört. Wir fühlen uns von einer schweren Last zu Boden gedrückt, und genau da will Satan uns haben.

Gott dagegen hat Jesus gesandt, damit er uns frei macht, uns Gerechtigkeit, Frieden und Freude gibt (Römer 14,17). Unser Geist sollte leicht und beschwingt sein, nicht beladen mit Lasten, die wir nicht tragen können. Wir können unsere Sünden nicht tragen; Jesus kam, um das zu tun. Er allein ist dazu in der Lage und wir müssen sein Angebot annehmen.

Ich habe lange Jahre den Unterschied zwischen Verdammung und Überführung von Sünden nicht verstanden. Wenn ich mich von Sünde überführt fühlte, kehrte ich nicht um und ging zu Gott, um mir seine Gnade und sein Erbarmen abzuholen, sondern ich fühlte mich sofort verdammt. Der Kreislauf von Schuld und Reue begann.

In Johannes 8,31 und 32 sagt uns Jesus: „Wenn ihr in meinem Wort bleibt, so seid ihr wahrhaftig meine Jünger; und ihr werdet die Wahrheit erkennen und die Wahrheit wird euch frei machen." Ich bin so dankbar dafür, dass mir die Wahrheit, die mir durch den Heiligen Geist vermittelt wurde, wahre Freiheit geschenkt hat.

Wenn du in diesem Bereich Probleme hast, denkst du vielleicht: „Joyce, ich möchte ja nicht so fühlen, aber ich weiß nicht, wie ich aus dem Teufelskreis ausbrechen und wahre Freiheit erlangen soll." Es ist die Salbung, die auf dem Wort Gottes liegt, die dich frei machen wird: „Er sandte sein Wort und heilte sie, er rettete [sie] aus ihren Gruben." (Psalm 107, 20)

Hier sind einige Bibelstellen, über die du nachdenken kannst. Sie werden deinen Glauben stärken für die Zeiten, wenn dich Gefühle der Schuld und der Verdammung attackieren werden. Benutze sie als Waffe gegen Satan, indem du sie laut aussprichst. Sag ihm dasselbe wie Jesus, als dieser angegriffen wurde: *„Es steht geschrieben!"* (vgl. Lukas 4,4 und 8; Matthäus 4,7)

Doch er war durchbohrt um unserer Vergehen willen, zerschlagen um unserer Sünden willen. Die Strafe lag auf ihm zu unserm Frieden, und durch seine Striemen ist uns Heilung geworden.

Jesaja 53,3

Wer an ihn glaubt, wird nicht gerichtet; wer aber nicht glaubt, ist schon gerichtet, weil er nicht geglaubt hat an den Namen des eingeborenen Sohnes Gottes.

Johannes 3,18

Also gibt es jetzt keine Verdammnis für die, die in Christus Jesus sind. Denn das Gesetz des Geistes des Lebens in Christus Jesus hat dich freigemacht von dem Gesetz der Sünde und des Todes.

Römer 8,1-2

Wer wird gegen Gottes Auserwählte Anklage erheben? Gott ist es, der rechtfertigt. Wer ist, der verdamme? Christus Jesus ist es, der gestorben, ja noch mehr, der auferweckt, der auch zur Rechten Gottes ist, der sich auch für uns verwendet.

Römer 8,33-34

… [hinab]geworfen ist der Verkläger unserer Brüder, der sie Tag und Nacht vor unserem Gott verklagte. Offenbarung 12,10

Bleib im Wort. Verbringe regelmäßig Zeit mit Gott. Gib nicht auf und hör auf damit, dich mit endloser Selbstanalyse zu martern. Lass den Heiligen Geist dich von Sünde überführen, tu das nicht selbst.

Die wahrhaft Glaubenden vergeuden ihre Zeit nicht damit, ständig darüber nachzugrübeln, was sie richtig und was sie falsch gemacht haben – sie bleiben einfach „in Christus".

Das solltest du auch tun. Hör auf, dich schuldig und verdammt zu fühlen, und werde kühn und frei!

Heilige Kühnheit

Werdet stark im Herrn und in der Macht seiner Stärke!

Epheser 6,10

Als Glaubende sollen wir kühn im Herrn und in der Macht seiner Stärke sein. Manchmal lassen wir uns von einem Geist der Feigheit beherrschen. Wir werden duckmäuserisch und haben Angst loszugehen und zu tun und zu sagen, was Gott uns aufträgt. Wir müssen regelmäßig daran erinnert werden, dass Gott uns „nicht einen Geist der Furchtsamkeit gegeben [hat], sondern der Kraft und der Liebe und der Zucht." (2. Timotheus 1,7)

Ich persönlich liebe das Wort „Kraft". Ich glaube, dass wir alle gern stark wären. Gott hat große Pläne mit jedem von uns.

Gott hat Großes mit dir vor!

Doch jetzt werde ich dir ein kleines Geheimnis verraten: Wir werden nie ganz frei von Ängsten sein! Wir müssen lernen zu tun, was Gott uns sagt, ob wir Angst verspüren oder nicht. Wir müssen es „ängstlich" tun, wenn es gar nicht anders geht, aber das macht ja gerade Kühnheit aus – etwas trotzdem zu tun!

Ich dachte immer, ich sei ein Feigling, solange ich Angst verspürte, doch ich habe gelernt, dass das nicht stimmt. Als Gott Josua wiederholt auftrug sich nicht zu fürchten, bereitete er ihn auf Angstattacken vor. Diese sollten Josua aber nicht davon abhalten, im Gehorsam Gott gegenüber zu handeln.

Wir sind nicht feige, wenn wir Angst haben. Wir sind nur feige, wenn wir unsere Ängste die Oberhand gewinnen lassen.

Nach Vine hatte das griechische Wort „phobos", das mit „Angst" übersetzt wird, zuerst die Bedeutung „Flucht" und später die Bedeutung „etwas, das zur Flucht veranlasst".[7] Gott möchte, dass wir in seiner Kraft standhaft bleiben und nicht die Flucht ergreifen.

Bleib stehen und tu, was Gott dir aufgetragen hat!

Angst kann körperliche und seelische Symptome haben. Wenn uns Angst überfällt, fühlen wir uns vielleicht schwach oder wacklig auf den Beinen oder wir fangen an zu schwitzen. Es kann uns all unsere Kraft kosten, auch nur zu sprechen oder uns zu bewegen. Nichts davon bedeutet, dass wir Feiglinge sind. Das Wort Gottes sagt nicht: „Wackle nicht, schwitze nicht, zittere nicht" – es sagt: „Fürchte dich nicht!" Wir überwinden unsere Angst, indem wir durchhalten – sie aushalten – bis wir auf die Seite der Freiheit gelangt sind.

Für gewöhnlich wünschen wir uns, durch irgendein Wunder errettet zu werden. Wir möchten, dass Freunde für uns beten und wir erleben, wie das Problem verschwindet. Oder wir hätten gern, dass durch das Gebet eines Pastors unsere Angst verschwindet. Das wäre schön, denken wir, doch normalerweise geschieht es so nicht. Gott tut Wunder, und wenn wir sie erleben, ist das unglaublich schön, doch oft ist es nötig, dass wir „durchhalten".

Denke nicht, dass mit dir etwas nicht stimmt, weil du dich immer durch alles hindurchkämpfen musst und scheinbar nie ein Wunder erlebst. Gott hat seinen Plan mit jedem von uns, und wenn er von uns verlangt, dass wir uns durchkämpfen, hat er seine Gründe.

Dinge durchzustehen und nicht davonzulaufen ist eine der Voraussetzungen dafür, dass wir erwachsen werden und von Gott benutzt werden können, um anderen Menschen zu helfen. Wenn wir nie etwas durchstehen, erringen wir auch nie einen Sieg über Satan. Wenn wir uns aber „reinhängen" und Dinge mit Gottes Hilfe durchstehen, erringen wir Siege, die niemand von uns nehmen kann.

Wir müssen nicht ständig nach jemandem Ausschau halten, der Gott kennt und unsere Siege für uns erringen kann. Wir müssen lernen, wie wir selbst siegreich leben können.

Füreinander zu beten finde ich immens wichtig. Ich wüsste nicht, was ich täte, wenn es nicht Menschen gäbe, die konstant für mich beten. Ich glaube, dass uns Gebet ermutigt und stärkt, um Dinge durchzustehen und nicht aufzugeben. Ich glaube daran, dass wir einander helfen sollen, aber es kommt der Punkt, wo wir aufhören müssen, vor Schwierigkeiten zu flüchten. Wir müssen Gott erlauben, das in uns zu tun, was nötig ist.

Wir müssen kühn sein! Wenn das bedeutet, dass wir uns unseren Ängsten stellen müssen, sollten wir sie überwinden und lernen, was es heißt, im Herrn und in der Macht seiner Stärke stark zu sein!

Wahrer Mut ist mehr als eine laute Stimme

> Besser ein Langmütiger als ein Held, und besser, wer seinen
> Geist beherrscht, als wer eine Stadt erobert.   Sprüche 16,32

Es gibt einen Unterschied, ob jemand laut und nervtötend oder
wirklich mutig im Herrn ist. Ich war mein ganzes Leben lang laut,
aber ich war nicht immer mutig. Ich konnte große Worte machen,
aber mein Handeln war oft zögerlich und voll Angst.

Wenn jemand eine starke Persönlichkeit hat, nimmt jedermann
an, dass dieser Mensch auch mutig ist, aber das ist nicht immer der
Fall. Ich habe entdeckt, dass viele „starke Persönlichkeiten" in Wahrheit sehr ängstliche Menschen sind. Manchmal verstecken sie ihre
Ängste hinter einer betont forschen Mentalität.

Was ich als „Heilige Kühnheit" bezeichne, ist eine wundervolle Sache. Sie bedeutet, in stillem Gehorsam gegenüber Gott loszugehen, koste es, was es wolle. Sie gibt Gott die Ehre und ist nicht
hochmütig. Sie blickt nicht auf andere herab, die weniger Mut haben.

Weltliche Forschheit zieht die Aufmerksamkeit immer lautstark
auf sich selbst. Oft macht sie ihr eigenes Ding, anstatt Gott zu gehorchen. Sie kritisiert und verurteilt andere Menschen, die leiser, aber
dem Herrn trotzdem wertvoll sind.

Wir müssen begreifen, dass wir alle verschiedene Persönlichkeiten von Gott mitbekommen haben. Nur weil andere stiller oder
sanfter sind, bedeutet das nicht, dass sie nicht mutig sein können.
Tatsächlich sind es oft diese Menschen, die uns zeigen, was wahre
Kühnheit ist.

Wie gesagt, ich war immer laut, oft sogar nervtötend, und
dennoch litt ich im Verborgenen an Ängsten. Ich habe immer noch
eine starke Persönlichkeit, aber ich habe mich verändert. Ich weiß,
wann ich mutig vorangehen muss und wann ich warten soll, wann ich
meine Meinung geradeheraus sagen kann und wann Schweigen an-
gebracht ist.

Gottes Prinzipien sind in unserem Leben nicht wirklich zur
Entfaltung gekommen, wenn wir darin keine Balance erkennen. Wir
können keine barsche, hartherzige Art an den Tag legen und sie
Kühnheit nennen. Wahre Kühnheit ist gefüllt mit Liebe und Gnade.
Sie ist stark, wenn es sein muss, aber sie gibt auch auf andere Acht.

Damit Gottes Plan auf Erden Wirklichkeit wird, muss seine Gemeinde heilige Kühnheit zeigen und nicht insgeheim in Angst und Verdammung leben und der Welt eine Haltung präsentieren, die völlig kraftlos ist. Ich glaube wirklich, dass bestimmt achtzig Prozent der Menschen, die sich Christen nennen, meist mit einem Gefühl der Verdammnis leben. Es gibt nur wenige Menschen, die wirklich wissen, wer sie in Christus sind, und in der Sicherheit dieser Wahrheit ihr Leben gestalten.

Menschen empfinden alle möglichen Unsicherheiten bezüglich sich selbst. Sie zweifeln in Entscheidungssituationen, weil sie sich nicht sicher sind, dass sie Gottes Stimme hören. Sie sind in einem solchen Maße verunsichert, dass sie nicht losgehen, um die Dinge zu tun, die Gott ihnen aufträgt.

Doch wenn es darum geht, möglichst viel Lärm zu machen, findet man sie in der ersten Reihe, besonders diejenigen, welche sich für die Krieger Gottes halten, in denen sein Feuer lodert.

Wenn wir wahrhaft mutig sein wollen, müssen wir es lernen, unsere Gefühle zu beherrschen und demütig genug sein, um Gott zu erlauben, uns nach seinem Plan zu segnen und zu benutzen.

Kannst du es aushalten, gesegnet zu werden?

Glücklich der Mann, der nicht folgt dem Rat der Gottlosen, den Weg der Sünder nicht betritt und nicht im Kreis der Spötter sitzt, sondern seine Lust hat am Gesetz des Herrn und über sein Gesetz sinnt Tag und Nacht! Er ist wie ein Baum, gepflanzt an Wasserbächen, der seine Frucht bringt zu seiner Zeit und dessen Laub nicht verwelkt; alles, was er tut, gelingt ihm.

Psalm 1,1-3

Ein Bruder im Herrn erzählte mir neulich von einem sehr teuren Auto, das er geschenkt bekommen hatte. Dieser Mann hatte lange Jahre Gott treu gedient. Er hatte sehr hart gearbeitet und viele Opfer gebracht. Einige Geschäftsleute, die ihn kannten und achteten, wollten ihm ein ganz besonderes Geschenk machen – sein Traumauto. Sie wussten, dass er sich das Auto ohne fremde Hilfe nie würde leisten können. Es kostete etwa 60 000 Euro.

Der Mann erzählte uns, dass er daran dachte, das Auto zu verkaufen. Wir fragten ihn, ob das die Leute, die es ihm geschenkt hatten, nicht verletzen würde. Er antwortete, sie hätten ihm gesagt, dass er damit machen könne, was er für richtig hielte. Ich erinnere mich daran, dass ich ihn fragte, warum er es verkaufen wolle, wo sich doch jetzt ein Traum für ihn erfüllt hätte. An seine Antwort kann ich mich Wort für Wort erinnern. Er sagte: „Ich weiß, dass ich im voll-zeitlichen Dienst für Gott stehe und dass ich so nicht denken sollte, aber – um dir die Wahrheit zu sagen – ich fühle mich nicht wert, ein so teures Auto zu fahren."

Diese Geschichte ist ein Beispiel für fehlende Kühnheit, die daher kommt, dass wir nicht genau wissen, wer wir in Christus sind. Unsicherheit ist die Folge. Wenn wir nicht einmal mutig genug sind, die Segnungen Gottes zu empfangen und uns an ihnen zu freuen, fehlt uns ganz sicher etwas in einem äußerst wichtigen Bereich. Gott möchte zuerst einmal seine Kinder segnen und dann möchte er uns zum Segen setzen. Wie können wir Segen sein, wenn wir Segen nicht empfangen haben?

Ich bin davon überzeugt, dass es Mut braucht, sich segnen zu lassen. Erst müssen wir kühne Gebete beten und dann die Segnungen willig empfangen und genießen.

Ich erinnere mich gut daran, wie ich war, bevor Gott mich über meine Gerechtigkeit in Christus aufklärte. Ich fühlte mich so schlecht, dass ich es mir nicht vorstellen konnte, dass Gott mich mit großen Dingen segnen wollte. Ich konnte ja kaum glauben, dass er sich um das täglich Lebensnotwendige kümmern würde, geschweige denn, dass er mich weit darüber hinaus segnen wollte. Ich war nicht mutig genug, um Dinge zu bitten, die ich nicht unbedingt brauchte.

Als ich mehr und mehr über Gottes Plan erfuhr, seine Kinder auch mit Wohlstand zu segnen, begann ich um Dinge zu bitten, die ich nicht verzweifelt brauchte, die ich mir aber sehr wünschte. Ich kann mich erinnern, wie mulmig mir zumute war, mit dem Herrn über schöne Kleidung oder einen neuen Ehering zu reden. Der Ring, den ich damals trug, hatte siebzehn Dollar gekostet. Ursprünglich hatte Dave mir einen für etwa 100 Dollar gekauft. Einige Jahre später spielten wir Golf und ich bat Dave, ihn einzustecken. Er muss den Ring unabsichtlich aus der Tasche gezogen und verloren haben. Damals hatten wir drei kleine Kinder und kein Geld für Eheringe. Ich kaufte mir einen in einem christlichen Buchladen. Er war mit einem Kreuz verziert und sah sehr nett aus, aber ich hätte schon gern einen wirklich schönen gehabt.

Zu der Zeit, als ich anfing mutiger zu beten, wurde meine Beziehung zu Gott gerade richtig eng und schön. Ich hatte gerade mein erstes langes Fasten hinter mir. Den ganzen Februar hatte ich gefastet und Gott gebeten, dass er mir helfen würde, in der Liebe zu leben. Nach meiner Fastenzeit kam eine Frau unserer Gemeinde nach dem Gottesdienst zu mir und gab mir eine Schachtel mit den Worten: „Gott hat mir gesagt, dass ich dir das geben soll." In der Schachtel lag ein wunderschöner, mit dreiundzwanzig Diamanten verzierter Ehering! Natürlich war ich ganz aus dem Häuschen, aber irgendwie war es mir doch unangenehm, den Ring zu tragen. Vielleicht würden die Leute mich für eine Angeberin halten oder nicht verstehen, dass der Ring ein Geschenk war und keine Extravaganz meinerseits. Ich fürchtete mich davor, verurteilt zu werden.

Ein anderes Mal gab mir eine Frau einen Pelzmantel und ich fühlte mich genauso. Insgeheim hatte ich mir einen solchen Mantel gewünscht, und ich war überzeugt, dass Gott mich damit segnete, doch anfangs trug ich ihn kaum. Ich hatte Angst vor dem Urteil der Leute, dass sie Dinge über mich denken würden, die nicht stimmten. Ich hatte meinen Dienst für Gott gerade begonnen, und ich wollte, dass mir die Menschen vertrauten und mich mochten. Ich wollte nicht, dass sie dachten, dass ich eingebildet geworden war und mich mit teuren Dingen umgeben wollte.

Dave nahm mich letztendlich zur Brust und sagte in etwa Folgendes: „Hör zu, Joyce, du arbeitest hart und bringst eine Menge Opfer, um anderen zu dienen. Wenn du keine Segnung Gottes annehmen kannst, ohne Angst davor zu haben, was die Leute denken, wirst du dein Leben in einem emotionalen Gefängnis verbringen." Er sagte, ich solle den Mantel tragen und mich daran freuen. Was er mir sagte, veränderte nicht sofort meine Gefühle, aber ich erkannte, dass sich mein Denken ändern musste. Sonst würde Satan dafür sorgen, dass ich nie etwas bekam, was ich mir wünschte.

Natürlich müssen wir auf diesem Gebiet auch unseren Verstand einschalten. Beispielsweise halte ich es nicht für klug, unsere besten Sachen zu tragen, wenn wir bedürftigen Menschen das Evangelium bringen oder in ein Dritte-Welt-Land wie z. B. Indien reisen, wo

Armut allgegenwärtig ist. Wenn wir das tun, beleidigen wir diese Menschen höchstens oder ihnen wird ihre Lage noch schmerzlicher bewusst. Vielleicht fühlen sie sich dann minderwertig, und das würde ihnen auf keinen Fall weiterhelfen. Unser Ziel beim Evangelisieren – und im Dienst für Gott überhaupt – muss es immer sein, Menschen zu ermutigen, nicht Minderwertigkeitsgefühle und Niedergeschlagenheit in ihnen hervorzurufen.

Wir sollten sensibel dafür sein, was andere empfinden. Wenn unsere Sensibilität jedoch aus dem Gleichgewicht gerät, kann das dazu führen, dass wir von Menschen und Meinungen beherrscht werden. Wie wir alle wissen, gibt es immer irgendjemanden, dem nicht gefällt, was wir gerade tun. Wir müssen immer wieder unser Herz prüfen und das tun, was Jesus nach unserem Dafürhalten in bestimmten Situationen von uns möchte.

Manche Menschen sind so ängstlich, dass sie es nicht ertragen könnten, wenn Gott sie überreich segnen würde. Um die Segnungen Gottes zu genießen, müssen wir kühn sein. Wir dürfen vor den Urteilen und der Kritik anderer keine Angst haben. Oft bahnen sich Neid und Eifersucht gerade durch Familie und Freunde einen Weg und nehmen uns die Freude an Erfolg und Wohlstand. Denke daran, dass wir einen Kampf nicht gegen Fleisch und Blut, sondern gegen Mächte und Gewalten führen.

Werde nicht wütend auf Menschen, aber beuge dich auch nicht den falschen Einstellungen, die dich beherrschen wollen.

Wohlstand ist Gottes Wille für dich. Psalm 1 verspricht denen Gelingen, die ihre Freude am Gesetz des Herrn (seinen Anweisungen und Richtlinien) haben und Tag und Nacht darüber nachsinnen. Anders gesagt können die Menschen Wohlstand erwarten, die Gott und seinem Wort die erste Stelle in ihrem Leben einräumen.

Die Bibel ist voll von Versen, die denen Segen und Wohlstand verheißen, die Gott lieben und ihm gehorchen. Deshalb sollten diejenigen, die das tun, Segen erwarten. Sie sollten nicht so unsicher sein, dass sie keine Segnungen empfangen können, wenn Gott sie ihnen schenken will.

Gott möchte nicht, dass wir mit einer hochmütigen „Ich-bin-besser-als-du"-Einstellung durchs Leben gehen. Doch er möchte, dass wir dankbar annehmen, was er uns aus Gnaden gibt.

Jemand erinnerte mich neulich an die Geschichte von Josephs Mantel. Dieser Mantel war ein besonderes Geschenk seines Vaters Israel (1. Mose 37,3-4). Offensichtlich war er sehr schön, denn alle seine Brüder beneideten Joseph um ihn. Genauer gesagt hassten sie ihn sogar dafür – doch ihr Hass hielt Joseph nicht davon ab, den Mantel zu tragen.

Wir müssen uns an dem freuen, was Gott uns gibt, und auf Gott hören, nicht auf die Menschen um uns herum, die sich eigentlich für uns freuen sollten, aber nicht die geistliche Reife besitzen, das zu tun.

Mutig genug, um sich vom Geist Gottes leiten zu lassen

Es flieht der Gottlose, ohne dass ihm einer nachjagt; der Gerechte aber fühlt sich sicher wie ein Junglöwe.   Sprüche 28,1

Wenn wir erfolgreich wir selbst sein wollen, müssen wir an den Punkt kommen, wo wir uns vom Heiligen Geist leiten lassen. Nur Gott, durch seinen Geist, kann uns anleiten, wie wir unser Potenzial voll ausschöpfen können. Andere Menschen können das in der Regel nicht, Satan wird es ganz sicher nicht tun und wir selbst können es ohne Gottes Hilfe auch nicht.

Vom Geist Gottes geleitet zu werden heißt nicht, dass wir nie Fehler machen. Der Heilige Geist macht keine Fehler, doch wir sehr wohl. Sich vom Heiligen Geist leiten zu lassen ist ein Lernprozess. Wir fangen an Dinge zu tun, von denen wir glauben, dass Gott sie uns aufs Herz gelegt hat, und wir lernen aus der Erfahrung, seine Stimme immer klarer und deutlicher zu hören.

Ich sage, dass es hierfür Mut braucht, weil wir 1.) Kühnheit brauchen, um überhaupt loszugehen, und 2.) entschlossen sein müssen, unsere Fehler zu verarbeiten und aus ihnen zu lernen. Wenn unsichere Menschen einen Fehler machen, geben sie oft sofort auf. Mutige Menschen machen viele Fehler, aber ihre Einstellung ist: „Ich werde es immer wieder versuchen, bis ich es richtig mache."

Menschen, die unter dem Gefühl leiden, dass Gott sie für ihre Fehler verurteilt, glauben in der Regel nicht daran, dass sie Gottes Stimme hören können. Selbst wenn sie glauben, vielleicht von Gott gehört zu haben, und etwas anpacken, ist ein kleiner Rückschlag für sie eine große Katastrophe. Jedes Mal, wenn sie einen Fehler machen, fühlen sie sich schuldig und verurteilt. Am Ende verbringen sie ihr gesamtes Leben in diesem Kreislauf. Sie machen einen Fehler, fühlen sich von Gott verurteilt, machen wieder einen Fehler, fühlen sich verurteilt und so weiter.

Dieses Buch wurde geschrieben, um dich zu ermutigen, im Glauben loszugehen und der Mensch zu werden, als den Gott dich geplant und geschaffen hat. Was aber, wenn du dieses Buch liest, Schritte wagst und zwei Wochen später entdeckst, dass du einen Fehler gemacht hast? Wirst du mutig genug sein zu beten, klug genug sein aus deinen Fehlern zu lernen und entschlossen genug sein weiterzugehen – oder wirst du dich schuldig und verurteilt fühlen und dein Leben weiterhin vergeuden?

Es ist sinnlos zu lernen, wie wir uns der Leitung des Heiligen Geistes anvertrauen können, wenn wir nicht begreifen, dass wir auf dem Weg auch Fehler machen werden.

Du wirst Fehler machen! Mach nicht den Fehler zu denken, dass du keine Fehler machen wirst. Das ist eine unrealistische Erwartung, die dir schwere Niederlagen zufügen wird.

Ich lebe nicht ständig in der Erwartung, Fehler zu machen, aber ich habe mich mit dem Gedanken beschäftigt, dass mir ab und zu welche unterlaufen. Ich bin mental und emotional darauf vorbereitet, mich von Fehlern und Problemen nicht unterkriegen zu lassen.

Sei mutig! Sei entschlossen, deine gottgegebene Bestimmung zu erfüllen! Verstecke dich nicht länger hinter Ängsten und Unsicherheit! Wenn du in deinem Leben schlimme Fehler gemacht hast und dich ihretwegen verurteilt fühlst, ist jetzt die Zeit *um vorwärts zu gehen!* Du liest dieses Buch aus einem ganz bestimmten Grund. Tatsache ist, dass du der Mensch bist, für den ich dieses Buch geschrieben habe. Nimm es persönlich, so, als ob Gott durch dieses Buch direkt zu dir spricht. Sei entschlossen, den Sieg zu erringen.

Wenn wir Fehler machen, ist uns das oft peinlich. Wir halten uns für dumm und fragen uns, was wohl die Leute jetzt von uns denken. Es gibt mehrere emotionale Reaktionen auf Versagen. Wir sollten uns klarmachen, dass sie genau das sind – „emotionale Reaktionen" – und uns nicht von ihnen beherrschen lassen.

Wir können unsere Gefühle nicht immer beherrschen, aber wir müssen uns nicht von ihnen beherrschen lassen!

Niemand hat versagt, der noch nicht aufgegeben hat.

Betrachte deine Fehler nicht als Versagen, sondern lerne aus ihnen. Wir lernen mehr aus unseren Fehlern als aus allen anderen Dingen im Leben. Ich kann in meiner Bibel lesen, dass ich Gott gehorchen soll, und das verstehe und akzeptiere ich vielleicht auch, aber ich *lerne wirklich*, Gott nicht ungehorsam zu sein, wenn ich das einmal war und die Folgen zu spüren bekommen habe.

Manche sagen: „Nun gut, aber ich bleibe lieber auf der sicheren Seite, als dass ich hinterher etwas bereue." Meine Antwort darauf ist jedoch: „Vielleicht bist du am Ende auf der sicheren Seite, aber ganz sicher wirst du dieses Denken auch bereuen!"

Ich möchte dir Mut machen und dir zusprechen, dass du in Christus all das sein kannst, was Gott sich für dich gedacht hat. Nicht die Hälfte oder ein Viertel, sondern alles. Du kannst alles tun, was er von dir möchte, und alles haben, was er für dich bereithält. Ohne göttliche Kühnheit wirst du keine göttliche Fülle erleben. Gefühle des Verdammt-Seins zerstören Kühnheit – also schüttle sie ab!

Sprüche 28,1 sagt, dass die Gottlosen fliehen, auch wenn sie gar keiner verfolgt. Sie sind die ganze Zeit nur auf der Flucht. Vor allem laufen sie davon. Doch die Gerechten, die kompromisslos Gottes Wege gehen, sind mutig wie Löwen. Und ob du dich so fühlst oder nicht – du bist gerecht!

Zwei Arten von Gerechtigkeit

> Den, der Sünde nicht kannte, hat er für uns zur Sünde gemacht, damit wir Gottes Gerechtigkeit würden in ihm.
>
> 2. Korinther 5,21

Es ist unmöglich, Verurteilung im Leben zu vermeiden, wenn wir biblische Gerechtigkeit nicht wirklich verstanden haben. Denke daran, dass Verurteilung Vertrauen zerstört. Wir müssen uns nach Erkenntnis auf diesem Gebiet ausstrecken, damit wir wirkliche Freiheit erleben.

Es gibt zwei Arten von Gerechtigkeit, über die wir reden müssen: Selbstgerechtigkeit und Gottes Gerechtigkeit. Selbstgerechtigkeit wird durch gute Taten verdient; Gottes Gerechtigkeit wird uns aus Gnade durch den Glauben an Jesus Christus zuteil.

Selbstgerechtigkeit lässt keinen Raum für menschliches Versagen. Wir können sie nur erlangen, wenn wir alles perfekt machen. Sobald wir einen Fehler machen, verlieren wir sie und fühlen uns deswegen schlecht.

Gottes Gerechtigkeit ist genau das Gegenteil davon. Sie gilt denen von uns, die sich der Tatsache gestellt haben, dass sie nicht perfekt sein können (außer in unserem Wollen), obwohl wir das natürlich gern wären. Wir haben versucht, uns allein auf uns selbst zu verlassen, und herausgefunden, dass das nicht funktioniert. Wir haben unser Vertrauen jetzt auf Jesus gesetzt und glauben, dass er unsere Gerechtigkeit geworden ist. Wenn wir Christus anziehen, ziehen wir Gerechtigkeit wie einen Mantel an, den wir auf unserem irdischen Lebensweg kühn tragen:

> Denn ihr alle, die ihr auf Christus getauft worden seid, ihr habt Christus angezogen.   Galater 3,27
> Freuen, ja freuen will ich mich in dem Herrn. Jubeln soll meine Seele in meinem Gott! Denn er hat mich bekleidet mit Kleidern des Heils, den Mantel der Gerechtigkeit mir umgetan …
> Jesaja 61,10

Wir müssen der Realität ins Auge sehen. Wir können nicht auf ein Leben hoffen, in dem wir nie die Beherrschung verlieren. Wir können nicht in jeder Situation perfekte Geduld demonstrieren. Wir werden Gott nicht immer gehorsam sein oder seine Stimme immer unmissverständlich hören.

Jesus kam nicht für die Gesunden, sondern für die, die einen Arzt brauchen (Matthäus 9,11-12). Er kam für dich und mich, die wir nicht perfekt sind, auf diese Welt. Er kam, damit wir all das werden können, was Gott sich für uns gedacht hat, auch wenn das bedeutet, dass wir auf dem Weg dorthin Fehler machen.

Wir werden ganz sicher Verbesserungen an uns entdecken, wenn wir unseren Weg mit dem Herrn gehen. Wenn wir jedoch in Selbstgerechtigkeit verfallen, brauchen wir keinen Erlöser mehr.

Ich persönlich halte mich lieber an Jesus. Ich habe ihn extrem liebgewonnen und stelle mir nicht einmal vor, wie es wäre, ohne ihn zu leben. Selbstgerechtigkeit ist kein Ziel mehr von mir. Natürlich tue ich mein Bestes, aber ich habe meinen menschlichen Status mit seinen Grenzen akzeptiert. Ich lasse Gott Gott sein, aber ich lasse mich auch Mensch sein.

Manchmal überfordern wir uns selbst. Wir versuchen, das Unmögliche möglich zu machen, und das Ergebnis sind Frustration und Schuldgefühle. Wenn wir uns immer dafür ohrfeigen, einen Fehler gemacht zu haben, werden wir jeden Tag eine Ohrfeige bekommen – mindestens. Unter der Verdammung zu leben ist wie geohrfeigt zu werden. Ich zumindest fühle mich dann so.

Jesus ist gekommen und für uns gestorben, damit wir frei werden, nicht damit wir unter Gefühlen des Verdammt-Seins leiden.

Verdammung und Gesetzlichkeit im Gegensatz zu Freiheit und Leben

Der Dieb kommt nur, um zu stehlen und zu schlachten und zu verderben. Ich bin gekommen, damit sie Leben haben und [es im] Überfluss haben.   Johannes 10,10

Menschen mit einer gesetzlichen Einstellung dem Leben gegenüber werden immer mit Verurteilung und Verdammung zu kämpfen haben. Für sie gibt es nur einen Weg, wie man Dinge anpackt; in der Regel ist dieser Weg schmal, lässt wenig Raum für Fehler und noch weniger für individuelle Kreativität.

Beispielsweise können gesetzliche Menschen davon überzeugt sein, dass es nur eine richtige Art zu beten gibt. Sie sind davon überzeugt, dass sie eine bestimmte Haltung einnehmen oder die Augen geschlossen halten müssen. Vielleicht verstellen sie ihre Stimme, um „frommer" zu klingen, und benutzen viele schöne Worte, um

Gott zu beeindrucken. Für sie muss Gebet eine bestimmte Zeitdauer haben, eine halbe Stunde oder eine ganze, je nachdem, was ihr persönlicher Standard ist. Folgen sie ihren eigenen Regeln nicht, stellen sich Schuldgefühle ein.

Ich erinnere mich an die Zeit, wo ich sehr gesetzlich lebte und meine eigene Art zu beten hatte. Natürlich betete mein Mann anders als ich und ich dachte, dass er das ganz falsch machte. Ich ging spazieren und betete, während er irgendwo herumsaß, aus dem Fenster schaute und betete. Ich erinnere mich daran, dass ich dachte, dass er keinesfalls „im Geiste" beten könnte, wenn er dabei aus dem Fenster schaute! Vielleicht wollte ich ja selbst ganz gern aus dem Fenster schauen, aber das wäre für mich keine „Gebetshaltung" gewesen – also gönnte ich mir diese Freude nicht. Hätte ich am Fenster gesessen, herausgeschaut und dabei mit Gott geredet, hätte ich dabei ein schlechtes Gewissen gehabt. Ich ärgerte mich, dass Dave die Freiheit hatte, das zu tun, was auch ein Wesenszug gesetzlicher Menschen ist.

Gesetzlichkeit und Freude passen nicht zusammen. In Johannes 10,10 sagt Jesus, dass er gekommen ist, damit wir Leben haben und es genießen könnten. Vorher sagt er, dass der Dieb nur kommt, um zu töten, zu stehlen und zu zerstören. Der Dieb, von dem er sprach, war eine Art Religiosität, die unter den Menschen seiner Zeit weit verbreitet war. Diese Menschen strebten nach Selbstgerechtigkeit und wussten nichts von Gottes Gerechtigkeit. Jesus kam, um Licht ins Dunkel, den Verzweifelten Hoffnung, den Müden Ruhe und der Welt Freude zu bringen. Doch das konnte nicht geschehen, wenn die Menschen nicht ihre Selbstgerechtigkeit aufgeben und seine Gerechtigkeit empfangen würden.

Einmal hörte ich einen Mann sagen, dass es ein sicheres Anzeichen dafür gäbe, dass man dabei ist, wahre Freiheit zu erlangen: Es wird immer jemanden mit religiösen Prinzipien geben, der dich wegen deiner Freiheit verurteilt und kritisiert und versucht, dir ein schlechtes Gewissen einzureden. Es stimmt – Gesetzlichkeit und Verdammnis passen zusammen wie die Faust aufs Auge.

Wenn wir wirklich von Verdammnis frei werden wollen, müssen wir Gesetzlichkeit ablegen. Die Bibel lehrt uns, auf dem schmalen Weg zu bleiben; sie lehrt uns nicht, engstirnig zu sein. Unsere Art,

Dinge zu tun, ist nicht der einzig mögliche Weg, und das trifft auch auf alle anderen Menschen zu.

In Christus gibt es Raum für Kreativität und Freiheit. Vielleicht betet jemand, während er spazieren geht. Ein anderer betet lang ausgestreckt auf dem Boden liegend, das Gesicht in einem Kissen verborgen. Noch jemand anders kniet vielleicht beim Beten vor dem Bett, hält die Augen geschlossen und wendet sein Gesicht dem Himmel zu. Ein wahrhaft geistlicher Mensch weiß, dass es nicht die körperliche Haltung ist, die Gott beeindruckt, sondern die Haltung des Herzens.

Eine Sache, mit der gesetzliche Menschen Probleme haben, ist ihre Gerechtigkeit vor Gott durch Jesus Christus und nicht durch ihre Werke. Sie wollen gerecht sein, aber sie streben nach Selbstgerechtigkeit. Gesetzlichkeit und Stolz gehen Hand in Hand, und Stolz benötigt immer etwas, worauf man stolz sein kann. Weil das so ist, verspüren stolze Menschen immer den Drang, „an etwas arbeiten" zu müssen.

Natürlich möchte Gott, dass wir fleißig sind, aber geistliche Werke sind anders als fleischliche Werke. Wir tun Gottes Werke aus Gehorsam zu ihm, doch unsere eigenen Werke sind oft das Ergebnis eines menschlichen Plans, vom dem wir uns etwas für uns selbst versprechen. Sie kommen nicht von Gott. Wir haben uns das alles selbst ausgedacht und erwarten dafür noch Gottes Beifall. Wir müssen lernen, dass Gott nicht käuflich ist. Wir können uns seine Gunst, seine Segnungen oder seine Anerkennung nicht mit guten Taten verdienen.

Paulus sagte, dass wahre Christen sich in Christus rühmen und sich nicht auf Fleisch verlassen (Philipper 3,3). Diese Einstellung sollten wir an den Tag legen. Wenn wir etwas richtig machen, dann, weil Gott gut ist, nicht wir. Wir haben keinen Grund uns zu rühmen, überhaupt keinen. Wir haben kein Recht, andere zu verurteilen, wenn wir einen ehrlichen Blick auf uns selbst geworfen haben. Wir können lediglich Gottes Liebe und Erbarmen als Geschenk annehmen, Gott zurücklieben und seine Liebe auch durch uns an andere weiterfließen lassen.

Wenn unser Vertrauen nicht mehr in uns selbst, sondern in Christus begründet liegt, können wir uns danach ausstrecken, unser

Potenzial zur vollen Entfaltung zu bringen. Man könnte sagen, dass wir „zum Erfolg vorherbestimmt" sind.

Es ist eine traurige Tatsache, dass viele Christen in Selbstgerechtigkeit und Schuldgefühlen stecken bleiben und nie die wahre Freiheit in Christus erlangen. Sie bleiben immer auf dem niedrigen Niveau der Selbstgerechtigkeit, strampeln sich ab, versagen und fühlen sich verdammt. Für Gottes Kinder ist aber mehr drin: Freiheit von Schuldgefühlen und Verdammnis. Wir können Vertrauen und Sicherheit in Gott auf hohem Niveau erleben – und das wird uns dabei helfen, erfolgreich wir selbst zu sein.

Denke immer daran, dass religiöse, gesetzliche Menschen von Freiheit, Wohlstand, Gerechtigkeit oder Vertrauen nicht sehr angetan sind. Mit Unterjochung, Lasten, Armut, Verdammung und Schuld können sie mehr anfangen.

So habe auch ich den Großteil meines Lebens verbracht, aber ich werde das nicht länger zulassen. Jesus starb, um dich und mich *frei zu machen.* Unsere Aufgabe ist es, *mutig aufzustehen* und all das zu *empfangen,* was er uns geben möchte. Wir müssen uns weigern in Verdammnis zu leben. Wenn wir sündigen, müssen wir schnell Buße tun und umkehren, *Vergebung empfangen und weitergehen!*

Ich wurde kritisiert, weil ich Menschen lehrte, sich selbst zu mögen und frei von Verdammung zu leben. Gesetzliche Menschen leben in der Angst davor, dass solche Lehre die Tür für das Böse öffnet. Sie sagen: „Joyce, du gibst den Menschen einen Freibrief zum Sündigen."

Eine Zeit lang hörte ich auf sie, weil ich dachte, dass sie vielleicht Recht hätten. „Schließlich wissen sie mehr als ich," sagte mir mein Verstand. „Sie haben ja studiert und sich ihre akademischen Titel verdient."

Doch Gott zeigte mir, dass die Menschen, die ihn wirklich lieben, ganz sicher nicht nach einem Vorwand zum Sündigen suchen; sie tun alles, um Sünde von sich fernzuhalten. Und jeder, der sündigen möchte, wird einen Weg finden – egal, was wir predigen.

Menschen erleben keine Freiheit, wenn wir Gesetzlichkeit predigen. Sie erleben Freiheit, wenn wir Gerechtigkeit und Freiheit von Verdammung predigen. Gesetzlichkeit bringt die Menschen nie näher zu Gott. Sie verstrickt die Menschen nur in Regeln und Gesetze und lässt ihnen keine Zeit, mit Gott Gemeinschaft zu haben. Gesetzlichkeit hat zur Folge, dass Menschen Angst vor Gott haben und keinen Drang verspüren, ihm näher zu kommen, weil sie auf irgendeine Weise versagt haben und jetzt im Kreislauf der Schuld gefangen sind.

Verdammung zerstört die persönliche Beziehung zu Gott. Sie nimmt uns den Genuss, mit Gott Gemeinschaft zu haben. Sie zerstört unsere Sicherheit, unser Vertrauen, unsere Gebete, unsere Freude, unseren Frieden und unsere Gerechtigkeit.

Verdammung stiehlt, tötet und zerstört! Die Gerechtigkeit jedoch, die wir in Jesus Christus finden, bringt uns Freiheit, Freude und Leben in all seiner Fülle!

12. Sicherheit im Gebet

Wahrlich, ich sage euch: Wer zu diesem Berg sagen wird: Hebe dich empor und wirf dich ins Meer! und nicht zweifeln wird in seinem Herzen, sondern glauben, dass es geschieht, was er sagt, dem wird es werden. Darum sage ich euch: Alles, um was ihr auch betet und bittet, glaubt, dass ihr es empfangen habt, und es wird euch werden.   Markus 11,23-24

Für dieses letzte Kapitel habe ich das Gebet als Thema gewählt, weil es so wichtig für jede Art von Erfolg ist. Wenn wir unser Potenzial erfolgreich entfalten und im Leben Erfolg haben wollen, müssen wir wissen, wie wir beten sollen. Wir müssen gewillt sein, dem Gebet eine Vormachtstellung in unserem täglichen Leben einzuräumen.

Jedes Versagen ist im Grunde ein Versagen im Gebet.

Wenn wir nicht beten, ist das Beste, was passieren kann, nichts. Alles wird beim Alten bleiben, was an sich schon angsteinflößend genug ist. Wir alle brauchen Veränderung, und die erreichen wir durch Gebet.

Es nützt nichts zu beten, wenn wir kein Vertrauen ins Gebet haben.

Ich glaube, dass sehr viele Menschen mit ihrem Gebetsleben unzufrieden sind, und viel von ihrer Unzufriedenheit liegt in ihrem Mangel an Vertrauen in sich selbst und in ihre Gebete begründet. Viele Christen haben heute Fragen bezüglich ihres Gebetslebens und sind frustriert. Sogar diejenigen, welche aktiv beten, sagen oft, dass sie unzufrieden sind, weil sie spüren, dass ihnen etwas fehlt. Sie sind sich nicht sicher, ob sie richtig beten.

Ich kann mich hiermit sehr gut identifizieren, weil ich lange Jahre auch so gefühlt habe. Ich betete treu jeden Morgen, aber nach

meiner Gebetszeit stellte ich oft ein verschwommenes Gefühl der
Frustration ein. Letztendlich fragte sich Gott, was mit mir nicht
stimmte. Er antwortete mir in meinem Herzen und sagte: „Joyce, du
denkst, dass deine Gebete nicht gut genug sind." Schon war ich
wieder mitten drin in der alten Geschichte von Schuldgefühlen und
Verdammung. Ich genoss das Gebet nicht, weil ich nicht darauf
vertraute, dass meine Gebete akzeptabel waren. Was, wenn sie „man-
gelhaft" waren?

Gott musste mich einiges lehren über das Gebet im Glauben,
darüber, dass der Heilige Geist mir beim Beten hilft und dass Jesus
selbst sich für mich verwendet (Römer 8,26; Hebräer 7,25). Wenn mir
zwei Personen der dreieinigen Gottheit beistünden, würden meine
mangelhaften Gebete ganz sicher gut genug sein, wenn sie vor dem
Thron Gottes, des Vaters, ankämen. Dieses Wissen nahm mir eine Last
von der Seele, doch ich musste erst noch Vertrauen in kurze Gebete
voll Glauben entwickeln.

Kurze, glaubensvolle Gebete

> Wenn ihr aber betet, sollt ihr nicht plappern wie die von den
> Nationen; denn sie meinen, dass sie um ihres vielen Redens
> willen erhört werden.   Matthäus 6,7

Wir müssen Vertrauen in kurze Gebete voller Glauben entwickeln.
Wir brauchen das Vertrauen und die Sicherheit, dass Gott uns hört
und erhört, selbst wenn wir nur sagen: „Gott, hilf mir!" Wir können
uns darauf verlassen, dass Gott treu tun wird, worum wir ihn bitten,
wenn unsere Bitte mit seinem Willen übereinstimmt. Wir sollten
wissen und glauben, dass er uns helfen will, weil er unser Helfer ist
(Hebräer 13,6).

Zu oft verlieren wir uns in Äußerlichkeiten, was das Gebet
angeht. Manchmal versuchen wir so lange, laut und schön zu beten,
dass wir vergessen, was Gebet eigentlich ist – ein Gespräch mit Gott.
Es kommt nicht auf die Länge, Lautstärke oder Wortgewandtheit
unseres Gebets an, sondern auf die Aufrichtigkeit unseres Herzens
und das Vertrauen, dass Gott uns hört und antworten wird.

Manchmal verzetteln wir uns, weil wir versuchen, hingebungs-
voll und elegant zu klingen. Wir wissen nicht einmal, worum wir
eigentlich beten wollen. Wenn wir endlich aufhören würden zu versuchen, Gott zu beeindrucken, wären wir viel besser dran.

Vor einigen Jahren zeigte mir Gott, dass ich eigentlich gar nicht
mit ihm redete, wenn ich laut vor anderen Menschen betete. Ich
versuchte nämlich viel mehr, die anderen mit meinen schönen, ver-
geistigten Gebeten zu beeindrucken. Einfaches, vertrauensvolles Gebet kommt direkt aus dem Herzen des Beters und dringt direkt ins
Herz Gottes ein.

Wie oft sollten wir beten? Erster Thessalonicher 5,17 sagt, dass
wir ohne Unterlass beten sollen.

Wenn wir das Konzept von einfachem, vertrauensvollem Gebet
nicht verstanden haben, kann uns diese Anweisung geradezu erschla-
gen. Wir fühlen uns vielleicht schon toll, wenn wir es schaffen,
täglich eine halbe Stunde zu beten – wie also sollen wir beten, ohne
jemals aufzuhören? Wir brauchen so viel Sicherheit in unserem
Gebetsleben, dass Gebet wie das Atmen wird, eine mühelose Sache,
die wir jeden Augenblick unseres Lebens tun. Wir mühen uns beim
Atmen nicht ab, es sei denn, wir sind lungenkrank, und so sollte auch
unser Beten nicht mit Kampf und Krampf verbunden sein. Ich glaube,
dass wir auf diesem Gebiet keine Probleme haben werden, wenn wir
die Macht einfachen, vertrauensvollen Gebets verstehen.

Wir sollten uns vor Augen halten, dass nicht Länge, Lautstärke
oder Redegewandtheit Gebete kraftvoll macht, sondern Aufrichtigkeit und Glauben.

Wenn wir kein Vertrauen in unsere Gebete haben, werden wir
auch nicht viel beten, geschweige denn ohne Unterlass beten. Offensichtlich bedeutet „ohne Unterlass" nicht, dass wir 24 Stunden am
Tag irgendein Ritual oder eine Formel abspulen sollen. Es bedeutet
vielmehr, in einer Gebetshaltung zu leben. Jede Situation, mit der wir
konfrontiert werden, und alles, was uns in den Sinn kommt und
wichtig ist, sollen wir einfach im Gebet vor Gott bringen.

Wir sehen daraus, dass Gebet nicht an eine bestimmte Haltung
oder Einstellung oder einen bestimmten Ort gebunden sein kann.

Wir sind der Ort des Gebets

> Denn mein Haus wird ein Bethaus genannt werden für alle
> Völker.   Jesaja 56,7

Im Alten Bund war der Tempel das Haus Gottes, der Ort des Gebets
für sein Volk. Im Neuen Bund sind nun wir Gottes Haus, ein Gebäude,
das sich zwar noch im Bau befindet, aber nichtsdestoweniger Gottes
Haus, seine Stiftshütte, sein Aufenthaltsort ist. Deshalb sollten wir
uns als ein Ort des Gebets verstehen:

> Denn Gottes Mitarbeiter sind wir; Gottes Ackerfeld, Gottes Bau
> seid ihr.   1. Korinther 3,9
> Wisst ihr nicht, dass ihr Gottes Tempel seid und der Geist
> Gottes in euch wohnt?   1. Korinther 3,16

Epheser 6,18 lässt uns wissen, dass wir überall, zu jeder Zeit, um alles
beten können und dass wir diesen Dienst wachsam versehen sollten:
„Mit allem Gebet und Flehen betet zu jeder Zeit im Geist und wachet
hierzu in allem Anhalten und Flehen für alle Heiligen." Wenn wir
Epheser 6,18 ernst nehmen und praktizieren, kann das unser Leben
und ganz sicher unser Gebet verändern.

Sogar wenn wir über ein Gebetsanliegen nachdenken, scheinen
wir das zumeist mit einem zweiten, falschen Gedanken zu verbinden:
„Dafür muss ich in meiner Stillen Zeit beten."

Warum beten wir denn nicht sofort dafür? Weil wir hier in einer
mentalen Zwangsjacke stecken – wir denken, dass wir zum Beten an
einem bestimmten Ort, in einer bestimmten Position und in einer
bestimmten geistigen Haltung sein müssen. Kein Wunder, dass wir
nicht viel beten. Wenn wir nur beten können, wenn wir stillsitzen
und absolut nichts anderes tun, werden die meisten von uns garantiert nicht ohne Unterlass beten.

Wir alle sollten uns Zeit für Gott nehmen, die wir nur für ihn
reservieren. Wir müssen uns in Selbstdisziplin üben, unsere Verabredungen mit ihm auch einzuhalten. An unsere Termine beim Arzt,
Zahnarzt oder Rechtsanwalt halten wir uns auch peinlich genau, aber
wenn es um Gott geht, denken wir komischerweise, dass wir unsere

Verabredungen ohne vorheriges Bescheidsagen verschieben können, oder wir tauchen sogar gar nicht erst auf.

Wenn ich Gott wäre, wäre ich beleidigt!

Wir brauchen diese besonderen Zeiten in der Gegenwart Gottes, aber zusätzlich sollten wir auch von unserem Recht des unablässigen Gebets Gebrauch machen. Unsere Gebete können laut oder still, lang oder kurz, öffentlich oder im Verborgenen sein – Hauptsache, wir beten!

Gebet im Verborgenen

> Und wenn ihr betet, sollt ihr nicht sein wie die Heuchler; denn sie lieben es, in den Synagogen und an den Ecken der Straßen stehend zu beten, damit sie von den Menschen gesehen werden. Wahrlich, ich sage euch, sie haben ihren Lohn dahin. Wenn *du* aber betest, so geh in deine Kammer, und nachdem du deine Tür geschlossen hast, bete zu deinem Vater, der im Verborgenen ist! Und dein Vater, der im Verborgenen sieht, wird dir vergelten.
>
> Matthäus 6,5-6

Obwohl einige unserer Gebete öffentlich oder in Gruppen stattfinden, findet der Großteil unseres Gebetslebens im Verborgenen statt, und das sollte auch so sein. Mit anderen Worten: Wir müssen nicht an die große Glocke hängen, worum und wie viel wir beten.

„Gebet im Verborgenen" bedeutet mehrere Dinge. Zum einen bedeutet es, unsere Gebetserfahrungen nicht jedermann mitzuteilen. Wir beten für die Dinge und Menschen, die Gott uns aufs Herz legt, und diese Gebete bleiben zwischen uns und Gott – es sei denn, wir haben einen triftigen Grund, uns anders zu entscheiden.

Es ist völlig in Ordnung, einem Freund oder einer Freundin mitzuteilen, dass wir in der letzten Zeit viel für die jungen Menschen in unserem Land oder um eine engere Beziehung zwischen Gott und bestimmten Personen gebetet haben. Sich solche Dinge mitzuteilen, ist ganz einfach ein Bestandteil unserer Freundschaften, aber Gott legt uns auch Dinge aufs Herz, die wir für uns behalten sollten.

„Gebet im Verborgenen" heißt auch, dass wir nicht beten, um andere zu beeindrucken. In Lukas 18 finden wir ein Beispiel für richtiges und falsches Beten.

Demütiges Gebet

Zwei Menschen gingen hinauf in den Tempel, um zu beten, der eine ein Pharisäer und der andere ein Zöllner. Der Pharisäer stand und betete bei sich selbst so: Gott, ich danke dir, dass ich nicht bin wie die übrigen der Menschen: Räuber, Ungerechte, Ehebrecher oder auch wie dieser Zöllner. Ich faste zweimal in der Woche, ich verzehnte alles, was ich erwerbe. Der Zöllner aber stand weitab und wollte sogar die Augen nicht aufheben zum Himmel, sondern schlug an seine Brust und sprach: Gott, sei mir, dem Sünder, gnädig! Ich sage euch: Dieser ging gerechtfertigt hinab in sein Haus im Gegensatz zu jenem; denn jeder, der sich selbst erhöht, wird erniedrigt werden, wer sich aber selbst erniedrigt, wird erhöht werden.   Lukas 18,10-14

Damit Gebet wirklich ein „Gebet im Verborgenen" genannt werden kann, muss es aus einem demütigen Herzen kommen.

In dieser Lektion über das Beten, die Jesus selbst uns lehrt, sehen wir, dass der Pharisäer betont auffällig betete, aus seinem Gebet gewissermaßen eine Show machte. Nichts an seinem Gebet war aufrichtig oder fand im Verborgenen statt. Sein Gebet kam auch nicht nur zehn Zentimeter von ihm selbst weg; er war total damit beschäftigt, was *er* tat.

Der zweite Mann in der Geschichte, ein verachteter Steuereinnehmer und „Sünder" in den Augen der meisten Menschen, erniedrigte sich, neigte seinen Kopf und bat Gott demütig und still um Hilfe. Als Antwort auf sein aufrichtiges, demütiges Gebet wurde die Sündenlast eines ganzen Lebens in einem einzigen Augenblick ausgelöscht. Das ist die Macht einfachen, vertrauensvollen Gebets.

Mein Team und ich genießen das Privileg, jedes Jahr Tausende von Menschen in unseren Konferenzen zu Gott zu führen. Die Leute, die nach dem Aufruf nach vorn zum Altar kommen, zu beobachten, ist phänomenal. Ich spreche einige Minuten mit ihnen und leite sie

dann in einem sehr einfachen Gebet des Glaubens und der Hingabe
an Jesus an. In diesen wenigen Momenten wird ihre Lebensschuld
getilgt und Gerechtigkeit durch den Glauben an Jesus Christus
kommt in ihr Leben.

Gott gab uns nicht eine Menge komplizierter, nur schwer ein-
zuhaltender Regeln und Richtlinien. Christsein kann einfach sein, es
sei denn, dass komplizierte Menschen es kompliziert machen.

Bau deinen Glauben auf die Tatsache auf, dass einfaches, vertrauensvolles Gebet kraftvoll ist. Glaube, dass du überall, zu jeder
Zeit, für alles beten kannst. Glaube, dass deine Gebete nicht perfekt,
wortgewaltig oder lang sein müssen. Halte sie einfach und kurz, voll
Glaubens – und leidenschaftlich.

Leidenschaftliches Gebet

> Viel vermag eines Gerechten Gebet in seiner Wirkung.
>
> Jakobus 5,16

Effektives Gebet bedeutet leidenschaftliches Gebet. Damit ist jedoch
nicht gemeint, dass wir uns künstlich in irgendwelche Emotionen
hineinsteigern sollen. Viele Jahre lang habe ich aber in diesem Glauben gelebt, und vielleicht bist du ähnlich verwirrt oder verunsichert,
was diese Sache angeht.

Hier geht es jedoch um das Gebet eines Gerechten. Für mich
bedeutet dieser Vers, dass unsere Gebete wahrhaft aufrichtig sein
sollen, dass sie aus unserem Herzen kommen sollen und nicht nur aus
unserem Kopf.

Manchmal werde ich beim Beten sehr emotional, vielleicht
weine ich sogar. Oft jedoch bin ich beim Beten überhaupt nicht
emotional; ich bete aufrichtig, *fühle* aber nichts Außergewöhnliches.

Ich erinnere mich, wie ich diese Gebetszeiten, in denen ich
Gottes Gegenwart spürte, sehr genoss und mich fragte, was mit mir
nicht stimmte, wenn ich nichts fühlte. Nach einer Weile lernte ich,
dass Glaube nicht auf Gefühlen basiert, sondern auf der Gewissheit
des Herzens.

Das Gebet eines Gerechten

Viel vermag eines Gerechten Gebet in seiner Wirkung.
                                                    Jakobus 5,16

Wir lesen hier, dass das „Gebet eines Gerechten" kraftvoll ist. Solch ein Mensch lebt nicht unter der Verdammung – er oder sie hat Vertrauen in Gott und in die Macht des Gebets. Das bedeutet aber nicht, dass ein solcher Mensch in allem perfekt ist.

Im nächsten Vers (Jakobus 5,17) wird uns Elia als Beispiel vor Augen gehalten: „Elia war ein Mensch von gleichen Gemütsbewegungen wie wir; und er betete inständig, dass es nicht regnen möge, und es regnete nicht auf der Erde drei Jahre und sechs Monate."

Elia war ein Mann Gottes, der nicht immer perfekt handelte, aber dennoch kraftvoll betete. Er ließ es nicht zu, dass seine Unvollkommenheit sein Vertrauen in Gott schmälerte.

Elia hatte Glauben, aber er hatte auch Angst. Er war gehorsam, aber manchmal war er auch ungehorsam. Er war immer bereit, Buße zu tun, er liebte Gott und wollte Gottes Willen für sein Leben erkennen und tun. Doch manchmal gab er menschlichen Schwächen nach und versuchte, den Konsequenzen seiner Berufung aus dem Weg zu gehen.

Elia war dir und mir in vielem ähnlich. In 1.Könige 18 lesen wir, wie er in der Kraft Gottes wandelt, Feuer vom Himmel herabruft und auf Gottes Geheiß 450 Baalspriester vernichtet. Unmittelbar danach, in 1.Könige 19, erleben wir, wie er voll Angst vor Isebel flieht, pessimistisch und deprimiert wird und sich sogar den Tod wünscht.

Wie viele von uns ließ Elia seine Emotionen die Oberhand gewinnen. Dass uns Jakobus 5,16 lehrt, kraftvoll und effektiv wie die Gerechten Gottes zu beten, und uns dann vor Augen stellt, dass selbst Elia ein Mensch wie du und ich war, sollte uns genug „Bibel-Power" geben, um uns Gefühlen der Verdammung zu widersetzen, wenn sie uns suggerieren wollen, dass wir wegen unserer Schwächen und Fehler nicht kraftvoll beten können.

Menschen, die beteten

> Er sagte ihnen aber auch ein Gleichnis dafür, dass sie allezeit beten und nicht ermatten sollten.
>
>   Lukas 18,1

Die Bibel ist voll von Geschichten über Männer und Frauen Gottes, die Gebet als die Hauptaufgabe ihres Lebens betrachteten.

Jesus betete:

> Und frühmorgens, als es noch sehr dunkel war, stand er auf und ging hinaus und ging fort an einen einsamen Ort und betete dort.
>
>   Markus 1,35

Ganz sicher war Gebet Jesus wichtig, sonst wäre er wohl im Bett geblieben. Die meisten von uns stehen nur sehr früh auf, wenn sie etwas wirklich Wichtiges zu erledigen haben.

Wir sehen, dass Jesus sein Gebetsleben nicht an die große Glocke hing. In diesem Beispiel ging er an einen einsamen Ort, und die Bibel sagt uns nur, dass er dort „betete".

David betete:

> Gott, mein Gott bist du; nach dir suche ich. Es dürstet nach dir meine Seele, nach dir schmachtet mein Fleisch in einem dürren und erschöpften Land ohne Wasser.
>
>   Psalm 63,2

David betete, was ich „Sehnsucht-nach-Gott"-Gebete nenne. Viele Male am Tag ertappe ich mich dabei, wie ich denke oder flüstere: „Oh, Gott, ich brauche dich." Das ist einfaches, aber wirkungsvolles Gebet. Gott antwortet auf diese Art Gebet. Er hilft uns, zeigt uns, dass er da ist, und freut sich, dass wir uns von ihm abhängig machen.

Bei anderen Gelegenheiten höre ich mich zu Gott sagen: „Vater, hilf mir hier." Das ist mir zu einer Gewohnheit geworden, die ich hoffentlich nie ablegen werde.

Die Bibel sagt, dass wir nichts haben, weil wir nicht bitten. (Jakobus 4,2) Warum denn nicht oft um Hilfe bitten?

Daniel betete:

Und als Daniel erfuhr, dass das Schriftstück ausgefertigt war, ging er in sein Haus. Er hatte aber in seinem Obergemach offene Fenster nach Jerusalem hin; und dreimal am Tag kniete er auf seine Knie nieder, betete und pries vor seinem Gott, wie er [es auch] vorher getan hatte.   Daniel 6,10

Daniel war ganz sicher davon überzeugt, dass Gebet wichtig war. Ein königliches Verbot war ergangen, dass dreißig Tage lang keiner an einen Gott oder einen Menschen außer dem König eine Bitte richten durfte. Wer das Verbot missachtete, sollte in die Löwengrube geworfen werden.

Daniel betete so wie immer. Er wusste offensichtlich, dass Gottes Schutz wichtiger und mächtiger war als die Drohungen der Menschen.

Die Apostel beteten:

Wir aber werden im Gebet und im Dienst des Wortes verharren.
Apostelgeschichte 6,4

Die Apostel waren so von der Essensverteilung und anderen profanen Aufgaben in Anspruch genommen, dass diese Verantwortung sie in ihren Gebeten und dem Studieren des Wortes Gottes unterbrach. Sie wählten sieben Männer aus, die ihnen bei den praktischen Aufgaben zur Hand gehen sollten, damit sie sich selbst dem Gebet und dem Wort Gottes *hingeben* konnten.

Manchmal müssen wir Dinge in unserem Leben verändern, um Raum für Gebet zu schaffen. Wir müssen andere Dinge, die weniger Frucht bringen, abgeben. Wir werden keinen Erfolg bei irgendetwas haben, wenn wir nicht beten.

„Ich habe zu viel zu tun" ist die häufigste und gleichzeitig die dümmste unserer Ausreden. Wir planen unsere Tagesabläufe, und wenn wir Zeit übrig haben, nachdem alles andere getan ist, beten wir. Was wir mit unserer Zeit anfangen, zeigt, was uns wichtig ist. Wenn wir nicht beten, ist einer der Gründe dafür, dass wir dem Gebet nicht den Stellenwert zumessen, den es haben sollte.

Die Geschichte der Menschheit legt uns Zeugnis darüber ab, dass auch nach Fertigstellung der Bibel viele Christen den Wert und die Notwendigkeit des Gebets erkannten.

Martin Luther zum Beispiel sagte, er hätte so viel zu tun, dass er das unmöglich schaffen könnte, wenn er nicht drei Stunden am Tag beten würde.

Wir fragen uns vielleicht, wie um Himmels Willen wir drei Stunden Beten in unseren Tagesablauf integrieren sollen, doch Martin Luther erkannte, dass seine Einstellung hierzu genau das Gegenteil sein sollte.

Ich sage nicht, dass jeder Mensch drei Stunden am Tag beten soll. Der springende Punkt ist, dass es viele sehr beschäftigte Menschen mit wichtigen Aufgaben gibt, die sich reichlich Zeit für das Gebet nehmen.

Von John Wesley ist es überliefert, dass er sagte: „Gott tut nichts, außer als Antwort auf ein Gebet."

Im Leben eines Christen ist Gebet kein Wahlfach. Wenn wir irgendetwas im Leben auf die Beine stellen wollen, müssen wir beten.

Mose betete und veränderte so Gottes Pläne.

Gebet verändert Menschen und Sachverhalte

Weiter sagte der Herr zu Mose: Ich habe dieses Volk gesehen, und siehe, es ist ein halsstarriges Volk. Und nun lass mich, damit mein Zorn gegen sie entbrenne und ich sie vernichte, dich aber will ich zu einer großen Nation machen. Mose jedoch flehte den Herrn, seinen Gott, an und sagte: Wozu, o Herr, entbrennt dein Zorn gegen dein Volk, das du mit großer Kraft und starker Hand aus dem Land Ägypten herausgeführt hast? Wozu sollen die Ägypter sagen: In böser Absicht hat er sie herausgeführt, um sie im Gebirge umzubringen und sie von der Fläche des Erdbodens zu vertilgen? Lass ab von der Glut deines Zornes und lass dich das Unheil gereuen, [das du] über dein Volk [bringen willst]! Denke an deine Knechte Abraham, Isaak und Israel, denen du bei dir selbst geschworen und denen du gesagt hast: Ich will eure Nachkommen [so] zahlreich machen wie die Sterne des Himmels, und dieses ganze Land, von dem ich gesagt habe: ,ich werde [es] euren Nachkommen geben', das werden sie für ewig in Besitz nehmen. Da gereute den Herrn das Unheil, von dem er gesagt hatte, er werde es seinem Volk antun.   2. Mose 32,9-14

Es gibt noch mehr Beispiele wie dieses in der Bibel, wo aufrichtiges Gebet Gottes Pläne verändert hat.

Manchmal kann ich spüren, wie Gott von einer Person, die ihm nicht gehorchen will, langsam die Nase voll hat. Ich fühle mich dann geführt, Gott zu bitten, dass er sich über diese Person erbarmt und ihm oder ihr noch eine Chance gibt. Ich bin mir sicher, dass andere auch für mich so gebetet haben, wenn ich das brauchte.

Wie Jesus seinen Jüngern in Gethsemane sagte, sollen wir „wachen und beten" (Matthäus 26,41). Wir müssen füreinander beten, nicht uns kritisieren und verurteilen. Es gibt Zeiten, wenn wir nicht mehr für Umstände oder Personen beten sollen, sondern sie in Gottes Hände übergeben müssen. Es kann sein, dass jemand auf lange Sicht gesehen besser dran ist, wenn Gott jetzt mit ihm oder ihr etwas härter umspringt. Wir müssen uns beim Beten vom Geist Gottes leiten lassen, aber wir müssen beten.

Wenn wir Menschen beobachten, sehen wir, wann sie Ermutigung brauchen, wann sie deprimiert sind, ängstlich, unsicher oder mit Problemen beladen sind. Dass Gott uns erlaubt, ihre Nöte und Bedürfnisse zu entdecken, ist unsere Gelegenheit, unseren Teil zur Lösung ihrer Probleme beizutragen. Wir können beten und das tun, was uns der Herr aufträgt. Wir sollten es uns vornehmen, ein Teil der Problemlösung zu sein, nicht Teil des Problems. Mit anderen darüber zu reden, was mit dieser oder jener Person nicht stimmt, hilft ihnen nicht. Stattdessen sollten wir beten!

Kürzlich sah ich, wie zwei Frauen aus einer Bäckerei kamen. Beide hatten so 50 bis 75 Kilo Übergewicht. Sie trugen je eine komplette Stiege Krapfen in den Händen und ich konnte spüren, dass sie emotionale Probleme hatten und aßen, um Trost zu finden. Ich betete einfach: „Gott, hilf diesen beiden Frauen abzunehmen und zu erkennen, dass du die Antwort auf ihr Problem bist. Sende jemanden, der ihnen wirklich weiterhelfen kann und ein Wort zur rechten Zeit für sie hat. Amen."

Ich glaube nicht, dass Menschen beleidigt sind, wenn wir für sie beten. Es gab Zeiten in meinem Leben, wo ich abnehmen musste und hoffte, dass jemand für mich betete. Ich habe es viel lieber, wenn Menschen für mich beten, als wenn sie mich verurteilen.

Zu oft beobachten wir Szenen wie die eben beschriebene und denken: „Oh, nein, das Letzte, was die jetzt brauchen, ist ein Stück Kuchen." Oder wir erzählen jemand anderem, was wir gesehen haben, und versäumen das zu tun, was als Einziges eine Veränderung bewirken kann – beten!

Wenn wir jedoch eine falsche Einstellung zum Gebet haben, werden wir für Situationen wie diese nicht beten. Wenn wir glauben, dass wir an einem bestimmten Ort, in einer bestimmten Haltung und in einer bestimmten „geistlichen Verfassung" sein müssen, wird Satan uns des Gebets berauben. Viel von Gottes Arbeit für uns wird liegen bleiben.

Manchmal „vergeistlichen" wir als Christen bestimmte Dinge bis zu dem Punkt, wo wir sie nicht mehr tun, geschweige denn genießen können. Ich glaube, dass die Menschen mehr beten würden, wenn sie die Einfachheit des Gebets verstünden, weil sie das Beten dann genießen könnten. Sie hätten nicht immer das Gefühl, daran „zu arbeiten".

Jahrelang versuchte ich, meinen Mann, die Kinder und mich selbst zu ändern, bis Gott mich endlich davon überzeugte, dass ich arbeitete, nicht betete. Er zeigte mir, dass ich beten und die Arbeit ihm überlassen sollte.

Ich empfehle dir, das auch zu tun.

Wen hast du auf deine Töpferscheibe gesetzt, um ihn oder sie zu verändern? Wenn du jetzt an jemanden denkst, tu ihm und dir einen Gefallen und lass ihn runter.

Gott ist der Töpfer, nicht wir, und ganz sicher haben wir keine Ahnung davon, wie man Menschen „wieder hinkriegt". Manchmal können wir vielleicht ein Problem im Leben eines Menschen erkennen – oder etwas, was wir für ein Problem halten –, aber wir wissen nicht, wie wir es lösen sollen, weil wir nicht wissen, was der Auslöser war.

Nehmen wir die beiden Frauen vor der Bäckerei als Beispiel. Ich konnte das Problem sehen: Sie waren beide extrem übergewichtig. Vielleicht hatten sie keine Selbstdisziplin, aber ich spürte, dass das nicht der Fall war. Vielleicht wurden sie beide körperlich, seelisch oder sexuell missbraucht. Vielleicht hatten sie ihr Leben lang nur Ablehnung und emotionale Pein erfahren. Vielleicht waren sie voller Schamgefühle, begannen, im Essen Trost zu suchen, und gerieten in eine Falle, aus der sie sich nicht befreien konnten.

Wenn wir versuchen, Menschen „wiederherzustellen", machen wir manchmal alles nur noch schlimmer, weil wir eine Menge Dinge nur vermuten. Manches stimmt vielleicht, anderes nicht. Menschen, die verletzt sind, brauchen niemanden, der in seinem Stolz versucht, sie wieder heil zu machen. Sie brauchen Akzeptanz, Liebe und Gebet.

In meinem eigenen Stolz gefangen versuchte ich, meine Familie zu bessern, und das Ergebnis war, dass ich sie von mir wegtrieb. Endlich erkannte ich, dass ich das gewünschte Resultat nicht erzielte, weil ich nicht betete und Gott nicht vertraute, dass er sie auf seine Art und nach seinem Zeitplan verändern würde. Das Erstaunliche an der ganzen Sache ist, dass Gott jetzt entweder mich oder sie korrigiert hat, weil ich sie mag, wie sie sind. Wie dem auch sein, ohne, dass ich es auch nur bemerkt habe, hat er sich des Problems angenommen.

Bete! Bete! Bete! Das ist der einzige Weg, um Dinge bei und mit Gott zu erreichen. Gott hat seine Richtlinien, und „Ihr habt nichts, weil ihr nicht bittet" (Jakobus 4,2) ist eine von ihnen. Wenn wir die Dinge nach Gottes Maßstab tun, werden wir immer gute Ergebnisse erzielen. Wenn wir Dinge nach unserem eigenen Gutdünken tun, werden wir am Ende elend und ohne Erfolg dastehen.

Kraft und Autorität durch Gebet

> Aber auch ich sage dir: Du bist Petrus und auf diesem Felsen werde ich meine Gemeinde bauen, und des Hades Pforten werden sie nicht überwältigen. Ich werde dir die Schlüssel des Reiches der Himmel geben; und was immer du auf der Erde binden wirst, wird in den Himmeln gebunden sein, und was immer du auf der Erde lösen wirst, wird in den Himmeln gelöst sein.   Matthäus 16,18-19

Da wir nicht nur körperliche, sondern auch geistliche Wesen sind, ist es möglich, dass wir uns auf der Erde befinden und die unsichtbare

Welt beeinflussen. Das ist ein unschätzbares Privileg und für uns ein großer Vorteil.

Wenn ich beispielsweise ein Enkelkind habe, das Schwierigkeiten in der Schule hat, kann ich durch Gebet in der geistlichen Welt etwas in Bewegung setzen, was in dieser Situation eine Veränderung bewirkt. „Gott ist Geist" (Johannes 4,24), und er hat eine Antwort auf jede Situation in unserem Leben.

Wenn ich von der „geistlichen" oder „unsichtbaren Welt" rede, will ich nicht gespenstisch und auch nicht übermäßig geistlich klingen. Jeder unter uns, der betet, dringt durch seine Gebete zur unsichtbaren Welt durch. Unser Körper ist hier auf der Erde, doch unser Geist geht dahin, wo Gott ist und bringt im Glauben eine Bitte vor.

In Matthäus 16,19 sagt Jesus zu Petrus, dass er ihm die Schlüssel zum Himmelreich geben wird. Schlüssel öffnen Türen, und ich glaube, dass auch Gebete zum Teil solche Schlüssel sein können. In seiner Unterhaltung mit Petrus kommt Jesus dann auf das Prinzip des Bindens und Lösens zu sprechen, bei dem es Parallelen zum Gebet gibt.

In Jesu Namen können wir den Teufel binden (von uns fernhalten) und Engel lösen, indem wir bitten, dass sie uns vom Himmel aus zur Seite gestellt werden, um uns und andere zu beschützen (Matthäus 26,53; Hebräer 1,7.14)

Wenn wir um Lösung einer schlechten Bindung in unserem Leben oder im Leben anderer beten, binden wir im Prinzip das Problem und lösen die Antwort. Gebet bindet das Schlechte und löst das Gute.

In Matthäus 18 wendet sich Jesus dem Thema von Binden und Lösen erneut zu, und diesmal fügt er noch einige Ausführungen über einmütiges Gebet und die Kraft, die ihm innewohnt, an.

Gottes Willen auf die Erde herabbeten

Wahrlich ich sage euch: Wenn ihr etwas auf der Erde bindet, wird es im Himmel gebunden sein, und wenn ihr etwas auf der Erde löst, wird es im Himmel gelöst sein. Wiederum sage ich euch: Wenn zwei von euch auf der Erde übereinkommen, irgendeine Sache zu erbitten, so wird sie ihnen werden von

meinem Vater, der in den Himmeln ist. Denn wo zwei oder drei
versammelt sind in meinem Namen, da bin ich in ihrer Mitte.
                                                    Matthäus 18,18-19

Ich möchte darauf hinweisen, dass unsere Autorität darin besteht,
Gottes Willen auf die Erde zu bringen, nicht unseren eigenen Willen
durchzusetzen. Gebete, die außerhalb von Gottes Willen liegen, werden nicht beantwortet, außer mit einem „Nein".

Als Glaubende haben wir geistliche Autorität, die wir auch
anwenden sollten. Eine der Möglichkeiten, dies zu tun, ist das Gebet.
Gott möchte, dass seine ergebenen Diener seinen Willen vom Himmel auf die Erde beten, so wie uns Jesus lehrte: „Dein Wille geschehe, wie im Himmel, so auch auf Erden!" (Matthäus 6,10)

Was für ein wunderbares Privileg. Unsere Gebete können nicht
nur unser eigenes Schicksal beeinflussen, sondern auch anderen dabei helfen, ihr Potenzial voll zu entfalten und so die Fülle zu erleben,
die Gott für ihr Leben geplant hat.

Sieben Arten des Gebets

Mit allem Gebet und Flehen betet zu jeder Zeit im Geist …
                                                    Epheser 6,18

Jetzt möchte ich zu den sieben Arten von Gebet kommen, die wir in
der Bibel finden. Sie alle sollten wir regelmäßig praktizieren. Sie
sind einfach, können überall zu jeder Zeit gebetet werden und sind
am effektivsten, wenn sie aus einem vertrauenden Herzen kommen.

Das Gebet der Einmütigkeit

Lass mich zuerst sagen, dass ich glaube, dass dieses Gebet nur von
zwei oder mehr Personen gebetet werden kann, deren Ziel es ist, in
Einmütigkeit zu leben. Dieses Gebet ist nicht für Menschen, die für
gewöhnlich im Streit liegen und denen es in der Not einfällt, dass sie
einmütig für irgendein Wunder beten sollten. Gott ehrt die Gebete

derer, die den Preis dafür bezahlen, dass sie die Einmütigkeit auch leben wollen.

Weil sich die Kraft unserer Gebete verdoppelt, wenn wir mit denen um uns herum eines Geistes sind (1. Petrus 3,7), sollten wir diese Einmütigkeit immer anstreben, nicht nur, wenn wir in einer Krise stecken. Es wird Zeiten in unserem Leben geben, wenn wir gegen etwas angehen müssen, das größer ist als wir. Dann ist es klug, mit jemandem, mit dem wir in dieser Situation eines Geistes sind, zu beten. Lass mich ein Beispiel anführen.

Dave und ich beten oft einmütig, wenn wir auf der Autobahn unterwegs sind. Wir versuchen die schlechte Angewohnheit abzulegen, dass wir darüber sprechen, worüber wir „später noch beten" müssen. Stattdessen beten wir sofort. Wenn möglich, halten wir uns an den Händen, wenn wir einmütig beten. Ich glaube nicht, dass dem Händehalten irgendetwas Magisches innewohnt, aber in unserem Fall symbolisiert uns das, dass wir wirkliche Einheit haben – nicht nur über ein bestimmtes Thema, sondern im Allgemeinen.

Wenn du denkst, dass es in deinem Leben niemanden gibt, mit dem du dich im Gebet eins machen kannst, verzweifle nicht. Du und der Heilige Geist – ihr könnt euch eins machen. Er ist hier auf Erden, mit dir und in dir als einem Kind Gottes.

Viele Menschen werden nie wirklich sie selbst, weil sie sich nicht einmal mit Gott eins machen können.

Ich erinnere mich, wie mir eine Frau, die jetzt für mich arbeitet, erzählte, dass sie es anfangs nicht glauben konnte, als Gott ihr sagte, dass sie in unserem Team vollzeitlich mitarbeiten solle. Diese Frau war fünfunddreißig Jahre lang Hausfrau gewesen und fand es schwer zu glauben, dass sie auch etwas anderes tun könnte. Ihre Kinder waren erwachsen, und es war Zeit für sie, einen neuen Lebensabschnitt zu beginnen. Gott hörte nicht auf, sie zu ermutigen, sich um eine Stelle bei uns zu bewerben, und sie sagte ihm immer wieder, dass sie das nicht könnte, dass sie nicht das nötige Fachwissen besäße.

Der Herr ermutigte sie nicht nur, sich bei uns zu bewerben, sondern auch, ein Jahr lang die Bibelschule ihrer Kirchengemeinde zu besuchen, als Vorbereitung auf ihre Arbeit mit uns. Sie war sich „in ihrem Fleisch" absolut sicher, dass sie keines dieser Dinge schaffen würde, aber letztendlich fiel sie auf die Knie und sagte: „Heiliger Geist, ich mache mich eins mit dir. Wenn du sagst, dass ich das tun kann, dann will ich das glauben." Sie ging auf die Bibelschule und bewarb sich bei uns. Jetzt arbeitet sie etwa vierzehn Jahre mit uns zusammen.

Der Einmütigkeit wohnt große Kraft inne! Bete das Gebet der Einmütigkeit, besonders, wenn du eine Extraportion Kraft gut gebrauchen kannst.

Das Bittgebet

Diese Art Gebet wird vielleicht am meisten gebetet, aber vielleicht sollte das nicht so sein, wie wir später noch sehen werden. Wir bitten Gott um etwas für uns selbst. Wenn wir für andere beten, ist das Fürbitte (auf diese Art Gebet komme ich noch zu sprechen). Leider muss man sagen, dass die meisten von uns nur an sich selbst interessiert sind. Deshalb machen wir oft von unserem Recht Gebrauch, Gott um etwas zu bitten. Natürlich ist es nicht falsch, Gott zu bitten, etwas für uns zu tun, aber unsere Bitten sollten sich im Gleichgewicht befinden mit unserem Lobpreis und Dank (auch davon später mehr).

Es ist wichtig, dass wir Gott bitten, sich um unsere Zukunft zu kümmern, dass wir darum beten, all das sein zu können, wozu Gott uns erschaffen hat. Erfolg auf diesem Gebiet wird sich nicht durch Kämpfe oder fruchtloses Bemühen einstellen. Er wird uns nur als Ergebnis der Gnade Gottes in unserem Leben zuteil.

Wir müssen seiner Gnade unser Bemühen an die Seite stellen, doch Bemühen ohne Gnade ist nutzlos. Gnade kommt in unser Leben, wenn wir um sie bitten. Das ist das Bittgebet. Diese Art Gebet muss nicht verkrampft sein; es sollte unbefangen gebetet werden.

Jeden Tag, wenn ich mich hinsetze, um an meinen Predigten oder Büchern zu arbeiten, bitte ich Gott um Hilfe. Ich tue das kurz, ohne eine bestimmte Haltung oder gewählte Worte, doch ich weiß, dass ich die Kraft Gottes auf mich herabbete, damit ich an diesem Tag mein Potenzial voll entfalten kann.

Wir dürfen ruhig kühn sein und Gott bitten, all unseren Mangel auszufüllen. Es gibt keine festgesetzte Zahl von Bittgebeten pro Tag, die wir nicht überschreiten dürfen. Wir können Gott um alles bitten, was uns bewegt. Die Schrift sagt uns, dass wir Gott bitten sollen, unsere Bedürfnisse und Sehnsüchte zu erfüllen.

Das Lobpreis- und das Dankgebet

Jemanden preisen bedeutet, die guten Taten eines Individuums auf-
zuzählen, in diesem Falle Gottes gute Taten. Wir sollten den Herrn
ohne Unterlass preisen. Mit „ohne Unterlass" meine ich den ganzen
Tag lang. Wir sollten ihn für seine mächtigen Taten preisen, für die
Dinge, die er geschaffen hat, und sogar für die Dinge, die er in
unserem Leben noch tun wird.

Wir sollten ihm auch immerzu danken, in guten, aber besonders
auch in schlechten Zeiten. Wenn unser Gebetsleben mehr aus
Bittgebeten als aus Dank und Lobpreis besteht, sagt das meiner
Meinung nach viel über unseren Charakter aus.

Habgierige Menschen bitten, bitten, bitten und wissen selten
das zu schätzen, was sie bekommen haben. Ich glaube nicht, dass
Gott uns die Fülle dessen erleben lässt, was er für uns bereithält,
wenn wir nicht dankbar sein können für das, was er uns schon
geschenkt hat.

Bedenke diese Bibelstellen und lebe im Gehorsam dem gegenüber, was Gott hier sagt:

> Werdet voller Geist, indem ihr zueinander in Psalmen und
> Lobliedern und geistlichen Liedern redet und dem Herrn mit
> eurem Herzen singt und spielt. Sagt allezeit für alles dem Gott
> und Vater Dank im Namen unseres Herrn Jesus Christus!
> Epheser 5,19-20
> Wir danken Gott, dem Vater unseres Herrn Jesus Christus, alle-
> zeit, wenn wir für euch beten. Kolosser 1,3
> Und alles, was ihr tut, im Wort oder im Werk, alles tut im Namen
> des Herrn Jesus, und sagt Gott, dem Vater, Dank durch ihn.
> Kolosser 3,17
> Betet unablässig! Sagt in allem Dank! Denn dies ist der Wille
> Gottes in Christus Jesus für euch. 1. Thessalonicher 5,17-18
> Ich ermahne nun vor allen Dingen, dass Flehen, Gebete, Fürbit-
> ten, Danksagungen getan werden für alle Menschen.
> 1. Timotheus 2,1

Durch ihn nun lasst uns Gott stets ein Opfer des Lobes darbringen! Das ist: Frucht der Lippen, die seinen Namen bekennen.
Hebräer 13,15

Leben in Kraft und Fülle kommt durch Danken. Eine Möglichkeit,
unablässig zu beten, ist, den ganzen Tag lang dankbar zu sein, Gott
für seine Güte, sein Erbarmen, seine Freundlichkeit, seine Gnade, und
seine große Geduld zu preisen.

Fürbitte

Fürbitte zu tun bedeutet, für jemanden „in den Riss zu treten"
(Hesekiel 22,30). Wenn Menschen Trennung von Gott erleben, weil
sie eine bestimmte Sünde oder Schuld in ihrem Leben haben, ist es
unser Vorrecht, für sie zu beten. Wenn sie in Not sind, können wir für
sie beten und erwarten, dass sie während der Zeit des Wartens Ermutigung und Trost erfahren. Wir können auch erwarten, dass sich ihre
Situation zur rechten Zeit verbessert und Gott ihrem Mangel abhilft.

Ich wüsste nicht, was ich täte, wenn andere nicht in Fürbitte für
mich einstehen würden. Buchstäblich Tausende haben mir über die
Jahre gesagt, dass sie für mich beten. Tatsächlich bitte ich Gott um
Fürbitter für mich. Ich bitte ihn, mir Menschen zur Seite zu stellen,
die für mich und die Erfüllung des Dienstes, den er mir aufgetragen
hat, beten.

Wir brauchen einander! Wenn unsere Gebete mit Bitten gefüllt
sind, aber nicht mit Fürbitte, sagt das auch etwas über unseren Charakter aus – genauso, wie wenn das Bitten das Loben übertrifft.

Ich habe entdeckt, dass ich desto mehr für andere bete, je mehr
ich von meiner Ichbezogenheit wegkomme – und umgekehrt.

Für andere zu beten ist gleichbedeutend damit, gute Saat auszubringen. Wir alle wissen, dass wir säen müssen, wenn wir ernten wollen
(Galater 6,7). Gute Saat in das Leben anderer auszubringen, sichert uns
in unserem eigenen Leben eine gute Ernte. Jedes Mal wenn wir für
andere beten, kommen wir auch unserem Ziel ein Stück näher.

Wenn du dich voll entfalten willst, empfehle ich dir, reichlich
Fürbitte in dein Gebetsleben einzubauen. Gib das, was du selbst
brauchst, an andere weiter.

Wenn du Erfolg haben möchtest, hilf anderen dabei, siegreich zu leben, indem du für sie betest. Wenn du möchtest, dass dein Dienst für Gott wächst und gedeiht, bete für den Dienst, den andere tun. Wünschst du dir ein florierendes Geschäft, bete für die Firmen anderer. Wenn du eine schlechte Angewohnheit ablegen möchtest, bete für jemanden, der ein ähnliches Problem hat.

Vergiss nicht, dass wir oft versucht sind, über andere zu urteilen, was uns nur in Gebundenheiten führt. Gib den Menschen dein Gebet anstatt deiner Urteile, und du wirst dem Ziel, deine Bestimmung zu erfüllen, viel schneller näherkommen.

Das Gebet der Unterordnung unter Gottes Fürsorge

Wenn wir in der Gefahr stehen, uns zu sorgen oder die Dinge selbst in die Hand nehmen zu wollen, sollten wir uns im Gebet Gott anbefehlen.

Wenn ich beispielsweise alles in meiner Macht Stehende getan habe, um pünktlich zu einem Termin zu erscheinen, und doch sieht es so aus, als würde ich zu spät kommen, habe ich gelernt, mich Gott anzubefehlen, anstatt panisch zu werden. Ich sage: „Herr, ich übergebe dir diese Situation; tu etwas, damit alles gut wird." Ich stelle dann fest, dass in der Tat alles gut wird. Entweder schenkt Gott denen, die auf mich warten, Verständnis und Wohlwollen oder ich komme an und finde heraus, dass die anderen auch spät dran waren und sich Sorgen machten, dass ich würde warten müssen.

Gott schreitet ein, wenn wir uns ihm anbefehlen.

Befiehl dem Herrn deine Kinder, deine Ehe, deine Beziehungen und alles an, worüber du dir leicht Sorgen machst: „... indem ihr alle eure Sorge auf ihn werft! Denn er ist besorgt für euch." (1. Petrus 5,7)

Um unsere Bestimmung erfüllen zu können, müssen wir uns Gott immer wieder anbefehlen, indem wir ihm alle Dinge anvertrauen, die uns belasten wollen. Gott allein kann in diesen Situationen die Übersicht behalten und uns beistehen.

Bei mir persönlich stellte ich fest, dass mein Leben immer verworrener wurde, je mehr ich versuchte, die Dinge selbst in die Hand zu nehmen. Ich war ziemlich unabhängig und es fiel mir schwer, mich zu demütigen und zuzugeben, dass ich Hilfe brauchte.

Als ich mich jedoch auf diesen Gebieten endlich unter Gottes Fürsorge stellte und die Freude entdeckte, alle meine Sorgen auf ihn werfen zu können, fand ich es unglaublich, dass ich es so lange unter solch einem enormen Druck ausgehalten hatte.

Sich sorgen bringt uns Mühsal und setzt uns unter Druck; Gebet bringt uns Frieden.

Wir haben vielleicht einen Zeitplan im Kopf, wann gewisse Dinge in unserem Leben geschehen sollen, und sind enttäuscht, wenn dieser Zeitplan nicht eingehalten wird. Das mag anfangs enttäuschend sein, aber das Beste, was wir tun können, ist, Gott im Gebet alles zu übergeben. Unser Motto sollte hier sein: „Lass los und lass Gott."

Es gibt viel zu tun in unserem Leben, bevor wir die Fülle unserer Bestimmung erreichen.

Wenn ich auf all die Jahre meines Lebens zurückschaue, kann ich nur staunen. So viel ist passiert, dass ich das kaum glauben kann.

Nur Gott weiß, was wirklich getan werden muss, und er ist der *Einzige*, der qualifiziert genug ist, es zu tun. Je mehr wir uns ihm ernsthaft anvertrauen, desto größere Fortschritte werden wir machen.

Befiehl dich und deine Wege dem Herrn oft an. Denk daran: Jederzeit, an jedem Ort ist eine gute Zeit für ein Gebet.

Das Weihegebet

Die letzte Art Gebet ist das Weihegebet, das Gebet, in dem wir uns selbst Gott ganz hingeben und zur Verfügung stellen. Wir weihen uns und unser ganzes Leben Gott und seinem Plan.

Ich erinnere mich, dass ich vor vielen Jahren in einem Gottesdienst saß. Es war Missionssonntag und wir sangen zur Orgel ein Lied, das auf dem Buch Jesaja basierte. Ich wurde in meinem Herzen bewegt, mich Gott für seinen Dienst zur Verfügung zu stellen. Ich erinnere mich, wie ich mit allen anderen sang: „Herr, hier bin ich – sende mich!"

Genau diese Worte hatte ich schon an anderen Missionssonntagen gesungen, doch diesmal war es anders. Etwas bewegte mein Herz und meine Gefühle. Ich hatte Tränen in den Augen und konnte spüren, dass ich mich wirklich Gott weihte, damit sein Wille in meinem Leben getan werden konnte.

Ich denke oft an diesen Sonntag. Es passierte nicht sofort etwas; tatsächlich geschah einige Jahre lang nichts Besonderes. Und doch weiß ich in meinem Herzen, dass meine Hingabe an Gott an diesem Sonntag etwas mit dem Ruf zu tun hatte, den ich Jahre später erhielt.

Damit Gott uns benutzen kann, müssen wir uns ihm weihen.

Immer noch weihe ich mich Gott regelmäßig. Ich sage: „Hier bin ich, Herr. Ich bin dein; tu mit mir, wie es dir gefällt." Manchmal füge ich noch hinzu: „Ich hoffe, dass mir gefällt, was du für mich bereithältst, Herr, aber wenn ich es nicht mag, tu es trotzdem. Dein Wille geschehe, nicht meiner."

Wenn wir uns dem Herrn wirklich hingeben, fällt die Last von uns ab, unser Leben allein bewerkstelligen zu müssen. Ich folge lieber freiwillig dem Herrn, als dass ich mich abmühe ihn zu überreden, mir zu folgen. Er weiß, wohin er geht, und ich weiß, dass ich sicher ans Ziel kommen werden, wenn ich mich seiner Führung anvertraue.

Wenn wir unsere Kinder Gott weihen, stellen wir sie praktisch in seinen Dienst. Wir sagen: „Herr, ich weiß, dass du ein Ziel mit diesen Kindern hast, und ich möchte, dass dein Wille in ihrem Leben geschieht. Ich werde sie für dich großziehen, nicht für mich, zu deinem Nutzen, nicht zu meinem eigenen."

Der Weihe wohnt eine große Kraft inne, aber sie muss aufrichtig sein. Es ist einfach, mit allen anderen zu singen: „Alles gebe ich dir hin." Vielleicht sind wir sogar bewegt, wenn wir das singen, aber der wirkliche Härtetest kommt im Alltag, wenn die Dinge nicht so laufen, wie wir uns das gedacht haben. Dann müssen wir wieder singen: „Alles gebe ich dir hin", und uns Gott neu weihen.

Weihe bzw. Hingabe an Gott ist der wichtigste Aspekt unserer Persönlichkeitsentfaltung. Wir wissen ja nicht einmal, was bzw. wer wir eigentlich sein sollen, geschweige denn, wie wir das schaffen können. Doch wenn wir uns Gott immer wieder hingeben und ihm unser Leben zur Verfügung stellen, wird er in uns tun, was nötig ist. Dann kann er das Werk, das er tun möchte, *durch uns* tun.

Um es noch einmal zu betonen: All diese Gebete sind einfach und wir brauchen sie nicht zu verkomplizieren. Wir können sie unbefangen beten, wann immer wir sie brauchen. Wir dürfen nie vergessen, was Gottes Wort uns sagt: „Mit allem Gebet und Flehen betet zu jeder Zeit im Geist und wachet hierzu in allem Anhalten und Flehen für alle Heiligen." (Epheser 6,18)

Kurz und einfach ist kraftvoller als lang und kompliziert

> Wenn ihr aber betet, sollt ihr nicht plappern wie die von den Nationen; denn sie meinen, dass sie um ihres vielen Redens willen erhört werden. Seid ihnen nun nicht gleich! Denn euer Vater weiß, was ihr benötigt, ehe ihr ihn bittet.
>
> Matthäus 6,7-8

Ich glaube, dass Gott möchte, dass ich meine Anliegen mit so wenig Worten wie möglich vor ihn bringe. Jetzt, wo ich das so praktiziere, verstehe ich mehr und mehr den Sinn dieser Anweisung. Wenn ich nämlich mein Anliegen nicht durch viele Worte komplizierter mache, als es ist, scheint mein Gebet klarer und kraftvoller zu sein.

Wir müssen unsere Energie darauf verwenden, unseren Glauben freizusetzen, und dürfen sie nicht damit verschwenden, Formeln herunterzubeten, die unsere Gebete lang und verwickelt machen.

Es erstaunt mich, dass wir als menschliche Wesen so blind für den wahren Wert der Dinge sind. Immer denken wir, dass mehr besser sei, obwohl nichts weiter von der Wahrheit entfernt sein könnte wie diese Annahme. Manchmal ist es doch so: Je mehr wir haben, desto weniger wissen wir es zu schätzen. Je mehr Dinge wir haben, um die wir uns kümmern müssen, um so weniger schaffen wir es, uns um auch nur eine Sache angemessen zu kümmern. „Mehr" verwirrt uns oft lediglich.

Manchmal weiß ich nicht, was ich an einem bestimmten Tag oder zu einer bestimmten Veranstaltung anziehen soll. Ich bin mit Pastoren in Indien befreundet, die diese Art Verwirrung nicht erleben. Wenn sie zum Kleiderschrank gehen, nehmen sie den einen Anzug heraus, den sie besitzen, ziehen ihn an und gehen los.

Ganz sicher habe ich nichts gegen Wohlstand oder einen gut gefüllten Kleiderschrank. Tatsächlich gehören Kleider zu den materiellen Dingen, an denen ich mich auf dieser Erde am meisten freue, und Gott hat mich mit ihnen reichlich gesegnet. Ich nehme sie lediglich als Beispiel, um meinen Standpunkt zu verdeutlichen.

Wenn wir nicht weise handeln und unser Leben bewusst einfach halten, wird unser Reichtum uns eher Verwirrung und Unglück als Frieden und Glück einbringen.

Mir fiel es anfangs nicht leicht, meine Gebete einfach und kurz zu halten. Ich meine damit nicht, dass wir jeden Tag nur kurze Zeit beten sollten, sondern dass jedes Gebet einfach, direkt, auf den Punkt und mit Glauben gefüllt ist. Lass mich das an einem Beispiel verdeutlichen.

Wenn ich Vergebung brauche, kann ich so beten: „Herr, ich habe die Beherrschung verloren, und das tut mir sehr Leid. Ich bitte dich mir zu vergeben. Ich nehme deine Vergebung an und danke dir dafür in Jesu Namen. Amen."

Oder ich kann beten: „Oh, Herr, ich bin so schlecht. Ich fühle mich so elend. Scheinbar kann ich nichts richtig machen. Egal, wie sehr ich mich auch bemühe, immer versage ich und mache Fehler. Ich habe die Beherrschung verloren und jetzt sind sie alle sauer auf mich. Ich habe mich zum Narren gemacht und weiß einfach nicht, was ich jetzt tun soll. Ich muss aufhören, auf andere böse zu werden.

Vater, es tut mir so Leid. Bitte vergib mir. Oh Gott, bitte vergib mir. Bitte, Herr, ich verspreche auch, dass es nie wieder vorkommt. Oh, Herr, ich fühle mich so schuldig und schlecht. Ich schäme mich so. Ich verstehe nicht, wie du mich gebrauchen kannst, Gott. Ich habe so viele Probleme.

Nun ja, Herr, ich fühle mich zwar nicht besser, aber ich will versuchen zu glauben, dass du mir vergeben hast."

Ich denke, du pflichtest mir bei, dass das erste Gebet weitaus kraftvoller ist als das zweite.

Hier ist noch ein Beispiel, ein Gebet um Fortschritt:

„Herr, ich bin es leid, auf Fortschritte in meinem Leben zu warten. Du musst entweder etwas tun, das mir den Durchbruch bringt, oder mich neu zum Warten salben. Ich vertraue dir, Herr, dass du mir auf mein Gebet antworten wirst, und ich möchte, dass du weißt, dass ich dich liebe, egal, wie die Antwort ausfallen wird."

Vergleiche dieses Gebet mit dem folgenden: „Herr, ich kann einfach nicht länger geduldig auf den Durchbruch warten. Ich muss diese Woche sehen, dass etwas passiert, Gott, ich kann nicht mehr. Alle anderen berichten von ihren Fortschritten, nur ich scheine stillzustehen. Vater, es ist schon so lange her, seit du mich das letzte Mal gesegnet hast, und ich bin müde. Ich bin erschöpft. Ich bin deprimiert. Ich habe keine Zuversicht mehr. Ich bin enttäuscht. Ich bin kurz davor aufzugeben …"

(An dieser Stelle unterbreche ich mein Gebet vielleicht und weine eine lange Zeit. Dann bete ich weiter.)

„… Gott, ich hoffe, dass du mich hörst, weil ich ernsthaft glaube, dass ich nicht auch nur einen einzigen Tag so weiterleben kann. Ich weiß nicht, was ich falsch mache. Liebst du mich denn nicht mehr?

Herr, wo bist du? Ich kann deine Gegenwart nicht spüren. Ich sehe dich in meinem Leben nicht wirken. Ich weiß nicht, ob ich von dir höre oder nicht. Ich bin so verwirrt. Jetzt fühle ich mich noch schlechter als am Anfang meines Gebets. Was stimmt nicht mit mir? Ich weiß ja nicht einmal, ob ich weiß, wie man betet. Bitte, bitte hilf mir, Vater!"

Sicher fallen dir hierzu noch mehr Beispiele ein, doch ich hoffe, dass ich dir deutlich machen konnte, was ich meine.

Ich erkannte, was mein Problem war. Ich glaubte nicht, dass meine Gebete zu Gott durchdrangen, wenn sie kurz, einfach und auf den Punkt waren. Ich war in dieselbe Falle wie so viele getappt und hatte mir die „Je-länger-desto-besser"-Mentalität zu Eigen gemacht. Meist fühlte ich mich nach dem Beten unsicher und war verwirrt, als wenn ich es irgendwie nicht richtig gemacht hatte.

Jetzt, wo ich Gottes Anweisung befolge und meine Anliegen mit so wenig Worten wie möglich vorbringe, erlebe ich, wie mein Glaube in viel größerem Maße freigesetzt wird, und ich weiß, dass Gott mich hört und mir antworten wird.

Wie ich schon sagte: Vertrauen in das Gebet ist die Voraussetzung für Erfolg, egal auf welchem Gebiet. Sei ehrlich, was dein Gebetsleben angeht, und nimm, wo nötig, Korrekturen vor. Wenn du nicht genug betest, bete mehr. Wenn deine Gebete zu kompliziert sind, mach sie einfacher. Wenn du aufhören musst, deine Gebete überall herumzuposaunen, mach sie zu einer Sache zwischen dir und Gott.

Das Großartige daran, Fehler in unserem Leben aufgedeckt zu bekommen, ist, dass wir dann eine Korrektur vornehmen können.

Wie oft sollten wir für dieselbe Sache beten?

> Bittet, und es wird euch gegeben werden; sucht, und ihr werdet finden; klopft an, und es wird euch geöffnet werden! Denn jeder Bittende empfängt, und der Suchende findet, und dem Anklopfenden wird aufgetan werden.   Matthäus 7,7-8

Es ist schwer, Richtlinien festzulegen, wie oft wir für dieselbe Sache beten sollten. Manche Leute habe ich sagen hören: „Bete, bis du den Durchbruch siehst." Andere wiederum sagen: „Wenn du mehr als einmal für eine Sache betest, zeigt das, dass du nicht glaubst, dass dein Gebet beim ersten Mal erhört wurde."

Ich glaube nicht, dass wir feste Regeln aufstellen können, aber ich denke doch, dass es einige Richtlinien gibt, die uns helfen können, noch mehr Vertrauen in unsere Gebete zu entwickeln.

Wenn meine Kinder mir sagten, dass sie neue Schuhe brauchten, weil ihre alten abgetragen waren, antwortete ich mit größter Wahrscheinlichkeit: „OK, ich werde welche kaufen, sobald ich dazu komme."

Was ich von meinen Kindern erwartete, war Vertrauen. Ich wollte, dass sie darauf vertrauten, dass ich das tun würde, worum sie mich gebeten hatten. Mir machte es nichts aus, ja, ich mochte es sogar, wenn sie sagten: „Oh Mann, ich freue mich schon riesig auf meine neuen Schuhe", oder: „Ich bin schon ganz aufgeregt, Mama. Ich freue mich darauf, meine neuen Schuhe zu bekommen und tragen zu können." Diese Aussagen versicherten mir, dass die Kinder mir vertrauten. Ich würde tun, was ich versprochen hatte.

Wenn sie allerdings eine Stunde später schon wieder mit derselben Bitte vor mir standen, reagierte ich darauf wahrscheinlich mit Ungeduld. Wenn sie sagten: „Mama, meine Schuhe sind abgetragen, und ich bitte dich, mir neue zu kaufen", dachte ich: „Das hast du mir schon einmal gesagt, und ich sagte, dass ich sobald als möglich welche besorgen würde. Was ist dein Problem?"

Ich glaube, dass es manchmal ein Zeichen von Zweifel und Unglaube ist, wenn wir Gott wieder und wieder um dieselbe Sache bitten, und kein Ausdruck von Glaube und Durchhaltevermögen.

Wenn ich Gott im Gebet um etwas bitte und mir dieselbe Sache später wieder in den Sinn kommt, spreche ich mit ihm noch einmal darüber. Wenn ich das tue, achte ich jedoch darauf, dass ich ihn nicht schon wieder um dasselbe bitte, so, als hätte er mich beim ersten Mal nicht gehört.

Wenn ich bete, danke ich dem Herrn, dass er an der Situation, für die ich vorher gebetet habe, arbeitet. Ich bete aber für diese Sache nicht noch einmal von vorne.

Je mehr wir an vertrauensvollem, beharrlichem Gebet festhalten, um so mehr wird unser Glaube gestärkt. Je stärker unser Glaube ist, desto besser geht es uns.

Darum möchte ich dich dazu anhalten Dinge zu tun, die dein Vertrauen stärken anstatt es zu zerstören. Tu Dinge, die Gott ehren, keine Dinge, die ihm Schande bringen.

In Matthäus 7 lehrt uns Jesus, dass wir empfangen werden, wenn wir bitten. Er sagt uns auch, dass wir anklopfen sollen, damit uns aufgetan wird, wir suchen sollen und finden werden.

Wie ich schon sagte, glaube ich, dass der Schlüssel hier Beharrlichkeit, nicht Wiederholung ist. Wir sollten vorangehen und uns nach dem ausstrecken, was wir als den Willen Gottes erkannt haben. Es ist ganz sicher Gottes Wille für jeden von uns, dass wir unser Potenzial voll entfalten und für ihn einsetzen. Deshalb glaube ich, dass vertrauensvolles, beharrliches Gebet ein Schlüsselfaktor dafür ist, dass wir dieses Ziel erreichen.

Sei ein Glaubender, kein Bettler

> Lasst uns nun mit Freimütigkeit hinzutreten zum Thron der Gnade, damit wir Barmherzigkeit empfangen und Gnade finden zur rechtzeitigen Hilfe! Hebräer 4,16

Wenn wir beten, müssen wir sicherstellen, dass wir Gott als Glaubende und nicht als Bettler gegenübertreten. Nach Hebräer 4,16 sollen wir „mit Freimütigkeit" vor Gott treten – nicht bettelnd, sondern kühn, nicht arrogant und kriegerisch, sondern kühn.

Finde hier die Balance. Bleib respektvoll, aber sei kühn. Nähere dich Gott mit Vertrauen. Glaube, dass er sich an deinen Gebeten freut und bereit ist, jede Bitte zu erhören, die mit seinem Willen übereinstimmt.

Als Glaubende sollten wir uns im Wort Gottes, das ja sein Wille ist, auskennen – es sollte uns also leicht fallen, seinem Willen gemäß zu beten. Nähere dich Gott nicht mit Zweifel im Herzen, ob das, was du betest, auch seinem Wort und Willen entspricht. Sei dir darüber *vorher* im Klaren.

Es gibt Zeiten, wo ich wirklich nicht weiß, was Gottes Wille in einer bestimmten Situation ist. Das sage ich ihm dann auch so. In solchen Fällen bete ich einfach, dass sein Wille geschehe.

In jedem Fall sollten wir aber kühn und vertrauensvoll beten.

Glaube daran, dass Gott dich hört!

Und dies ist die Zuversicht, die wir zu ihm haben, dass er uns hört, wenn wir etwas nach seinem Willen bitten. Und wenn wir wissen, dass er uns hört, was wir auch bitten, so wissen wir, dass wir das Erbetene haben, das wir von ihm erbeten haben.

1. Johannes 5,14-15

In Johannes 11,41-42 betet Jesus, bevor er Lazarus aus dem Grab herausruft:

… Vater, ich danke dir, dass du mich erhört hast. Ich aber wusste, dass du mich allezeit erhörst; doch um der Volksmenge willen, die umhersteht, habe ich es gesagt, damit sie glauben, dass du mich gesandt hast.

Was für ein Vertrauen, was für eine Sicherheit! Den Pharisäern muss das hochmütig vorgekommen sein. Sie dachten wahrscheinlich: „Für wen hält er sich eigentlich?"

Genauso wie Satan nicht wollte, dass Jesus solches Vertrauen hat, will er auch nicht, dass wir es haben. Doch bevor ich dieses Buch beende, will ich dich noch einmal ermutigen:

Hab Vertrauen!

Triff die Entscheidung, dass du ein Glaubender und kein Bettler bist. Geh in Jesu Namen zum Thron – sein Name wird dir Gehör verschaffen!

Ich bin nicht berühmt oder bekannt, so wie Jesus es war, aber trotzdem benutzen die Leute gern meinen Namen. Meine Angestellten sagen gern, dass sie für Joyce Meyer arbeiten, meine Freunde sagen gern, dass sie mich kennen, und meine Kinder sagen: „Joyce Meyer ist meine Mutter." Das tun sie besonders gern, wenn jemand ihnen einen Gefallen tun soll. Sie erhoffen sich größeres Wohlwollen, wenn sie meinen Namen ins Spiel bringen.

Wenn das schon bei uns Menschen funktioniert, wie viel mehr und besser im Himmelreich – besonders, wenn wir den Namen benutzen, der über allen Namen ist: den Namen Jesu! (Philipper 2,9-11)

Geh deinen Weg mit Kühnheit! Geh im Namen Jesu! Geh mit Vertrauen und in der Entschlossenheit, der Mensch zu werden, den Gott vor Augen hatte, als er dich schuf!

SCHLUSSGEDANKEN

Er selbst aber, der Gott des Friedens, heilige euch völlig; und
vollständig möge euer Geist und Seele und Leib untadelig
bewahrt werden bei der Ankunft unseres Herrn Jesus Christus!

1. Thessalonicher 5,23

Um die wichtigsten Aussagen dieses Buches zusammenzufassen, lass
mich zum Abschluss sagen: *Du wirst kein erfülltes Leben haben,*
wenn du das Ziel nicht erreichst, die Person zu werden, die Gott sich
bei dir gedacht hat.

Jesus starb, damit du davon befreit werden kannst, dich mit
anderen vergleichen zu müssen und ihren Lebensstil kopieren
zu wollen.

In seinem Buch mit dem Titel „Heiligung" („Sanctification")
schrieb Charles Finney: „… Heiligung können wir nicht erlangen,
wenn wir versuchen, die Erfahrungen anderer nachzuerleben. Es ist
leider üblich, dass überführte Sünder oder Christen, die nach vollkommener Heiligung streben, in ihrer Blindheit andere bitten, ihre
Erfahrungen mit ihnen zu teilen und ihre Glaubensschritte bis ins
kleinste Detail zu beschreiben. Dann setzen sie alles daran, durch
Gebete und Anstrengungen genau diese Schritte auch zu gehen. Sie
scheinen nicht zu verstehen, dass sie die Gefühle anderer nicht kopieren können, genauso wenig wie sie das Aussehen anderer annehmen können.

Menschliche Erfahrungen unterscheiden sich genauso wie
menschliche Gesichter. Die Vorgeschichte eines Menschen bestimmt
seine gegenwärtigen und zukünftigen Erfahrungen. Deshalb werden
deine Gefühle und deine Schritte im Glauben nicht in allen Details

mit denen anderer Menschen übereinstimmen. Es ist von größter Wichtigkeit für dich, dass du begreifst, dass du wahre Glaubenserfahrung nicht kopieren kannst. Wenn du das trotzdem versuchst, wirst du vom Satan getäuscht werden. Deshalb flehe ich dich an, nicht um die religiösen Erlebnisse zu beten, die andere vor dir hatten."[1]

Charles Finney lebte und diente Gott im 19. Jahrhundert. Ich predige Gottes Wort fast 150 Jahre später, und es ermutigt mich, dass die Botschaft immer noch dieselbe ist.

Heiligung ist natürlich ein Prozess, der durch den Heiligen Geist in unserem Leben in Gang gesetzt und Schritt für Schritt vorangetrieben wird.

„Vine's Complete Expository Dictionary of Old and New Testament Words" beschreibt „Heiligung" als „Absondern für Gott ... die Trennung des Glaubenden von bösen Dingen und Taten. Diese Heiligung ist Gottes Wille für jeden Glaubenden ... und das Ziel des Evangeliums von Jesus Christus ... Sie muss von Gott gelernt werden ... wie er sie in seinem Wort lehrt ... und sie muss vom Glaubenden angestrebt werden, allen Ernstes und unbeirrbar ... Denn der geheiligte Charakter ist nicht übertragbar, d.h. er kann nicht weitergegeben oder jemandem zugeschrieben werden, er ist ein individueller Besitz, der Stück für Stück durch Gehorsam Gottes Wort gegenüber und durch die Nachfolge Christi in der Kraft des Heiligen Geistes aufgebaut wird."[2]

Wir werden nicht geheiligt, indem wir anderen Menschen nachfolgen, sondern nur, indem wir uns Christus als Vorbild nehmen. Teil dieser Heiligung oder Vervollkommnung muss es ganz sicher sein, unsere persönliche Bestimmung zu erfüllen, denn wie können wir geheiligt werden, wenn wir uns außerhalb des Willens Gottes für unser Leben befinden oder in Angst, Zweifel, Selbstablehnung und Unglauben leben?

Charles Finney sagt, dass Heiligung nicht davon kommt, andere Menschen zu kopieren. Ich stimme dem zu und sage außerdem, dass keiner von uns frei sein wird, sein Leben zu genießen und sein Potenzial voll zu entfalten, wenn wir jemand anderen kopieren.

Das Ziel meines Buches, in das ich Hunderte Stunden Arbeit investiert habe, ist es, dir zu helfen, deine gottgegebene Persönlichkeit zur Entfaltung zu bringen. Ich glaube, dass ich mein Ziel, so gut ich konnte, verwirklicht habe.

Möge Gott dich reich segnen auf deinem Weg dorthin, alles zu sein, was du sein kannst – in, durch und für Jesus Christus.

Gebet um eine persönliche Beziehung mit dem Herrn

Gott möchte, dass du sein Geschenk der Errettung annimmst. Es ist Jesus ein Herzensanliegen, dich zu retten und mit dem Heiligen Geist zu füllen. Wenn du Jesus, den Friedefürst, noch nie in dein Leben eingeladen hast, lade ich dich ein, das jetzt zu tun. Bete das folgende Gebet, und wenn du dabei aufrichtig und ehrlich bist, wirst du ein neues Leben in Christus geschenkt bekommen.

Vater,
du hast die Welt so sehr geliebt, dass du deinen eingeborenen Sohn gabst, damit er für unsere Sünden sterben sollte, so dass jeder, der an ihn glaubt, nicht verloren gehen, sondern ewiges Leben haben wird.
Dein Wort sagt, dass wir aus Gnade durch Glauben gerettet werden und dass das ein Geschenk von dir ist. Es gibt nichts, wodurch wir uns unsere Erlösung verdienen könnten.
Ich glaube und bekenne mit meinem Mund, dass Jesus Christus dein Sohn ist, der Retter der Welt. Ich glaube, dass er am Kreuz für mich starb und all meine Sünden getragen und den Preis für sie bezahlt hat. Ich glaube in meinem Herzen, dass du Jesus von den Toten auferweckt hast.
Ich bitte dich, mir meine Sünden zu vergeben. Ich bekenne Jesus als meinen Herrn. Dein Wort sagt, dass ich jetzt gerettet bin und die Ewigkeit bei dir verbringen werde! Danke, Vater.
Ich bin dir so dankbar! In Jesu Namen. Amen.

Vgl. Johannes 3,16; Epheser 2,8-9; Römer 10,9-10; 1. Korinther 15,3-4; 1. Johannes 1,9; 4,14-16; 5,1.12.13.

ENDNOTEN

Einleitung

[1] Gott wird unsere Seele erfrischen und erneuern. David sagte in Psalm 23, Verse 1 und 3: „Der Herr ist mein Hirte ... Er erquickt meine Seele." Aus Lukas 4,18 ersehen wir, dass Jesus kam, um uns heil zu machen. Er sagt: „Der Geist des Herrn ist auf mir, weil er mich gesalbt hat, Armen gute Botschaft zu verkündigen; er hat mich gesandt, Gefangenen Freiheit auszurufen und Blinden, dass sie wieder sehen, Zerschlagene in Freiheit hinzusenden, auszurufen ein angenehmes Jahr des Herrn."

Kapitel 1

[1] Webster's II New College Dictionary (Boston/New York: Houghton Mifflin Company, 1995), siehe: „accept".
[2] Webster's II, siehe: „acceptance".

Kapitel 2

[1] Nach einer Definition von James Strong; „Hebrew and Chaldee Dictionary" in „Strong's Exhaustive Concordance of the Bible", Nashville: Abingdon, 1890, S. 58, Eintrag Nr. 3810, siehe: „Lodebar", 2. Samuel 9,4 – „ohne Weiden".

Kapitel 6

[1] „American Dictionary of the English Language", 10. Auflage, San Francisko: Foundation for American Christian Education, 1998. Facsimile von Noah Websters Ausgabe von 1828, Nachdruck-

genehmigung von G. & C. Merriam Company, Copyright 1967 & 1995 (Erneuerung) Rosalie J. Slater, siehe: „possible".

[2] Websters Ausgabe von 1828, siehe: „possibility".

[3] „Houston Chronicle": Knight-Ridder Tribune News: „After 100 years, things are jelling nicely", 4. März 1997, Seite 1C; David Lyman, Knight-Ridder Tribune News, „Colorful dessert marks first century/100 years of Jell-O", 16. April 1997, Seite 1F; Associated Press, „Family got little dough in gramps' Jell-O sale in '99", 18. Mai 1997, Seite 2D; wie beschrieben in „In Other Words...", 1402 Mabry Hill, Houston, Texas 77062, „The Christian Communicators Research Service 7", Nummer 3, „Patience".

[4] (Tulsa: Harrison House, 1995), Seite 227.

[5] W.E. Vine: „Vine's Complete Expositiry Dictionary of Old and New Testament Words", Nashville: Thomas Nelson Inc., 1984, „An Expository Dictionary of New Testament Words", Seite 462, siehe: „patience, patient, patiently", A. Nouns, Hupomone.

Kapitel 8

[1] Strong: „Greek Dictionary of the New Testament", Seite 77, Eintrag Nummer 5485, siehe: „favor" und „grace".

[2] Websters Ausgabe von 1828, siehe: „mercy".

Kapitel 9

[1] Abschnitt aus „Enjoying Where You Are On the Way To Where You Are Going", Tulsa: Harrison House, 1996, Seite 40.

Kapitel 10

[1] Vine, Seite 468, siehe: „persecute, persecution", A. Verbs., Dioko.

[2] Ein Talent war ein sehr schweres Standardmaß. „Ein Talent scheint das Gewicht gewesen zu sein, das ein gesunder Mann tragen konnte (2. Könige 5,23)." Merrill F. Unger: „The New Unger's Bible Dictionary", Ed. R. K. Harrison, Chicago: Moody Press, 1988, Seite 844, siehe: „Talent".

Kapitel 11

[1] Strong: „Greek Dictionary", Seite 40, Eintrag Nummer 2631, siehe: „condemnation", Römer 8,1.

[2] Vine, Seite 119, siehe: „condemn, condemnation", B. Nouns., Krima.

[3] Strong: „Greek Dictionary", Seite 39, Eintrag Nummer 2607, siehe: „condemn", 3. Johannes 3,20-21.

[4] Strong: „Greek Dictionary", Seite 40, Eintrag Nummer 2632, siehe: „condemn", Matthäus 12,41.

[5] Strong: „Greek Dictionary", Seite 40, Eintrag Nummer 2613, siehe: „condemn", Lukas 6,37.

[6] Strong: „Greek Dictionary", Seite 43, Eintrag Nummer 2919, siehe: „condemn", Johannes 3,17.

[7] Vine, Seite 229-230, siehe: „fear, fearful, fearfulness", A. Nouns., 1. Phobos.

Schlussgedanken

[1] Charles Finney: „Sanctification", Fort Washington, Pennsylvania: Christian Literature Crusade, Nachdruck von 1994, Seite 15.

[2] Vine, Seite 545-546, siehe: „sanctification, sanctify", A.Nouns., Hagiasmos.

Joyce Meyer

Über die Autorin

Seit 1972 ist Joyce Meyer als Bibellehrerin tätig,
seit 1980 sogar vollzeitlich. Sie ist Bestseller-Autorin
von mehr als siebzig Büchern wie zum Beispiel „Das
Schlachtfeld der Gedanken" und „Süchtig nach Anerkennung". Mit ihrer humorvollen und direkten
Art bringt sie die Dinge des Alltags anhand der
Bibel auf den Punkt - lebensnah, überzeugend
und echt. Joyce' Radio- und Fernsehprogramme
Enjoying Everyday Life oder *Das Leben genießen*
werden weltweit ausgestrahlt. Häufig werden
die Sendungen auf den vielen Konferenzen
aufgezeichnet, die Joyce jährlich abhält. Ihre
Vorträge werden außerdem auch als DVDs
und Audio-CDs verbreitet. Joyce und ihr
Mann Dave haben vier erwachsene Kinder und
leben in St. Louis, Missouri, USA.

Über Joyce Meyer Ministries (JMM)

Hilfe für Arme und Leidende

Joyce und Dave Meyers zentrales Anliegen ist es, armen und verletzen Menschen
in der ganzen Welt zu helfen. Es geht darum, nicht nur zu reden, sondern auch
konkret zu handeln. Darum bringt Joyce Meyer Ministries (JMM) humanitäre
Hilfe in verschiedene Krisenregionen der Welt. Dies geschieht mit über 13 inter-
nationalen Büros und in Zusammenarbeit mit über 50 weltweit tätigen Missions-
gesellschaften.
Auf diese Weise werden über fünf Millionen Mahlzeiten in den Hungerregionen
der Welt ausgegeben, über 40 Waisenheime in armen Ländern unterhalten,
Dörfer mit sauberem Trinkwasser versorgt und Tausende von Gefängnisinsas-
sen unterstützt. Außerdem gründet und fördert JMM Gemeinden in Ländern,
wo Christen unter Verfolgung leiden, bietet medizinische Hilfe und hilft alten
wie jungen Menschen in den „Ghettos" von Großstädten, wie mit dem Dream
Center in St. Louis.

TV und Radio

Die *Enjoying Everyday Life* (*Das Leben genießen*) Sendungen in Radio und Fernsehen erreichen täglich Hunderttausende weltweit. Im September 1993 wurde das Programm wöchentlich auf zwei Kanälen ausgestrahlt. Heute kann *Enjoying Everyday Life* täglich und wöchentlich auf über 507 Kanälen, darunter mehrere große Kabel- und Satelliten-Stationen, weltweit empfangen werden und außerdem auf www.joyce-meyer.de rund um die Uhr. Das Programm wird mittlerweile auch in weitere Sprachen, unter anderem Deutsch, übersetzt und kann sogar in der arabischen Welt empfangen werden. So wird das Evangelium täglich weltweit verbreitet.

Konferenzen

Konferenzen quer durch die USA (bis zu 14 im Jahr) und auch im Ausland sind nach wie vor Joyces Leidenschaft. Die Menschen kommen in Scharen, und Joyce predigt das Wort Gottes und gibt praktische Lebenshilfe in der ihr eigenen direkten und humorvollen Art. Gleichzeitig werden diese Konferenzen für Fernsehsendungen aufgezeichnet.

www.joyce-meyer.de

Treffen Sie JMM im Internet. Infos, Videos, Kontaktmöglichkeit, weitere Bücher, DVDs und CDs bestellen und vieles mehr.

Joyce Meyers persönliches Geschenk an Sie

Als Leser dieses Buches können Sie jetzt ein kostenloses Geschenk von Joyce Meyer erhalten. Einfach diesen Gutschein-Code [BK0407] mit Ihrer Anschrift versehen und an

Joyce Meyer Ministries
Postfach 76 10 01
D-22060 Hamburg

schicken, oder ins Internet gehen unter
www.joyce-meyer.de/geschenk .

Dort Adresse und Gutschein-Code eingeben, abschicken. Die DVDs werden vierteljährlich verschickt. Wir bitten deshalb um etwas Geduld.

Folgende Titel von Joyce Meyer sind in deutscher Sprache lieferbar:

100 Dinge, die das Leben leichter machen (216 S.; gb.: JMM)
Aufbruch in ein neues Leben (298 S.; Pb.: JMM)
Das Schlachtfeld der Gedanken (288 S.; Pb.; JMM)
Der richtige Start in den Tag (390 S.; Pb.; JMM)
Die geheime Kraft von Gottes Wort in deinem Mund (200 S.; gb.; JMM)
Die Kraft einfachen Gebets (320 S.; Pb.; JMM)
Du darfst du selbst sein (220 S.; Pb.; Asaph)
Ein völlig neues Leben (80 S.; Tb.; JMM)
Frauen, die vertrauen (304 S.; Pb.; JMM)
Freiheit trotz Ablehnung (110 S.; Pb.; Asaph)
Freu dich des Lebens auf dem Weg zum Ziel (222 S.; Pb.; JMM)
Gib niemals auf (304 S.; Pb.; JMM)
Gott hören – jeden Morgen (400 S.; gb.; JMM)
Gottes Plan für dich (132 S.; gb.; JMM)
Gut aussehen. Gut fühlen (256 S.; Pb.; JMM)
Heilung für zerbrochene Herzen (94 S.; Pb.; JMM)
Ich und meine große Klappe (214 S.; Pb.; Adullam)
Jetzt mal Klartext (426 S.; gb.; JMM)
Lass dich nicht entmutigen (128 S.; gb.; Adullam)
Müde Krieger, ohnmächtige Heilige (130 S.; Pb.; Adullam)
Nur durch die Gnade Gottes (200 S.; Pb.; JMM)
Nur Mut! (368 S.; Pb.: JMM)
Powergedanken (336 S.; Pb.; JMM)
Richtig mit Gefühlen umgehen (288 S.; Pb.; JMM)
Sag ihnen, dass ich sie liebe (64 S.; Pb.; Adullam)
Schlüssel zum außergewöhnlichen Leben (256 S.; Pb.; JMM)
Schönheit statt Asche (288 S.; Pb.; JMM)
Süchtig nach Anerkennung (304 S.; Pb.; JMM)
The Love Revolution (272 S.; Pb.: JMM)
Traum statt Trauma (368 S.; Pb.; JMM)
Wie man Gottes Reden hört (280 S.; Pb.; JMM)

Joyce Meyer im ASAPH-Verlag

Joyce Meyer

Freiheit trotz Ablehnung

110 Seiten, Paperback, Best.-Nr. 147350

In Ihrer Buchhandlung oder direkt beim Verlag